Karl Gabriel, Klaus Ritter (Hrsg.)

Solidarität und Markt

Die Rolle
der kirchlichen Diakonie
im modernen Sozialstaat

Karl Gabriel, Klaus Ritter (Hrsg.)

# Solidarität und Markt
## Die Rolle der kirchlichen Diakonie im modernen Sozialstaat

Beiträge zum Symposion
der Fortbildungs-Akademie des Deutschen Caritasverbandes
in Zusammenarbeit mit dem Zentralratsausschuss Theologie und Ethik des
DCV und dem Institut für Christliche Sozialwissenschaften der Universität
Münster vom 04. bis 06. April 2005 in Freiburg

Lambertus

ISBN 3-7841-1590-X
Alle Rechte vorbehalten
© 2005, Lambertus-Verlag, Freiburg im Breisgau
Umschlag: Ursi Anna Aeschbacher
Satz: Klaus Ritter
Herstellung: Druckerei F. X. Stückle, Ettenheim

**Bibliographische Information Der Deutschen Bibliothek**

Die Deutsche Bibliothek verzeichnet diese Publikation in der
Deutschen Nationalbibliografie; detaillierte bibliographische Daten
sind im Internet über http://dnb.ddb.de abrufbar.

# Inhalt

Einführung ............................................................. 9

DAS „EUROPÄISCHE SOZIALMODELL" IM UMBRUCH ............... 17

Das europäische Sozialmodell im Umbruch
Ilona Ostner ........................................................ 18

Wohin geht der deutsche Sozialstaat? Veränderungsprozesse der
deutschen Wohlfahrtsproduktion im europäischen Kontext
Stephanie Wahl .................................................... 36

Vorfahrt für solidarische Sozialpolitik. Europäische Sozialmodelle,
sozialer Katholizismus und die Suche nach der sozialen Identität
Europas
Hermann-Josef Große-Kracht .................................. 42


DER UMBRUCH DES „EUROPÄISCHEN SOZIALMODELLS" UND DIE
ZUKUNFT DER VERBANDLICHEN CARITAS ........................... 68

Die Caritas als kirchlicher Wohlfahrtsverband unter veränderten
sozialwirtschaftlichen Bedingungen
Norbert Wohlfahrt ................................................ 69

Verbandliche Identität im veränderten Wohlfahrtmix in Deutschland
und Europa
Karl Gabriel ........................................................ 87

## POLITIK „GUTER WOHLFAHRT" IM UMBRUCH DES „EUROPÄISCHEN SOZIALMODELLS": THEOLOGISCHE UND ETHISCHE GRUNDLAGEN ............ 104

Politik „guter Wohlfahrt" im Umbruch des „europäischen Sozialmodells": Theologische Argumentationen im Kontext des Sozialstaatsdiskurses
Karl Bopp ............................................................................................ 105

Strategien der Anerkennung. Zur sozialethischen Systematik der Freien Wohlfahrtspflege
Christian Spieß ................................................................................... 124

## ARENEN UND KONFLIKTFELDER ERNEUERTER WOHLFAHRTSPOLITIK DER CARITAS ................................. 147

Die künftige Rolle von Markt und Wettbewerb in der Wohlfahrtspolitik verbandlicher Caritas
Georg Cremer ..................................................................................... 148

Die Rolle von Markt und Wettbewerb bei der Ausrichtung der verbandlichen Caritas
Hans Braun ......................................................................................... 166

Wie wirken sich Markt und Wettbewerb auf Selbst- und Fremdbild, auf Aufbau- und Ablaufstrukturen verbandlicher Caritas aus? Beobachtungen und Anmerkungen aus der Praxis
Hejo Manderscheid ............................................................................ 178

Theoretische und praktische Probleme der Ausgestaltung einer Grundsicherung
Alexander Spermann .......................................................................... 192

Welfare statt Workfare Ein europäischer Traum? Zukunft für gute
Wohlfahrt in Europa
Sabine Schumacher .......................................................................... 213

Die Autorinnen und Autoren .......................................................... 222

# Einführung

In Deutschland wie in den übrigen Staaten der EU befinden sich die Einrichtungen und Dienste der Wohlfahrtspflege in einem tief greifenden Umbruch. Dieser Umbruch berührt nicht nur Organisations- und Finanzierungsfragen der Wohlfahrtsverbände selbst, sondern auch grundlegende Systemfragen des Sozialstaats. Sind die verschiedenen europäischen Sozialstaaten mit ihrem Modell einer öffentlichen Verantwortung für das Schicksal ihrer Bürger zukunftsfähig? Wie soll künftig die Balance zwischen sozialstaatlicher Verantwortung und Wohlfahrt für die Bürger einerseits und individueller Eigenverantwortung und Vorsorge andererseits in einem neuen Sozialmodell gestaltet werden? Wie sind in dieser Hinsicht die gegenwärtigen Reformen zu beurteilen, in welche Richtung zielen sie? Wie wird das Gesellschafts- und Sozialmodell der Zukunft in Deutschland und Europa aussehen? Welche Rolle kommt den Wohlfahrtsverbänden im gegenwärtigen Umbruch zu? Sollen sie künftig die Verantwortung für die Aufgaben und Funktionen übernehmen, die der Sozialstaat sich nicht mehr zutraut?
Die kirchliche Diakonie steht in einem Spannungsverhältnis: Sie stellt sich sowohl anwaltschaftlich und handelnd klar auf die Seite der Menschen in Not . und will sich zugleich mit modernen Dienstleistungen auf dem Sozialmarkt behaupten. Es geht um die Frage, wie sich „Solidarität und Marktorientierung" im Handeln kirchlicher Diakonie konkretisieren können, ohne im unbedingten Eintreten für Inklusion und gegen Exklusionstendenzen in Politik und Gesellschaft unglaubwürdig zu werden.. Die herausfordernde Aufgabe lautet, was ist der zukunftsfähige und nachhaltige Beitrag der Kirchen zum Gemeinwohl: „Suchet der Stadt Bestes" (Jer 29,7).
Der vorliegende Band geht auf eine Tagung zurück, die die Fortbildungs-Akademie des Deutschen Caritasverbandes in Zusammenarbeit mit dem Zentralratsausschuss „Theologie und Ethik" des DCV und dem Institut für Christliche Sozialwissenschaften der Universität Münster (ICS) unter dem Titel *Zukunft für ‚Gute Wohlfahrt' in Europa. Zur Rolle und Funktion kirchlicher Diakonie im ‚Dritten Sektor' zwischen Staat und Markt* in Freiburg veranstaltet hat.

In den Zielsetzungen knüpfte das Symposion an eine Tradition an, die bis in die 1980er Jahre zurückgeht. Es ging darum, einen interdisziplinären Dialog zwischen Theologen, Sozial- und Wirtschaftswissenschaftlern und Führungskräften der Caritas zu initiieren, die Wissenschaftler unterschiedliche Disziplinen mit den Erfahrungen, Perspektiven und Fragen der Praktiker des Caritasverbands zu konfrontieren und Orientierungen für eine künftige, veränderte und verbesserte Praxis zu gewinnen. Entsprechend war es die Intention des Symposions, sowohl die Politikfähigkeit der verbandlichen Caritas im europäischen Kontext zu erhöhen, als auch im interdisziplinären Gespräch die Orientierungskraft der Caritaswissenschaft zu stärken.

Konkret suchte die Tagung Antwort auf folgende Fragen:
1. Welche Umrisse eines künftigen deutschen Wohlfahrtswesens im Rahmen europäischer Sozialstaatlichkeit lassen sich erkennen? Was sind die bestimmenden Faktoren der gegenwärtigen Veränderungsdynamik? Wie sind die Gleise gestellt?
2. Welche Konsequenzen ergeben sich aus dem Umbruch für die verbandliche Caritas, ihren Handlungskontext, ihre verbandliche Identität und ihre Optionen?
3. Welche Grundgewissheiten, Orientierungen und Bewertungskriterien für die Wandlungsprozesse lassen sich aus der theologischen und sozialethischen Reflexion gewinnen?
4. Wie kann bzw. sollte sich die verbandliche Caritas in zentralen Arenen und Feldern der Wohlfahrtspolitik wie in der Frage nach der künftigen Rolle von Wohlfahrtsmärkten und hinsichtlich der Alternativen der Arbeitsmarktpolitik zwischen welfare und workfare orientieren und positionieren?

Die gelungene interdisziplinäre Diskussion zeigte, dass sich die Caritas aktiv in die Entwicklung eines – auch europäischen – ordnungspolitischen Rahmens für Sozialmärkte einbringen muss. Der verbandliche Diskurs dazu kann durch die Beiträge dieses Bandes angeregt und in weiteren, spezielleren Symposien fortgeführt werden.

Wie bereits auf dem Symposion, so bilden auch in diesem Band die Analysen und Interpretationen der gegenwärtigen Umbruchsituation des ‚europäischen Sozialmodells' von Ilona Ostner, Stephanie Wahl und Hermann-Josef Große Kracht den Auftakt. In der Sozialstaatsdebatte werde, so Ilona Ostner, wie selbstverständlich vom ‚Europäischen Sozialmodell' gesprochen. Worin genau aber besteht das spezifisch Europäische? Worin besteht das Soziale, das Europäer von Nichteuropäern unterscheidet? Als Jacques Delors Mitte der 1980er Jahre die Idee eines Europäischen Sozialmodells in die Debatte geworfen habe, habe er mit dieser politisch-normativen Vision, die er popularisieren wollte, noch an real existierende Merkmale der EU-europäischen Wohlfahrtsstaaten anknüpfen und das Europäische Sozialmodell als Gegenentwurf zum US-amerikanischen Sozialmodell darstellen können. Wer heute vom Sozialen Europa spreche, habe bereits ein *neues* Modell im Visier: Die EU-Staaten haben gemeinsame sozialpolitische Ziele vereinbart; tatsächlich zeichnet sich zum ersten Mal in der Geschichte der EU auf supranationaler Ebene ein konsistentes und kohärentes soziales Projekt ab. Allerdings: Möglicherweise ist das Soziale Europa am Ende weniger EU-europäisch als US-amerikanisch gefärbt. Sollte der Europäisierungsprozess auf diese Weise gewissermaßen zu einer Amerikanisierung des Sozialen führen? Folgt damit der soziale Integrationsprozess dem ökonomischen Integrationsprozess, der seinerseits die Gestalt eines wirtschaftsliberalen Projekts der Marktbefreiung angenommen habe? Stephanie Wahl skizziert in ihrem kurzen Beitrag ein düsteres Bild des deutschen Sozialstaats, der die Menschen entsolidarisiert, deformiert und „mental eingeschnürt" habe. Die einzige verbliebene realistische Option sei deshalb der Umbau und ‚grundlegende' Rückbau des Sozialstaats. Hermann-Josef Große Kracht problematisiert grundsätzlich die Rede von einem ‚europäischen Sozialmodell', das im Grunde ein Phantom sei. Vielmehr finde sich eine Vielzahl verschiedener europäischer Sozialtraditionen, deren nicht geringfügige Gemeinsamkeit freilich darin bestehe, an einer Gesellschaftsvision jenseits individualistischer Marktwirtschaft einerseits und staatlicher Zentralverwaltungswirtschaft andererseits festhalten zu wollen. Von dieser Gesellschaftsvision in ihren unterschiedlichen Ausprägungen ausgehend schlägt Große Kracht die ‚öffentliche Erfindung eines europäischen Sozialmodells' vor, von der sowohl für die politisch-moralische als auch für die politisch-ökonomische Zukunft Europas eine wertvolle, vielleicht sogar die einzig tragfähige ‚gesamteuropäische' Integrations- und Legitimationsressource ausgehen könnte. Einen derartigen gesamteuropäischen sozialstaatlichen Grundkonsens skizziert Große Kracht anhand zweier politisch-moralischer Grundoptionen (Option für soziale Grundrechte und Option für sozialen Ausgleich) und anhand dreier politisch-institutioneller Grundoptionen (nichtetatistische Option für den Sozialstaat; solidarische Option für gesetzliche Sozialversicherungen; zivilgesellschaftliche Option für korporativen welfare mix).

Im Zentrum der Beiträge von Norbert Wohlfahrt und Karl Gabriel steht die Frage der verbandlichen Identität der Wohlfahrtsverbände bzw. der Caritas unter veränderten sozialwirtschaftlichen Bedingungen. Norbert Wohlfahrt unterscheidet drei Modernisierungsstrategien (der Einführung von Wettbewerb, des Kontraktmanagements sowie der Aktivierung und Prävention) sowie Merkmale der „sozialwirtschaftlichen Transformation des Sozialsektors". Vor dem Hintergrund dieser Analyse beschreibt er mögliche Konsequenzen für die Entwicklung der verbandlichen Caritas, und zwar insbesondere solche Konsequenzen, die aus einer Neuorientierung der Wohlfahrtsorganisationen in der veränderten Situation auf das verbandliche Selbstverständnis und die Identität zurückschlagen. Um der Tendenz, dass mit einer ‚blinden' betriebswirtschaftlichen Restrukturierung der Freien Wohlfahrtspflege gewissermaßen eine ‚Modernisierung ohne Ziel' betrieben wird, entgegenzuwirken, entwickelt Wohlfahrt Perspektiven einer sozialwirtschaftlichen und sozialanwaltschaftlichen Modernisierung der Caritas. Karl Gabriel beschreibt die Entwicklung des Sozialstaats – zwischen Kontinuität und Systembruch – und insbesondere die religiös-kirchliche Entwicklung ambivalent: Zwar werde die Selbstverständlichkeit der Bindung an Kirche und Gemeinde, so es sie noch gibt, weiter abnehmen, die herkömmlichen katholischen Milieustrukturen weit gehend verschwinden; die Notwendigkeit des Engagements für die Schwachen und Benachteiligten aus der Gesellschaft heraus sowie die Bedeutsamkeit gelebter Ethosformen für das gesellschaftliche Zusammenleben sei jedoch kaum zu bestreiten, so dass Kirche und Caritas in entfaltet-modernen Gesellschaften ein hoher Stellenwert zukomme – und im Übrigen auch Sympathie entgegen gebracht werde. Allerdings gerate die verbandliche Caritas im Spannungsfeld von kirchlicher Wertbindung, Ökonomie und Politik in eine „prekäre Balance"; gerade aber in diesem Spannungsfeld könne die Caritas ihre besondere Leistungsfähigkeit entfalten, wenn sie sich als intermediärer Akteur im Wohlfahrtsmix positioniere und wenn es ihr gelänge, gewissermaßen zwischen Markt und Staat, zwischen Kirche und Gesellschaft vermittelnd tätig zu werden. Im Hinblick auf die dabei zu bewältigenden Herausforderungen formuliert Gabriel sechs Optionen verbandlicher Politik der Caritas.

Mit Kriterien ‚guter Wohlfahrt' aus theologischer bzw. aus sozialethischer Sicht befassen sich die Beiträge von Karl Bopp und Christian Spieß. Karl Bopp knüpft mit seiner theologischen Grundlegung einer ‚guten Wohlfahrt' an die neutestamentliche Reich-Gottes-Botschaft an. Deren „Wesen und Kerngehalt" münde letztlich in die „radikale Option Gottes für das universale Heil" alle Menschen. Wiewohl die Reich-Gottes-Botschaft kein Rezept für ein bestimmtes sozialstaatliches Ordnungsmodell enthalte, sei sie doch keineswegs indifferent gegenüber den Fragen der sozialen Gerechtigkeit: Sie halte einerseits die Perspektive auf die je größere Zukunft des Reiches Gottes offen und ermahne andererseits stets neu zum solidarischen Mitleiden, zur „Compassion", zur parteiliche Solidarität mit den Armen, zur Mitsorge für jeden Menschen, der in Not ist. Im Anschluss an Edmund Arens unterscheidet Bopp im Hinblick auf die Grundfunktionen christlicher Pastoralgemeinschaften das *Bezeugen* im Dialog mit der Welt (als Außendimension der Kirche und eben auch der Caritas) einerseits und das *Bekennen* im Dialog mit Gott (als Innendimension) andererseits. In dieser Hinsicht erfüllten auch die Einrichtungen der Caritas als Teil der Kirche ihre Grundfunktion der Diakonia als Heilssakrament für die Anderen. Realisierbar sei dieser hohe Anspruch, auch nach Auffassung Bopps, heute nur, wenn die Caritas ihre Position als zivilgesellschaftlicher Akteur finde, wobei diese Position zwischen dem politischen Teilsystem und dem ökonomischen Teilsystem in einem durchaus spannungsvollen Prozess zu suchen sei. Christian Spieß entwickelt einen sozialethischen Orientierungsrahmen ‚guter Wohlfahrt' im Rekurs auf die Anerkennungstheorie Hegels einerseits und auf deren Rezeption in der politischen Philosophie der Gegenwart andererseits. Er geht von der anthropologischen Annahme aus, dass der Mensch nur durch die Erfahrung intersubjektiver Anerkennung eine eigene Identität ausbilden könne, und dass umgekehrt die Erfahrung von Missachtung die personale Identität in ihrem Kern bedrohe.

Wohlfahrtsverbände stünden deshalb in besonderer Weise unter der moralischen Autorität der Benachteiligten. Kennzeichen ‚guter Wohlfahrt' sei es, Strategien der sozialen Anerkennung zu entwickeln und diese sowohl im Rahmen der sozialen Dienstleistungen als auch im Rahmen des anwaltschaftlichen Auftrags für die Benachteiligten zu realisieren.

Arenen und Konfliktfelder einer erneuerten Wohlfahrtspolitik der Caritas betreten Georg Cremer, Hans Braun, Hejo Manderscheid, Alexander Spermann und Sabine Schumacher. Georg Cremer zeigt Möglichkeiten auf, wie die Caritas die Chancen einer stärker an den Prinzipien des ökonomischen Wettbewerbs orientierten Freien Wohlfahrtspflege nutzen könnte. Die einseitige Wahrnehmung der Anforderungen des neuen Marktes sozialer Dienstleistungen als Bedrohung, sei jedenfalls unangemessen: Eine effiziente Wohlfahrtsproduktion sei nicht nur eine ökonomische Notwendigkeit, die sich aus der veränderten strukturellen Organisation der Wohlfahrtspflege ergebe, sondern ein ethisches Gebot. Für ein differenziertes Verständnis der ökonomischen Terminologie wirbt Hans Braun. Insbesondere sei der Kundenbegriff in Anwendung auf die Klienten sozialer Dienstleistungen sehr problematisch. Ein differenziertes Verständnis der Marktbeziehungen im Sozialbereich vorausgesetzt, plädiert Braun dennoch nachdrücklich für Wettbewerb auch unter den Leistungsanbietern im Bereich der Freien Wohlfahrtspflege. Ökonomische Effizienz sei angesichts knapper Ressourcen nicht nur ein betriebswirtschaftliches, sondern auch ein ethisches Gebot. Die besonderen Wettbewerbschancen der verbandlichen Caritas lägen nun vor allem in deren spezifischer ‚Zusatzqualifikation': in der Orientierung am christlichen Menschenbild. Diese Orientierung am christlichen Menschenbild besitze gerade im Bereich der sozialen Dienstleistungen eine hohe Attraktivität über den Kreis der in einem engeren Sinne religiös oder gar kirchlich Gebundenen hinaus. Hejo Manderscheid problematisiert vor allem die Wirkungen der Ökonomisierung in den Caritasverband und seine unterschiedlichen Verzweigungen hinein. Auch Manderscheid wirbt aber für eine differenzierte Betrachtung des Phänomens Ökonomisierung als „neue Codierung zur Verständigung zwischen gesellschaftlichen Teilsystemen". Von da aus entwickelt er drei Thesen, wie die Integration von Marktelementen fruchtbar gemacht werden können für die erfolgreiche Weiterentwicklung der Caritas, die schließlich in die Transformation des „Verbände-Föderalismus in eine Netzwerkökonomie" münden müsse. Alexander Spermanns Beitrag ist dem konkreten Problem der Gestaltung einer Grundsicherung gewidmet. Spermann diskutiert verschiedene Möglichkeiten und plädiert schließlich für eine Kombination von zunächst zeitlich befristeten und haushaltsspezifischen Einkommenszuschüssen mit einem anschließenden unbefristeten Armutslückenkonzept, wobei beides „eingebettet" sein müsse in eine „staatlich eingeforderte Arbeitspflicht der Transferempfänger". Diese Kombinationslösung vereine, so Spermann, mehrere Vorteile, die letztlich in einer verbesserten Anreizwirkung auf die Transferempfänger kulminieren. Im Hinblick auf die Rolle der Arbeit in wohlfahrtsverbandlichen Strategien der Armutsbekämpfung untersucht Sabine Schumacher die beiden Aspekte ‚welfare' und ‚workfare'. Schumacher weist einerseits auf die erhebliche existentielle und identitätsstiftende Bedeutung der Erwerbsarbeit für den einzelnen Menschen hin (die sich etwa in der Enzyklika *Laborem exercens* ebenso artikuliere wie im ‚Menschenrecht auf Arbeit'), kritisiert jedoch andererseits die Reduzierung der Armutspolitik auf den Aspekt ‚workfare' (wie sie zumindest tendenziell etwa in den USA und im UK forciert werde). Zwar solle sich die verbandliche Caritas an ‚workfare'-Programmen beteiligen; dies dürfe aber, mit Blick auf jene, die durch diese Programme nicht erreichbar seien, nicht mit einem generellen Abschied von ‚welfare'-Maßnahmen einhergehen; denn ‚workfare' alleine, so Schumacher, sei kein probates Mittel gegen Armut.

Münster und Freiburg, im Juni 2005

Die Herausgeber

# Das „europäische Sozialmodell" im Umbruch

# Das europäische Sozialmodell im Umbruch[1]

Ilona Ostner

## 1. EINLEITUNG
### EIN GEMEINSAMES „EUROPÄISCHES" SOZIALMODELL?

Wissenschaft und Politik sprechen heute wie selbstverständlich vom Europäischen Sozialmodell. Diese Selbstverständlichkeit muß überraschen. Schließlich bemüht man sich bis heute, dieses Modell näher zu bestimmen. Worin besteht das spezifisch Europäische? Und worin das Soziale, das Europäer von den Nichteuropäern unterscheiden soll? Diese Fragen zu beantworten, ist heute noch schwieriger geworden als Mitte der 1980er Jahre. Damals hatte der Präsident der Europäischen Kommission, Jacques Delors, die Idee eines Europäischen Sozialmodells in die Debatte geworfen. Die politisch-normative Vision, die er damit popularisieren wollte, konnte noch an real existierenden Merkmalen der EU-europäischen Wohlfahrtsstaaten anknüpfen und sich als Gegenentwurf zum US-amerikanischen Sozialmodell darstellen. Die Identifikation solcher Merkmale und die dichte Beschreibung der Umstände, die diese Merkmale hervorbrachten und nun verändern, bilden einen Schwerpunkt der neueren sozialwissenschaftlichen Forschung zur Zukunft des Europäischen Sozialmodells (vgl. z.B. Aust, Leitner, Lessenich 2002; Geyer 2000; Vaughan-Whitehead 2003).
Wer heute vom Sozialen Europa spricht, hat bereits ein neues Modell im Visier, dessen Konturen sich abzuzeichnen beginnen. Inzwischen

---

[1] Der erste Teil des Vortrags baut auf meinem Beitrag „Europäisierung als Amerikanisierung des Sozialen?" in Europa – Alte und Neue Welten. Forschungsmagazin der Georg-August-Universität Göttingen Ausgabe 3, Juni 2004, 48-51, auf; zum zweiten Teil („sozialinvestiven Sozialpolitik" und „Politik der Entfamilisierung"), vgl. Ostner, 2002, „ Am Kind vorbei – Ideen und Interessen in der jüngeren Familienpolitik", in Zeitschrift für Soziologie der Erziehung und Sozialisation 22 (3), 247-266 und „Kinder und Frauen zuerst!? Ein Review-Essay", in Zeitschrift für Sozialreform, 50 (1-2) 211-216.

haben die Mitgliedstaaten gemeinsame sozialpolitische Ziele vereinbart und sich auf deren Erfüllung durch wechselseitiges Politiklernen verpflichtet. Damit zeichnet sich zum ersten Mal in der Geschichte der Europäischen Union auf der supranationalen Ebene ein kohärentes soziales Projekt ab. Der Weg zu dieser Zielerfüllung und die Ziele selbst, sind sie erst einmal verwirklicht, werden aber das Soziale Europa möglicherweise weniger „spezifisch europäisch" denn amerikanisch werden lassen. Europäisierung als Amerikanisierung des Sozialen? War nicht schon der Prozeß der europäischen Integration von einem wirtschaftsliberalen Projekt der fortschreitenden Marktbefreiung getrieben, die Sozialpolitik nur da zuließ, wo sie die Marktfähigkeit – Freizügigkeit und gleiche Beschäftigungsfähigkeit aller EU-Bürger, einschließlich der Bürgerinnen – förderte?

## 2. MARKTÖFFNUNG ALS DOMINANTE SOZIALE IDEE

Waren, Kapital und Dienstleistungen und Personen – EU-Bürger, Frauen wie Männer sollten mobil sein, sich so ungehindert wie möglich im EU-Raum bewegen und dort Einsatz und Gewinnchance finden können. Aus diesem Grund wurde die europäische Integration zum wichtigsten Motor der Angleichung der Arbeitnehmerrechte, von der vor allem Wanderarbeitnehmer und beschäftigte Frauen profitierten. Sie sollten vergleichbare Erwerbschancen im EU-Arbeitsmarkt vorfinden. Zur Gleichheit der Chancen gehörte auch die in den sozialen Sicherungssystemen. Jede Ungleichbehandlung von Arbeitssuchenden und Beschäftigten wurde nun begründungsbedürftig. Die Politik der Marktbefreiung und -öffnung erstreckt sich seit den 1990er Jahren auch auf die Familie. Das überrascht, da hier das Subsidiaritätsgebot betroffen ist. Solche Einmischungen müssen daher einen Marktbezug haben. Tatsächlich läßt sich die Rahmenrichtlinie der EU, die den Mitgliedsstaaten Mindestregelungen zum Elternurlaub vorschreibt, so ein Ergebnis meiner Arbeiten, noch als „marktöffnend" oder – wie es in der EU-Fachsprache heißt – als eine Maßnahme der „negativen" (marktbefreienden) Integration beschreiben. Schließlich soll die bessere Vereinbarkeit von Familie und Beruf die Beschäftigungs-(Markt-)fähigkeit und die Arbeitsmarktbeteiligung von Müttern erhöhen. Die Empfehlungen der EU zur Kinderbetreuung sind ebenfalls marktbezogen: die frühkindliche außerhäusliche Erziehung fördert das kindliche Humankapital, das die Arbeitswelt benötigt, zugleich ermöglicht sie Müttern, erwerbstätig zu sein.

## 3. DEFINITIONSPROBLEME

Auf den ersten Blick war das Europäische Sozialmodell, als es zum ersten Mal ins Spiel gebracht wurde, nicht viel mehr als die normative Vision einer EU-Elite für das zusammenwachsende Europa: Mit ihr sollten sich die EU-Europäer identifizieren. Auch wenn die damalige britische Premierministerin Margaret Thatcher mit dieser Vision eines sozialpolitisch regulierten europäischen Kapitalismus prompt die sozialistische Gefahr verband, die ihrer Meinung nach von der europäischen Integration ausging: der Vision entsprach in Wirklichkeit keine kohärente supranationale Politik, die sich eines Tages in einem in sich geschlossenen Europäischen Sozialmodell – einem Europäischen Wohlfahrtskapitalismus – hätte kristallisieren können. Die supranationale Ebene der Europäischen Union verfügt bis heute weder über die Kompetenzen noch über die Ressourcen, solch ein spezifisches Sozialmodell für die europäische Gesellschaft zu gestalten. Wenn überhaupt, dann konnte diese Vision auf nationale Überzeugungen und Praktiken sowie auf geteilte geschichtliche Erfahrungen verweisen und aufbauen.

Dennoch vervielfältigte sich die Zahl der Reden und Schriften zum Europäischen Sozialmodell. Politiker und nichteuropäische Wissenschaftler verwendeten es bevorzugt als Kontrastfolie zum US-amerikanischen Sozialmodell. Sie erklärten die Ursachen von Beschäftigungswachstum und Arbeitslosigkeit, indem sie zwischen einem nordamerikanischen und einem europäischen Sozialleistungs-"paket" unterschieden. Ersteres bestand aus niedrigen Löhnen, einem eher mageren System sozialer Sicherung sowie aus wenig regulierten Beschäftigungsverhältnissen, die Entlassungen und Einstellungen erleichterten und die Mobilität der Arbeitssuchenden erhöhten. Das zweite, das europäische „Paket" enthielt die jeweils kontrastierenden Elemente. Das nordamerikanische „package" zeichnete sich, so die

gängige Überzeugung, in seiner Wirkung durch Beschäftigungswachstum bei steigender Einkommensungleichheit und auch Armut aus, das europäische insbesondere durch eine hohe Langzeit-Arbeitslosigkeit und stagnierende Beschäftigung bei relativer Lohngleichheit in einem durch gewerkschaftliche Politik überregulierten Arbeitsmarkt.
Trotz solcher Anwendungen blieb das Konzept des Europäischen Sozialmodells von Anfang an diffus. Zu vielfältig waren die nationalen Gesellschaften Europas, zu unterschiedlich ihre Sozialmodelle. Jede nähere Bestimmung der Elemente des Europäischen Sozialmodells hatte und hat daher bald mit der Schwierigkeit der vielen Abweichungen zu kämpfen. Nicht alle Mitgliedsländer der EU setzten gleichermaßen auf das, was lange Zeit als typisch europäisch gegolten hatte – auf Kooperation und Konsens oder auf eine Solidarität, die der Subsidiarität vorausging und den sozialen Ausgleich für beide, Erwerbstätige und Nichterwerbstätige, zur Regel machte. Niedriglöhne, große Einkommensdisparitäten und Armut waren keine US-amerikanische Phänomene, wie umgekehrt die USA durchaus Einkommen zugunsten von Schwächeren umverteilen. So ist z. B. die amerikanische Sozialversicherung für Rentner (noch) sehr viel solidarischer (umverteilender) als die deutsche. Problematisch am Konzept des Europäischen Sozialmodells erschien auch die geographische Beschränkung. Kanada, Australien oder Neuseeland sind schließlich Verwandte. Sie teilen das eine oder andere Element des Europäischen Sozialmodells. Dies gilt auch für Lateinamerika. Die jüngeren Industrieländer Ostasiens haben zentrale Elemente des europäischen, nicht – bzw. nicht nur – des US-amerikanischen Sozialmodells übernommen. Empirisch ließen sich bereits innerhalb des alten EU-Europas wenigstens vier Sozialmodelle unterscheiden. Mit der Osterweiterung dürften weitere Modelle hinzugekommen sein, was das Projekt eines integrierten Sozialen Europas, das über Mindeststandards hinausgeht, erschweren wird. Und jedes dieser Sozialmodelle war und ist spätestens seit Beginn der 1990er Jahre einem wachsenden Veränderungsdruck ausgesetzt. Die Rede vom Europäischen Sozialmodell zielte daher auf einen beweglichen Punkt, der im Dunkeln lag und anscheinend nur durch den Vergleich mit den USA oder als normatives Konstrukt an Konturen gewann.

Zur Skepsis gegenüber der Rede vom spezifisch Europäischen Sozialmodell trug auch bei, dass Europa zwar die Wiege vieler sozialer Ideen war, die bald um die Welt gingen; dass sich aber im 20. Jahrhundert die Richtung des Ideenflusses – der „westward transatlantic flow of policy ideas" – umdrehte: die Ideen wanderten nun von West (USA) nach Ost (Europa). Typische Beispiele für die Übernahme „westlicher" (hier: US-amerikanischer) Ideen und in der Folge für die Übernahme institutioneller Innovationen waren die Ausweitung der Bildungschancen und die Etablierung von Gesamtschulen, ferner Programme zur Durchsetzung der Chancengleichheit, wie sie dann von der EU-europäischen Ebene mit zeitlicher Verzögerung – inzwischen aber konsequent – durch Richtlinien bestimmt und von den Mitgliedsländern umgesetzt werden. Noch durchschlagender dürfte der Einfluß amerikanischer ökonomischer Ideen gewesen sein. Sie haben ihre Spuren nicht nur in der Finanz- und Wirtschaftspolitik, sondern auch in der Sozialpolitik hinterlassen. Die USA haben schon seit längerem Sozialleistungen an Beschäftigungsbereitschaft gekoppelt: Nur wer erwerbstätig und dennoch erwiesenermaßen bedürftig ist, erhält einen Zuschuß.

## 4. Einheit in der Vielfalt – Elemente des „Europäischen"

Trotz solcher Einwände und Relativierungen besaß die Rede vom spezifisch Europäischen Sozialmodell einen Wahrheitsgehalt und historischen Kern. Der Historiker Hartmut Kaelble (vgl. z. B. 1997) identifizierte spezifische Gemeinsamkeiten der europäischen Zivilisation, die vorhandene Unterschiede mehr als wettmachten und die zusammengenommen für das Sozialmodell und unsere Ausgangsüberlegungen prägend geworden sein sollen. Europäische Gemeinsamkeiten wären etwa die „europäische Familie", gegründet auf dem eigenen, von der Herkunftsfamilie getrennten Haushalt, gegründet auch auf der Liebe zwischen den Ehegatten und der Eltern zu den Kindern; beides förderte im Verlauf das Modell des männlichen Ernährers und der bestenfalls zuerwerbenden Ehefrau, das in der einen oder anderen Form für die Ausgestaltung der sozialen Sicherungssysteme Europas konstitutiv wurde. Da war ferner der industrieintensive Erwerb; er konnte in Europa gedeihen, weil die sozialen Schichten sich voneinander abgrenzen wollten und folglich Güter zur Distinktion nachfragten; diese Nachfrage wurde außerdem durch die erwähnte Familienform gefördert. Gegeneinander abgegrenzte soziale Milieus und korrespondierende Mentalitäten stellten ebenfalls Elemente des Europäischen dar; sie bildeten wichtige soziokulturelle Ressourcen der in Europa sich frühzeitig entwickelnden und ausweitenden Wohlfahrtsstaatlichkeit; dazu kamen die besondere Form der Urbanisierung, deren Langsamkeit sowie das Übergewicht der mittelgroßen Städte, die die Integration und den Zusammenhalt durch Selbstorganisation und -verwaltung förderte und die für die Großstädte typischen Entfremdungs- und Anomiephänomene verhinderte. Subsidiarität im Sinne von kollektiver Selbstorganisation und Selbstverwaltungen wurden wiederum wichtige Merkmale des Europäischen Sozialmodells. Schließlich war da auch die Abneigung gegenüber dem Massenkonsum und seinen Erscheinungen; sie hing gewiß mit dem Bedürfnis nach Unterscheidung und der Nachfrage nach entsprechenden Distinktionsgütern zusammen. Auch aus diesem Grund lehnte man lange Zeit einen auf die Standardisierung von Produktion und Gütern ausgerichteten technischem Fortschritt, wie er der Massenproduktion zugrunde lag, ab. Wer von einem spezifisch „europäischen" Produktionsmodell spricht und dieses als Teil eines weit gefaßten Sozialmodells begreift, findet in solchen Besonderheiten historische Ausgangspunkte.

Weitere Elemente des spezifisch Europäischen sollten für das alte Europäische Sozialmodell grundlegend werden: die Furcht vor Aufständen und Revolutionen; die Praxis, das entstehende heterogene Gebilde durch soziale Wohltaten zu integrieren, was oft durch eine ausgebildete Bürokratie erleichtert wurde. So sollte die Bismarcksche Sozialgesetzgebung die fragmentierten Interessen im gerade gegründeten Kaiserreich integrieren helfen, und damit die äußere Reichsgründung durch die „innere" vervollständigen helfen. Auch der französische Solidarismus eines Léon Bourgeois wollte in politisch instabiler Zeit – man denke an den Aufstand der Kommune – integrieren, in dem er einen dritten Weg zwischen Liberalismus und Sozialismus beschritt. Immer ging es darum, mit dem Markt auch die Menschen sozial einzubetten. Die Kriege in Europa bildeten einen weiteren Katalysator für die Ausbildung eines Europäisches Sozialmodell. Sie zogen meist soziale Kompensationen für das Kriegsleid nach sich. Die wirtschaftliche Verflechtung und der politische wie ökonomische Wettbewerb zwischen den politischen Einheiten in ein und derselben europäischen Zivilisation gaben der Durchsetzung der Wohlfahrtsstaatlichkeit weiteren Schwung. Man sah in ihr einen Standortvorteil der Mitbewerber. Schließlich spitzte die Dominanz der Industrie und der Industriearbeiterschaft, die so nur in Europa existierte, den Klassenkonflikt zu, führte aber zugleich zu seiner Mäßigung, indem man Arbeitnehmern das Recht auf vergleichbare Interessenvertretung einräumte. Die folgende Aussöhnung der Lohnabhängigen mit der Gesellschaftsordnung entschärfte auch religiöse Spaltungen und förderte die Säkularisierung, was wiederum die Integration der Gesellschaft erhöhte. Man kann daher in Anschluß an Crouch (1999: 404ff) die Logik des spezifisch europäischen Sozialmodells durch den zunächst historischen Versuch kennzeichnen, die „Vielfalt" zu steuern. „European-ness" ist für Crouch daher „ordered, limited, and structured diversity" (ebd.: 404) – im Ergebnis eine „geordnete Vielfalt" gewesen, die mit der unstrukturierten ungeordneten Diversität der USA kontrastiert. Allerdings wissen wir, dass die Fähigkeit, die Vielfalt zu steuern, in Europa abgenommen hat, in den USA wiederum vermehrt Anstrengungen unternommen wurden und werden, die Vielfalt zu steuern. Auch deshalb kann man sagen, dass sich die Modelle annähern.

## 5. EROSIONSFAKTOREN

Zusammengenommen erklären die skizzierten Merkmale und unterstellten europäischen Gemeinsamkeiten bereits einen Großteil der Inklusions- und Integrationskraft des Europäischen Sozialmodells – allerdings auch viele Ursachen seiner Krise. Schließlich haben sich viele der historischen Voraussetzungen des Europäischen Sozialmodells aufgelöst. Andreas Aust, Sigrid Leitner und Stephan Lessenich bezeichnen denn auch das alte Sozialmodell als eine historische *Gesellschaftsformation*, in der sich gesellschaftliche *Vielfalt* und *sozialer Ausgleich* systematisch verknüpften. Wie Therborn (1995), Kälble (1987; 1997) und Crouch (1999) betonen sie, dass es die spezifische europäische Konfliktgeschichte war, die endlich als Antwort auf die politischen und menschlichen Katastrophen von Krieg und Vernichtung zu Institutionen der Konfliktregulierung, Stabilisierung und Entspannung führten. Das Projekt der europäischen Integration kann geradezu als solch eine Institutionalisierung der Konfliktregulierung durch Förderung des Pluralismus bezeichnet werden: Nationale Besonderheiten – Diversitäten – sollten nicht eingeebnet, sondern in einem geregelten wirtschaftlichen Wettbewerb durch Formen der Verhandlungsdemokratie und durch die Anerkennung des Vorrangs der nationalen Akteure in kulturellen Fragen zur Geltung kommen können. Dieser Pluralismus fand seine Grenze nur in Überzeugungen und Praktiken, die die übergreifenden Ziele der Integration gefährdeten. Auch die Institutionalisierung des sozialen Ausgleichs, das zweite Merkmal der Europäischen Gesellschaft, läßt sich historisch aus der Einbettung des ökonomischen Wettbewerbs im Land und zwischen den Ländern und bis heute als Inklusionsangebot an die Bürger und damit auch als eine Form der Konfliktregulierung begreifen. Beides zusammen – Vielfalt und sozialer Ausgleich – machte die Besonderheit der Europäischen Gesellschaft aus. Aust, Leitner und Lessenich haben diese Spezifik schematisch dargestellt.

Strukturmerkmale der Europäischen Gesellschaft

| Institutionalisierung ... | |
|---|---|
| ... der gesellschaftlichen Vielfalt durch | ... des sozialen Ausgleichs durch |
| - Koordination | - Universalismus |
| - Korporatismus | - Marktregulierung |
| - Verhandlungsdemokratie | - Umverteilung |
| - Subsidiarität | - Solidarität |

Beide Merkmale der Europäischen Gesellschaft – Vielfalt und sozialer Ausgleich – werden seit den 1990er Jahren zwar nicht grundsätzlich in Frage gestellt, aber neu gedacht. Nimmt man zur Beurteilung des Wandels das abgebildete Schema zur Hilfe, dann scheint sich zum einen national wie supranational das Gewicht immer stärker in Richtung auf Zentralisierung zu verschieben. Gleichzeitig wird die Logik des sozialen Ausgleichs verändert: keine Leistung ohne Vor- und

Gegenleistung. Selbst Sozialhilfeempfänger und chronisch Kranke müssen nun zu jeder Leistung „zuzahlen". Ein Nehmen ohne ein Geben darf es nun nicht mehr geben. Dabei hieße Solidarität in alteuropäischer Tradition, dass im Extremfall dem Nehmen keine Rückgabe entspräche. Das Pochen auf strikte Reziprozität verändert die Bedeutung der Solidarität. Auch der Universalismus löst sich auf und damit eine Wirklichkeit, in der alle Menschen als Bürger gleichermaßen auf irgendeine Weise in das soziale Sicherungssystem integriert gewesen sind und vergleichbare (meist hohe) Leistungen beziehen konnten. Die Leistungsgewährung wird in ganz EU-Europa punktueller, bedingter und zielgruppenspezifischer. Wer Sozialhilfe bezieht, der kommt – so im ansonsten großzügigen Schweden – nicht mehr in den Genuß vieler anderer Sozialleistungen, seien sie manchmal noch so notwendig. Ähnliches gilt schon für immer mehr Bezieher von Altersrenten.

## 6. EUROPÄISIERUNG NATIONALER SOZIALPOLITIKEN

Spätestens seit dem Gipfel in Lissabon 2000 werden die nationalen Sozialpolitiken, wo sie dies noch nicht sind, „europäisch" neu programmiert. Diese Re-Programmierung lässt sich unter 2 Stichworte fassen:
1. „neue Reziprozität" und (überwiegend als deren Folge)
2. „sozialinvestive" Sozialpolitik

### 6.1 „Neue Reziprozität"

- Seit den 1990er Jahren fordern die Diskussionen einen Paradigmenwechsel in der Sozialpolitik ein, der inzwischen in allen EU-Ländern vollzogen wird – Formel: „Kein Nehmen ohne ein Geben" oder: „Wer nicht arbeitet, soll auch nicht essen ..."
- weg von passiven zu aktivierenden Sozialleistungen;
- weg von De- zu Rekommodifizierung (in-work-benefits).

Die Neujustierung sozialpolitischer Leistungen soll in funktionaler, distributiver, normativer und politisch-institutioneller Hinsicht stattfinden (vgl. Ostner, Leitner und Lessenich 2001).

1. *Funktionale* Neujustierung bedeutet, dass der zukünftige Wohlfahrtsstaat neue Risiken neben den (aber auch durchaus auf Kosten der) alten Standardrisiken solidarisch abfedern soll. Typische Argumente: Menschen leben länger, sie arbeiten kaum mehr unter industriellen Bedingungen, dennoch scheiden sie immer früher aus dem Erwerbsleben aus; längst haben sie Einkommen, die ihnen erlauben, sich zumindest ansatzweise im Alter selbst abzusichern. Frauen haben weniger Kinder, kürzere Familienphasen, dennoch ist ein großer Teil von ihnen nicht oder nur marginal erwerbstätig – und dies steuerlich gefördert. Eine Neuorientierung hin zur Finanzierung aktivierender Leistungen und von Humankapitalbildung – hin auch zu Risiken in früheren Phasen des Lebenslaufs – ist diesen Argumenten zufolge überfällig. Einwanderungspolitik soll unter vergleichbar funktionalen Parametern gestaltet werden (Aufnahmeregeln für ausländisches Humankapital).
2. Entsprechend bezieht sich die *distributive* Neujustierung von Sicherungslogiken auf bisher benachteiligte Gruppen, insbesondere am Arbeitsmarkt, aber auch im Generationenverhältnis (von den Alten zu den Jungen/Kindern) ...
3. Die *normative* Neuorientierung besteht (a) in einer Reinterpretation der Rawlsschen Regel, dass eine Veränderung der Einkommensverteilung dann gerecht ist, wenn sie trotz nach wie vor bestehender Ungleichheit den bislang am wenigsten Begünstigten im Verhältnis zu den Bessergestellten den größten Gewinn bringt. In der neuen Formulierung des Prinzips sind die am meisten Benachteiligten dann relativ besser gestellt, wenn sie Zugang zum Arbeitsmarkt z.B. durch Schaffung von gering bezahlten Jobs haben, zugleich aber garantiert ist, dass sie in der Situation des Niedriglohnbeschäftigten nicht auf ewig gefangen bleiben, sondern diesem Status durch das Recht auf Qualifizierung entkommen können (Figur der „dynamischen Ungleichheit": Ungleichheit ist gerechtfertigt, wenn sie Mobilität erlaubt). Ferner wird (b) Gerechtigkeit stärker an die moralische Intuition gebunden, dass nur dem gegeben werden soll, der ohne eigenes Zutun in eine Notlage geraten ist – und zwar in einer Form, die ihm außerdem möglichst hilft, durch eigenes Zutun solche Notlagen zukünftig zu vermeiden.

4. Die *politisch-institutionelle* Neujustierung schließlich betrifft die Frage der Ebenen und Akteure, die an der politischen Steuerung beteiligt sind und beteiligt werden sollen, und ihres Verhältnisses zueinander.

Für die sozialen Sicherungssysteme bedeutet dies:
- eine stärkere *Kategorisierung und Finalisierung* der Leistungen,
- eine verschärfte *Kontrolle und Disziplinierung* der Leistungsempfänger
- ferner eine zunehmende *Dualisierung und Privatisierung* der Leistungsprogramme,
- eine weitere *Erosion des Solidarprinzips* und eine wachsende *Polarisierung der Bürger(innen)* in solche, die viele Optionen haben und diese optimieren können und in die steigende Zahl der Menschen, die über ihr Leben kaum mehr entscheiden können und deren soziale Sicherung immer prekärer wird; schließlich
- *Moralisierende Reden über Sozialpolitik:* Am stärksten tobte die moralisierende Mißbrauchsdebatte in der Sozialhilfe, führte letztlich zu ihrer faktischen Abschaffung 2004 und gipfelte in der Verpflichtung zur aktiven Selbsthilfe. Gemeinsam ist diesen Diskursen die Vision einer Gesellschaft aus aktiven, eigenverantwortlich handelnden und der Gemeinschaft verpflichteten Individuen, die dem Staat nicht auf der Tasche liegen. Diesem Gesellschaftsentwurf wird das Negativbild des unmündigen, passiven und die Gemeinschaft ausnützenden Wohlfahrtsempfängers gegenübergestellt, den es zu verhindern gelte. Nicht der Anspruch auf soziale Rechte, die auch und nicht zuletzt von den Gewerkschaften erkämpft wurden, sondern die Verpflichtungen der einzelnen gegenüber der Gesellschaft stehen im Zentrum aktueller sozialpolitischer Diskurse und bedrohen die erreichten sozialen Standards.

6.2 Folgen der neuen Reziprozität

EU-Europaweit lassen sich zwei Folgen dieser Politik der „neuen Reziprozität" ausmachen:
1. die Durchsetzung eines neuen Armutsbegriffs und einer neuen Armutsgruppe (Hinwendung zu Kindern)

2. die Konjunktur des Plädoyers für die Entfamilisierung der Familie und einer „sozialinvestiven" Sozialpolitik

ad 1: Armut als Beschäftigungslosigkeit der Eltern (vgl. Ostner 2003) Wer heute von Armut spricht, verweist auf nicht ausgeschöpfte Erwerbspotentiale und auf neue Einkommensrisiken für erwerbstätige Familien. Die Gleichsetzung von Armut und Ungleichheit der Chancen, durch Beschäftigung sich und die Familie ernähren zu können, stellt eine Wende in der Definition von Armut dar, die zunächst in den USA vollzogen wurde und die inzwischen der Neujustierung der EU-Sozialpolitik zugrundeliegt. Es komme, so das neue Argument, gar nicht oder nicht so sehr darauf an, dass die Ungleichheit der Einkommen abnehme; diese Ungleichheit könne sogar dann nützlich sein, wenn sie dazu beitrage, dass sich die Position der am schlechtesten Gestellten verbessere. Am schlechtesten gestellt sind heute die Langzeiterwerbslosen und Haushalte, in denen erwerbsfähige, aber nichtbeschäftigte Menschen leben, die aktuell und zukünftig auf Sozialleistungen angewiesen sind bzw. angewiesen sein werden. Diese Form der Deprivation kann man am besten dadurch abschaffen, dass zunächst Chancen neu verteilt werden – und nicht dadurch, dass man Geld gibt. Schließlich komme Armut meist dadurch zustande, dass Familien es nicht schafften, für sich selbst zu sorgen. „Armut" wird nun als mangelnde Fähigkeit und damit Chance, für den eigenen Unterhalt und den der eigenen Familie aufzukommen, bestimmt.

Inzwischen müssen erwerbsfähige Erwachsene, Männer und Frauen, gute Gründe vorbringen, wenn sie sich nicht um eine Beschäftigung bemühen. „Arm" sein gilt nicht. Ihre Beschäftigungsbereitschaft wird dadurch erhöht, dass Erwerbsfähigen – Frauen nun wie Männern – Leistungen gekürzt und nur noch sehr bedingt gewährt werden. Kleine Kinder oder pflegebedürftige erwachsene Angehörige rechtfertigen zwar noch den Ausstieg aus dem Arbeitsmarkt, allerdings immer häufiger nur einen recht kurzen.

Sozialpolitik für Kinder hat sich längst in Beschäftigungspolitik für die Eltern verwandelt – auch in eine Politik, die das kindliche Humankapital fördern und damit die zukünftigen Erwachsenen gegen Einkommensrisiken wappnen soll. Die Familie soll und ist „beschäftigungsfreundlicher" geworden. Dieser Umstieg – weg von der Idee der

„familienfreundlichen Arbeitswelt" hin zur „beschäftigungsfreundlichen Familie" ist nicht ohne negative Diskurse über die Familie zu denken.

ad 2: die multidisfunktionale Familie
OECD, EU aber auch die Mitgliedsstaaten, in denen zentrale Leistungen noch von Familien erbracht werden, konstatieren heute ein vielfältiges Scheitern der Familie. Zumindest wird deren Leistung relativiert. Diese Relativierung gewinnt an Schärfe vor dem Hintergrund des Geburtenrückgangs einerseits, den Leistungsdefiziten z. B. deutscher Schulkinder im OECD Vergleich andererseits. Im ersten Fall – „Geburtenrückgang" – ist es, so die Diagnose, der Familienkonservatismus Deutschlands oder Italiens der die Verwirklichung des „Kinderwunsches" behindere und – will man diesen befördern – weniger statt mehr vom alten Familienmodell verlange. Zur Vermeidung des zweiten Problems – der „Leistungsdefizite" – müsse die Erziehung auf die möglichst frühe Qualifizierung des Kindes zielen, mehr denn je Investition der Gesellschaft in deren Zukunft sein – diese Investition könne nicht allein, wenn nicht sogar sehr viel weniger in den Händen der Eltern liegen.

Der Familismus, so heute die fast einstimmige Überzeugung, verhindere die Vermehrung von Dienstleistungstätigkeiten im öffentlichen und privaten Sektor, also Beschäftigungsmöglichkeiten für Frauen, erhöhe dadurch die Kosten des Kinderhabens, was sich in niedrigen Geburten und in der Folge in der Krise der auf dem Generationenvertrag aufbauenden Sozialversicherungssystemen der kontinentaleuropäischen Wohlfahrtsstaaten äußere. Ein neues Verständnis von Familie müsse sich von diesem Familialismus verabschieden. Die Befreiung der Familie von ihren Betreuungspflichten und die Individualisierung von Kindheit und Alter sollen wie so oft mit Blick auf Schweden, Dänemark oder Finnland gleich mehreren politischen Zielen dienen: der Erhöhung der Zahl erwerbstätiger Frauen, der Verwirklichung des „Kinderwunsches", konkret: der Steigerung der Geburten, insgesamt dem Umbau des Wohlfahrtsstaats in Zeiten neuer ökonomischer Herausforderungen.

Das allseitig identifizierte Versagen der Familie soll heute *die* Herausforderung an den „postindustriellen" Wohlfahrtsstaat und zugleich *die* wesentliche Begründung einer „sozialinvestiven" Sozialpolitik darstellen. Man kritisiert den alten Wohlfahrtsstaat, der viel zu sehr die Lebensverhältnisse der Lohnabhängigen abgesichert und durch immer mehr Umverteilung angeglichen habe (Esping-Andersen 2002). Das „Familienversagen", das sich zunächst in der sinkenden Zahl an Kindern und pflegenden Familienangehörigen oder in der Häufung von Trennung und Scheidung ausdrückt, habe die Sozialpolitiker dabei sträflich vernachlässigt, teils sogar gefördert. Vor allem habe der Wohlfahrtsstaat das „Bildungsversagen" der Familie nicht konterkarieren können. Denn nach wie vor hingen die Lebenschancen der Heranwachsenden von der sozialen Schichtzugehörigkeit und dem „sozialen Erbe" ab. Eine Gleichheit der Ausgangschancen existiere immer noch nicht. Dies sei auch so, weil Frauen und Männer ihre Partner innerhalb ihrer Schicht suchten. Weniger Gebildete heirateten weniger Gebildete und bekämen Kinder, die dann auch weniger gebildet wären. Man könne Menschen nicht die Partner vorschreiben und Eltern (leider?) nicht befehlen, ihren Kindern vorzulesen. Schichtspezifische Bildungsvorteile ließen sich durch die Familie nicht nur nicht neutralisieren; man würde auch mit jeder Förderung der Familienfunktionen sozusagen „den Bock zum Gärtner" machen, denn die Familie (nicht die ökonomische Lage, „class",) sei heute der Ausgangspunkt sozialer Ungleichheit. Hinzukomme, dass ausgerechnet die gebildeten Frauen in vielen EU-Ländern weniger Kinder hätten und daher ihr Humankapital nicht an die nächste Generation weitergäben. Interveniere man nicht, gebe man gar den Familien vor allem Geld statt öffentliche Dienste, dann würde sich diese Schieflage verschärfen.

Dem Familienversagen kann man, so Politiker heute, könne man nur durch konsequente Entfamilisierung (vor allem des Kindseins) begegnen. Auf diese Weise könne die neue Sozialpolitik das Projekt des Egalitarismus verwirklichen. Sie müsse dies auch aus Gründen der Effizienz tun und nicht allein aus normativen Überlegungen heraus. Ansatzpunkt des neuen „angebotsseitigen Egalitarismus" ist das individuelle Humankapital, auf das die zukünftigen Gesellschaften EU-Europas mehr denn je angewiesen seien. Sie müssen – demographisch bedingt – mit einem knappen Arbeitskräftepotential auskommen, wobei der Bedarf an gut ausgebildeten, vielseitigen Arbeitskräften steigen werde; sie müssen ferner – ebenfalls demographisch bedingt –

eine wachsende Zahl immer älter werdender nicht erwerbstätiger Menschen unterhalten. Auch deshalb müsse die Produktivität der Jungen und Arbeitsfähigen erhöht werden. Keine Gesellschaft, so Esping-Andersen, könne sich eine Sozialstruktur leisten, die aus „Inseln der Exzellenz im Meer des Unwissens" bestünde. Bildung trage zur Erhöhung der Produktivität der Bürger bei, sie lohne sich, da sie Rendite bringe. Um diese Rendite aus der Investition zu garantieren, müsse das Kind in seiner Familie und müssen (mit dem Kind) auch die Frauen in den Blick genommen werden. Und zwar wiederum nicht (vorrangig) aus normativen Gründen, sondern aus Gründen der Effizienz: Kinder- und Frauenpolitik sei funktional für die Erwirtschaftung von Renditen, für Effizienzsteigerung in diesem Sinn.

Niemand wird es bestreiten: Bildungsfähigkeit beginnt gleich nach der Geburt. Hier werden bereits die Fähigkeit und die Bereitschaft zum Lernen angelegt. Bildungs- und andere Armut der Familie entscheiden daher maßgeblich über die späteren Chancen der Kinder – auch über die lebenslange Fähigkeit zu lernen. Bekämpfung der Kinderarmut und Investition in die kindliche Bildung sind daher die herausragenden Voraussetzungen und Ansatzpunkte einer auf Effizienz gerichteten sozialinvestiven Sozialpolitik. Die Förderung der Erwerbsarbeit von Müttern ist für Esping-Andersen daher eine wichtige Maßnahme. Sie hilft, die Kinderarmut zu bekämpfen. Wird die Müttererwerbstätigkeit zugleich durch die Bereitstellung öffentlicher Dienste, die die Frauen von Familienaufgaben entlastet, gefördert, bekommen diese vermutlich auch mehr Kinder; zugleich können die Kinder dem familialen Einfluss entzogen und der öffentlichen Bildungsstrategie zugeführt werden. Dafür ist es wiederum notwendig, die Kinderbetreuung als „early childhood education" neu zu programmieren.

„Familienfreundlich" sind nun die Maßnahmen, die die Beschäftigungsquote aller Mütter, nicht nur die der qualifizierten Frauen, und die Fertilität erhöhen bzw. zumindest nicht negativ beeinflussen. „Kinderfreundlich" sind sie insofern, wie sie sich um die Geburtenrate sorgen, ferner indirekt, weil sie die Armut von Kindern Alleinerziehender in den Blick nehmen. Wie aktuelle Debatten um die Kosten, Über-, Unter- und Fehlversorgung im Gesundheitswesen, Debatten auch um Rationierung, Eugenik und Sterbehilfe, mit Hartz IV auch darüber, für wen sich Fort- und Weiterbildung denn noch lohne, zeigen, ist eine sozialinvestive Sozialpolitik nur mit hohen Kosten zu haben: Inklusion durch selegierende und eliminierende Exklusion.

## 7. AUF DEM WEG ZUM NEUEN MODELL

EU-Europa wurde – wie oben bereits gesagt – im Prozeß der fortschreitenden europäischen Integration „amerikanischer". Dies gilt insbesondere für den Politikprozeß, die Formulierung von politischen Vorgaben und deren Durchsetzung. Europäisierung und Amerikanisierung von Form und Inhalt auch der Sozialpolitik scheinen Hand in Hand zu gehen. Delors, der als einer der ersten Mitte der 1980 Jahre die Vision eines Europäischen Sozialmodells ins Spiel gebracht hatte, rückte gegen Ende seiner Amtszeit von dieser Vision wieder ab: das Sozialmodell sollte nun nicht mehr spezifisch europäisch, sondern besonders nachhaltig sein (vgl. Geyer 2000; Wincott 2003).

Nachhaltig sollten vor allem die Bildungs-, die Beschäftigungs- und die Alterssicherungspolitik werden. Dafür wurden die EU-Mitgliederländer auf ein Verfahren – die offene Methode der Koordinierung (OMK) – verpflichtet, das ihnen helfen sollte, gemeinsame Zielvorgaben besser zu erreichen (de la Porte und Pochet 2002). Die OMK ist eine weiche Strategie, weil ohne Sanktionen. Ob diese Methode dazu beiträgt, dass die EU-Länder sich annähern werden, sich also zu einem Sozialmodell fügen, oder – so die verbreitete Vermutung – ob sie hilft, dass sich nationale Eigenheiten durch die Art und Weise, wie die vereinbarten Ziele in jeweiligen Mitgliedsland erreicht werden, reproduzieren, ist noch offen und ein weiterer Gegenstand aktueller Analysen zur Zukunft der europäischen Gesellschaften (vgl. z.B. Featherstone und Radaelli 2003). Gemeinsam und festgelegt ist allerdings das Ziel nachhaltiger Beschäftigung und damit einhergehend der Investition in Beschäftigungsfähigkeit. Die anvisierte nachhaltige Alterssicherung setzt diese Beschäftigungsfähigkeit voraus und baut auf ihr auf. Gleiches gilt für bildungs- und forschungspolitische Ziele. Das spezifisch Europäische würde demnach zukünftig weniger im gemeinsamen Ziel – das ist inzwischen übereuropäisch und ursprünglich US-amerikanisch – sondern in dessen Umsetzung liegen. Man kann schon jetzt vorhersagen, dass die (vertikale) soziale Ungleichheit in der Europäischen Union wieder und weiter zunehmen wird und zwar bei abnehmender Inklusionskraft des Sozialmodells und bei abnehmenden Interesse der Politik, materielle Lebensverhältnisse anzugleichen.

## 8. LITERATUR

Aust, Andreas, Sigrid Leitner und Stephan Lessenich, 2002: Konjunktur und Krise des Europäischen Sozialmodells, in: Politische Vierteljahresschrift 43 (2), 272-301.

Crouch, Colin, 1999: Social Change in Western Europe. Oxford: Oxford University Press.

Esping-Andersen, Gosta, 2002: Why We Need a New Welfare State, Oxford: Oxford University Press.

Featherstone, Kevin und Claudio M. Radaelli (Hrsg.), 2003: The Politics of Europeanization. Oxford: Oxford University Press.

Huinink, Johannes, 2002: Polarisierung der Familienentwicklung in europäischen Ländern im Vergleich, in Norbert F. Schneider und Heike Matthias-Bleck (Hrsg.), Elternschaft heute. Opladen: Leske + Budrich, 49-73.

Kälble, Hartmut, 1987: Auf dem Weg zur europäischen Gesellschaft. München: C. H. Beck.

Kälble, Hartmut, 1997: Europäische Vielfalt und der Weg zu einer europäischen Gesellschaft, in: Stefan Hradil und Stefan Immerfall (Hrsg.): Die westeuropäischen Gesellschaften im Vergleich. Opladen: Leske + Budrich, 27-68.

Ostner, Ilona, Sigrid Leitner und Stephan Lessenich, 2001: Sozialpolitische Herausforderungen. Zukunft und Perspektiven des Wohlfahrtsstaates in der Bundesrepublik. Arbeitspapier 49 (Zukunft der Politik). Hans-Böckler-Stiftung, Düsseldorf, Oktober 2001.

Ostner, Ilona (2003): Kinderarmut – eine aktuelle Debatte soziologisch betrachtet, in: Renate Kränzl-Nagl, Johanna Mierendorf und Thomas Olk (Hrsg.), Kindheit im Wohlfahrtsstaat. Gesellschaftliche und politische Herausforderungen. Frankfurt a. M.: Campus, 299-329.

de la Porte, Caroline und Philippe Pochet (Hrsg.), 2002: Building Social Europe through the Open Method of Co-ordination. Bruxelles, Bern u.a. : P.I.E. Peter Lang.

Therborn, Göran, 1995: European Modernity and Beyond: The Trajectory of European Societies 1945-2000. London: Sage.

Vaughan-Whitehead, Daniel C., 2003: The Social Gap: A Source of ‚Unfair' Competition?, in: derselbe: EU Enlargement versus Social Europe? Cheltenham: Edward Elgar, 321-360.

Wincott, Daniel, 2003: The Idea of the European Social Model: Limits and Paradoxes of Europeanization, in: Kevin Featherstone and Claudio M. Radaelli (Hrsg.), The Politics of Europeanization. Oxford: OUP, 279-302.

# Wohin geht der deutsche Sozialstaat?
# Veränderungsprozesse der deutschen
# Wohlfahrtsproduktion im europäischen Kontext

Stephanie Wahl

1. WAS IST DER DEUTSCHE SOZIALSTAAT?

In der Theorie ist der Sozialstaat deutscher Prägung ein Staat, der
- die sozial und wirtschaftlich Schwächeren schützt,
- die großen Lebensrisiken lebensstandardsichernd absichert,
- auf den Abbau sozialer Ungerechtigkeiten hinwirkt bzw. möglichst allen die Teilhabe an den materiellen und immateriellen Gütern des Gemeinwesens ermöglicht sowie
- bei allem das Subsidiaritätsprinzip berücksichtigt.

Was besagt das Subsidiaritätsprinzip? Es besagt, dass die höhere staatliche oder gesellschaftliche Einheit nur dann helfend tätig werden und die Funktionen der niederen Einheiten an sich ziehen darf, wenn deren Kräfte nicht ausreichen, um diese Funktionen wahrzunehmen. Der deutsche Sozialstaat erfüllt die genannten Aufgaben nur noch schlecht und recht. So ist das Subsidiaritätsprinzip vielerorts auf den Kopf gestellt. Hier darf bzw. kann die untergeordnete Einheit nur dann eine gesellschaftliche Aufgabe übernehmen, wenn die übergeordnete Einheit (bis hin zum Staat) sich ihrer noch nicht angenommen bzw. bemächtigt hat.

In anderen Ländern wird die Erfüllung sozialer Aufgaben anders gehandhabt. Die USA, Großbritannien oder die Schweiz beantworten sie restriktiver. Der Staat übernimmt dort nur einen recht kleinen Teil dieser Aufgaben. Entsprechend liegt die Staatsquote zwischen 35 % (USA) und 40 % (Großbritannien). Dagegen beantworten die Skandinavier diese Frage extensiver. Hier übernimmt der Staat mehr soziale Aufgaben (Staatsquote 50-60%). Mit einer Staatsquote von etwa 48 % liegt Deutschland mehr oder weniger in der Mitte. Derzeit werden hier rund 30 % des Bruttoinlandsprodukts allein für soziale Zwecke aufgewendet. 1970 waren es erst ein Viertel. Folglich stieg die Belastung der Bürger, namentlich der Erwerbstätigen, durch Steuern und Sozialbeiträge. Letztere machen heute insgesamt etwa 42 % des Bruttolohns aus. Hinzu kommen erhebliche Zahlungen aus Steuermitteln. Werden sie in Beiträge umgerechnet, würde beispielsweise der Rentenbeitrag heute nicht bei 19,5 %, sondern bei 28 % liegen.

## 2. Wohin geht der Sozialstaat?

Generell stehen die Sozialsysteme aller westeuropäischen Länder vor ähnlichen Herausforderungen. Wegen seines Umfangs und seiner Finanzierungsweise ist jedoch der Anpassungsbedarf des deutschen Sozialstaats besonders groß. Aufgrund der fortschreitenden Veränderungen der Altersstruktur ist trotz Zuwanderung ein weiterer Anstieg der Anspruchsberechtigten programmiert. Heute beträgt der Anteil der unter 20-Jährigen ein Fünftel. Reichlich ein Viertel ist älter als 59. In 40 Jahren wird nur noch ein Sechstel jünger als 20, aber reichlich ein Drittel älter als 60 sein. Besonders dramatisch ist der Anstieg Hochaltriger. Während heute erst 4 % älter als 79, 575.000 älter als 89 und etwa 5.000 älter als 99 sind, werden 2045 11 % 80 und älter sein. 1,6 Millionen Menschen werden die 89, 100.000 die 99 überschritten haben. Entsprechend steigt der Alterslastquotient von heute 45 auf 75 im Jahr 2045.

Darüber hinaus führt die zunehmende Globalisierung dazu, dass die Wertschöpfungsbasis des Faktors Arbeit schrumpft. Neben dem Weltmarkt für Wissen und Kapital hat sich ein Weltarbeitsmarkt gebildet, auf dem insbesondere die aufstrebenden Industrieländer Asiens den Takt vorgeben. Deren Arbeitskosten und -motivation prägen das weltweite Arbeitskräfteangebot immer stärker. Die vom Wohlstand verwöhnten deutschen Arbeitnehmer tun sich schwer, hier mitzuhalten. Über ihre Wettbewerbsfähigkeit wird abnehmend im eigenen Land entschieden, sondern in Tschechien, China oder Indien. Für vergleichbare Tätigkeiten wird dort der Preis deutscher Arbeitskräfte um ein Vielfaches unterboten. Dadurch geraten insbesondere die lohnabhängigen sozialen Sicherungssysteme wie die deutschen unter Druck.

Um trotz dieser Entwicklungen die gewohnte staatliche Versorgung bei Arbeitslosigkeit und im Alter, Krankheits- und Pflegefall sowie bei Bedürftigkeit und andere soziale staatliche Dienste aufrecht erhalten zu können, hat der Staat theoretisch vier Möglichkeiten:
- Er erhöht die Abgabenlast der Bürger. Die Folge: Die Bürger entziehen sich massiv den Kosten. Steuerumgehung und Schwarzarbeit nehmen zu. Allerdings ist die Möglichkeit unter Bedingungen einer freiheitlichen Demokratie mehr oder weniger erschöpft.
- Er verschuldet sich weiter. Bereits heute beträgt die Gesamtverschuldung 1,4 Billionen oder 17.000 Euro pro Kopf der Wohnbevölkerung. Die hohe Verschuldung der öffentlichen Hand gehört zu den schlimmsten und zugleich sinnlosesten Entgleisungen der zurückliegenden Jahrzehnte. Sie lag und liegt jedoch in der Logik des tradierten Sozialstaats. Allerdings ist auch diese Möglichkeit erschöpft. Durch zusätzliche Schulden kann der Staat seine Sozialaufgaben nicht finanzieren, selbst wenn die Euroländer den Stabilitätspakt aufweichen wollen.
- Er schichtet innerhalb des öffentlichen Haushalts zugunsten des Sozialbudgets um. Jedoch bestehen hierfür kaum Spielräume. Bereits jetzt sind zahlreiche Bereiche, wie Schulen, Universitäten, Bundeswehr, öffentliche Infrastruktur, Kultur, Sicherheit, unterfinanziert. Folglich ist uns auch diese Möglichkeit bei Wahrung unserer Zukunftsfähigkeit verwehrt.
- Er baut den Sozialstaat zurück und gleichzeitig um.

Dies ist die einzige realistische Option.

Diese Option ist auch deshalb geboten, weil der deutsche Sozialstaat gravierende Mängel hat. Er hat die Menschen entsolidarisiert. Soziales ist zur Ware verkommen. Und er hat die Menschen deformiert. Was Handwerksburschen noch vor 100 Jahren abverlangt wurde, nämlich die Vorsorge für die Fährnisse des Lebens, ist der Mehrheit der Bürger zu Beginn des 21. Jahrhunderts weitgehend verwehrt. Ferner hat er die Bürger bis zur Bewegungslosigkeit eingeschnürt. Mit der Finanzierung der sozialen Sicherungssysteme sind viele an ihre wirtschaftlichen Grenzen geraten und zu alternativen Vorsorgeformen, selbst wenn sie diese wollten, nur noch bedingt oder gar nicht in der Lage. Noch schwerer wiegt jedoch die mentale Einschnürung. Die rundum vom Staat versorgten Bürger sind vom wichtigsten Bereich der Selbstentfaltung und -findung abgeschnitten. Häufig heißt es, das könnten sie nicht, hierfür fehle ihnen der Überblick, die Risiken seien zu groß und niemand sorge für sie so gut wie der Staat.

In der Theorie schützt der Sozialstaat die wirtschaftlich Schwachen auf Kosten der Starken. In der Praxis sind seine Zuteilungskriterien grobschlächtig und nicht frei von Willkür. Insbesondere in den sozialen Sicherungssystemen ist die Umverteilung undurchsichtig und nicht zielgenau. Wer spät kommt und wenig leistet, wird tendenziell besser behandelt als der Frühaufsteher. Da sich nicht genau ausmachen lässt, wer stark und wer schwach ist, greift der Sozialstaat zu pauschalen Lösungen. Danach sind Gesunde generell wirtschaftlich stark und Kranke schwach. Entsprechendes gilt für die Jungen und die Alten, Arbeitgeber und Arbeitnehmer, Vermieter und Mieter u.v.a. Dass die Wirklichkeit oft anders aussieht, kann und will der Sozialstaat nicht sehen.

Schließlich leistet der Sozialstaat nicht das, was er vorgibt, zu können - nämlich langfristig vorzusorgen. Bei genauer Prüfung zeigt sich, dass der Sozialstaat mit seinen unkonditionierten Fürsorgeverpflichtungen sein Fundament zerstört. Was heute in der deutschen Sozialpolitik geschieht, ist der Versuch, diese Entwicklung zu verlangsamen und punktuell zu korrigieren. Die Politiker haben Angst, der Bevölkerung zu offenbaren, dass sie für sie weit weniger vorgesorgt haben als bisher vorgegeben. Ursächlich hierfür ist die Funktionsweise umlagefinanzierter Sozialsysteme. Im Kern sind sie nichts anderes, als „sich langsam voranschiebende Schuldenberge" (Meinhard Miegel). Sie drohen, die nachwachsende Generation zu erdrücken - und diese wird sich hiergegen zu wehren wissen. Verwehren kann ihr dies niemand. Jetzt gesteht die Politik ein, dass der individuelle Lebensstandard ohne zusätzliche private Vorsorge nicht gesichert ist. Zwar wurde das in dieser Klarheit erst bei der gesetzlichen Alterssicherung ausgesprochen. Aber alle anderen Bereiche werden folgen. Überall wird deutlich werden: Bei der Sicherung des Lebensstandards ist auf den Staat kein Verlass mehr.

## 3. Zwei mögliche Szenarien

Die Richtung ist klar. Die Frage ist - ist sie auch der Politik und vor allem der Bevölkerung, d.h. uns allen klar? Grundsätzlich sind zwei Szenarien denkbar. Im ersten Szenario versucht der Staat, trotz erreichter Grenzen den tradierten Sozialstaat zu erhalten. Binnen einer Generation werden staatliche Transfers die Haupteinkommensquelle der Bevölkerungsmehrheit. Hieraus erwachsen für die Minderheit Belastungen, gegen die sie offenen oder verdeckten Widerstand leistet. Um ihn zu brechen, setzt der Staat autoritäre Mittel ein. Zugleich ist jedoch die Mehrheit der Bevölkerung zur demokratischen Kontrolle des Staates nicht mehr in der Lage, weil sie von ihm existenziell abhängig ist. Wird der Sozialstaat nicht grundlegend zurückgebaut, wird er unsere politische Ordnung, d.h. die freiheitliche Demokratie gefährden.

Im zweiten Szenario begreift die Bevölkerung, dass sie sich von einer Staats- zu einer Bürgergesellschaft entwickeln kann. Das bedeutet, dass bereits durchschnittlich Wohlhabende so weit wie möglich auf Obhut und Fürsorge des Staates verzichten und sich bewusst auf eigene Füße stellen. Das heißt aber auch, Bedürftige und gemeinwohlorientierte Organisationen am individuellen Wohlstand teilhaben zu lassen. Diese Kultur freiwilligen Teilens und großzügigen Mäzenatentums ist durch das generationenlange staatliche Zwangsverteilen verkümmert. In einer Bürgergesellschaft muss sie wieder geweckt und gepflegt werden. Ähnlich verhält es sich mit der individuell verfügbaren Zeit für bürgerschaftliches Engagement. An sich ist sie reichlich vorhanden. Auch hier bedarf es einer veränderten Kultur, um sie nutzbar zu machen. Individuelle Wohlhabenheit und individuelle verfügbare Zeit müssen sich mit bürgerschaftlicher Gesinnung verbinden, um zu einer Bürgergesellschaft zu gelangen. Diese Gesinnung bedarf der Förderung durch Politik, Medien und Bildungseinrichtungen.

Die sozialen Sicherungssysteme können und müssen in dieser Bürgergesellschaft auf staatliche Existenzsicherungssysteme zurückgeführt werden. Bislang wurde der Bevölkerung versprochen, mittels dieser Systeme den individuellen Lebensstandard wahren zu können. Dieses Versprechen ist nicht länger aufrecht zu erhalten. Das bedeutet beispielsweise für die vier sozialen Sicherungssysteme, dass sie auf zwei recht gleich starken Säulen ruhen müssen, auf einer staatlichen Existenzsicherung und privater Vorsorge, die den im Erwerbsleben erworbenen Lebensstandard sichert. Aber selbst wenn alle sozialen Sicherungssysteme nur noch die Existenz sichern, wird aufgrund der Alterung der relative Aufwand für sie gegenüber heute nicht rückläufig sein. D.h. künftig ist bloße Existenzsicherung genauso aufwendig, wie bislang die Sicherung des individuellen Lebensstandards. Das ist der Preis für die zurückliegenden 30 Jahre. Wir können wählen, welches Szenario Wirklichkeit wird. Über die Antwort, wohin der deutsche Sozialstaat geht, entscheidet somit die Bevölkerung.

# Vorfahrt für solidarische Sozialpolitik. Europäische Sozialmodelle, sozialer Katholizismus und die Suche nach der sozialen Identität Europas

Hermann-Josef Große-Kracht

## 1. Das „Europäische Sozialmodell": Auf der Suche nach einem Phantom

Ein Phantom geht um im alten Europa; genauer gesagt: die Suche nach einem Phantom. Noch vor 20 Jahren, bevor Jacques Delors, der damalige Präsident der EU-Kommission (1985-1995), diesen Begriff in die europapolitischen Debatten einführte (vgl. Delors 1993, S. 59 - 77), hat kaum jemand von diesem Phantom Notiz genommen. Je mehr sich jedoch herumspricht, dass sich die nach 1945 eingerichteten politischen und kulturellen Koordinaten der westeuropäischen Nachkriegszeit – nicht erst seit 1989 – in einem rasanten Veränderungsprozess befinden, desto höher wird das Interesse an diesem Phantom. Und je mehr mit diesem neuen Interesse die Befürchtung um sich greift, dieses Phantom könnte gerade dabei sein, uns unwiederbringlich abhanden zu kommen, desto schmerzlicher wird es vermisst, desto nostalgischer wird ihm nachgetrauert, desto trotziger wird aber auch seine unverändert fortbestehende Gegenwart behauptet. Deutlich wahrnehmbar sind in den letzten Jahren aber auch die Stimmen derer geworden, die das Verschwinden und Verdampfen dieses Phantoms – oft mit einem nüchtern-aufgeklärten: „Na endlich!" auf den Lippen – freudig begrüßen: die hohen Kosten der öffentlichen Sozialversicherungen würden ja ohnehin nur die Konkurrenzfähigkeit der europäischen Unternehmen gefährden und die Mobilität und Innovationsdynamik der europäischen Wirtschaft belasten. Aber wie kontrovers die Stimmen auch immer sind; das Phantom hat sich längst einen festen Platz in der regierungsamtlichen Verlautbarungspublizistik der europäischen Staatenwelt erobert. Damit steht fest: auch wenn es das

Phantom womöglich gar nicht gibt, der Phantom-Schmerz jedenfalls tut seine Wirkung. Die Rede ist natürlich vom *europäischen Sozialmodell*, das gegenwärtig politikwissenschaftlich und kultursoziologisch länderübergreifend zur Fahndung ausgeschrieben ist. Allerdings herrscht ziemliche Unklarheit über die Frage, wie das europäische Sozialmodell aussieht oder aussehen soll, welche besonderen Kennzeichen es hat oder haben soll, wie es sich von anderen Sozialmodellen treffsicher unterscheiden lässt oder unterscheiden lassen soll. Gibt es nicht in den verschiedenen Ländern, Staaten und Regionen Europas so verschiedene sozialpolitische Traditionen und Institutionen, dass es nicht nur empirisch unmöglich, sondern auch normativ geradezu unredlich ist, hier so etwas wie ein „einheitliches europäischen Sozialmodell" herauskristallisieren zu wollen? In der Tat: die vergleichende Wohlfahrtsstaatsforschung, die mit Esping-Andersens so erfolgreicher Dreier-Typologie von *sozialdemokratischen, liberalen und konservativen Wohlfahrtsstaats-Regimen* (Esping-Andersen 1990) Anfang der 1990er Jahre noch selbstbewusst und siegessicher begann, präsentiert sich gegenwärtig eher vorsichtig und verunsichert. Wenn man in der vergleichenden Wohlfahrtsstaatsforschung heute irgend etwas sicher weiß, dann nur, dass man nichts sicher weiß. Mit den drei Typen allein kommt man jedenfalls nicht hin. Womöglich muss man am Ende für das alte Europa ungefähr so viele Sozialmodell-Schubladen konstruieren, wie es dort Staaten gibt – aber selbst wo Europa anfängt, endet und dereinst vielleicht einmal aufhören wird, weiß heute niemand sicher zu sagen; und spätestens dann, „wenn die Zahl der Typen die Anzahl der Fälle erreicht, die sie angeblich klassifizieren, hat sich die Mühe um Typologisierung erledigt" (Baldwin 2003, S. 57).

Und doch: die Rede vom „europäischen Sozialmodell" wird hoch gehandelt. Auf der verzweifelten Suche nach dem, was das weitflächige und einstweilen noch unbegrenzte *Großareal Europäische Union* miteinander verbindet, was dieses Areal kulturell und sozial integrieren kann, was ihm eine einheitliche und zukunftsfähige politisch-moralische Identität vermitteln könnte, rangiert das „europäische Sozialmodell" ziemlich weit oben. In Sachen europäischer Identitätsbildung allein auf die individuellen Freiheitsversprechen eines grenzenlosen, ungehinderten Marktes zu setzen, scheint man sich nicht recht zu trauen. Der rückwärtsgewandte Rekurs auf die politisch-religiösen Traditionen des – westeuropäisch dominierten – christlichen Abendlandes ist als Integrationskandidat aber offensichtlich auch schon ausgeschieden. Also muss etwas her, das dem zukünftigen Europäer „warm ums Herz" werden lässt, eben ein „europäisches Sozialmodell", auch wenn sich davon im aktuellen EU-Verfassungsvertrag, der ja – trotz einiger aktueller Tendenzen zur Normierung sozialer Grundrechte – im Kern eher neoliberal als alteuropäisch daherkommt (vgl. u.a. Schulte 2004), kaum institutionelle Spuren finden lassen; und auch wenn sozialstaatliche Traditionen aus dem Europa des 20.Jahrhunderts von den gesellschaftlichen Eliten des heutigen Europa immer deutlicher in Frage gestellt werden. Breite Kreise der europäischen Eliten von Portugal bis Polen, von Moskau bis Madrid scheinen heute jedenfalls eher nach Amerika zu schauen und sich für die dortige Wirtschafts- und Sozialkultur zu begeistern. Ob und gegebenenfalls wie in diesem Rahmen je ein integrierendes, mit einem politisch-moralischen „Wärmestrom" versehenes „europäisches Sozialmodell" erfolgreich erinnert, entfaltet und propagiert werden kann, ist deshalb gegenwärtig nur schwer absehbar.

Für die politisch-moralische ebenso wie für die politisch-ökonomische Zukunft Europas könnte sich jedoch das demokratisch-diskursive Projekt einer „öffentlichen Erfindung eines europäischen Sozialmodells" durchaus als eine wertvolle, vielleicht sogar als die einzig tragfähige „gesamteuropäische" Integrations- und Legitimationsressource darstellen, ohne die ein zusammenwachsendes Europa die Köpfe und Herzen seiner Bürger nicht erreichen wird. Dies dürfte zumindest solange gelten, wie sich in den europäischen Bevölkerungen noch deutlich der konsensuale Wunsch nach einem „sozialen Europa" artikuliert. Deshalb spricht gerade für die Akteure des sozialen Katholizismus nichts gegen den Vorschlag, mit Nachdruck auf die öffentlichen Meinungsbildungsprozesse einzuwirken und eigene Vorstellungen von dem zu entwickeln, was man sich denn unter einem „europäischen Sozialmodell" vorstellen könnte und sollte. Vielleicht gelingt es ja, relevante moralische Grundüberzeugungen und institutionelle Grundoptionen in Sachen „konsensfähiges Sozialmodell" zu formulieren und erfolgreich in die europäischen Selbstfindungsprozesse einzubringen, denn „nachdem die Marktintegration weitgehend vollendet ist, wird die ‚soziale Integration' zur Schlüsselfrage" (Offe 2005, S. 190) – und hier ist gegenwärtig höchst ungewiss, wie sich die entsprechenden europäischen Selbstfindungsprozesse in Zukunft entwickeln werden. Von Jacques Delors damaliger Hoffung auf ein „soziales Europa"[2] ist zur Zeit jedenfalls wenig die Rede. Stattdessen dominieren marktliberale und rechtspopulistische Meinungen und Stimmungen gegenwärtig die Szenerie eines – wie Claus Offe es formuliert – „europaweiten Angstdiskurses, der mit der ‚negativen', rein marktschaffenden statt marktregulierenden Form der EU-Integration assoziiert ist. Hinzu kommen Ängste vor der gesteigerten Faktormobilität, d.h. eines massiven Zustroms von Arbeit und Abflusses von Kapital, die mit der Osterweiterung der EU verbunden werden" (Offe 2005, S. 199). Vor diesem Hintergrund ist eine öffentliche Debatte um die Definition und Implementierung eines funktionstüchtigen und allgemein überzeugungsfähigen „europäischen Sozialmodells" heute dringlicher denn je.

## 2. EUROPÄISCHE SOZIALMODELLE IM IDEEN- UND INSTITUTIONENWETTBEWERB

Im Folgenden will ich im Anschluss an Esping-Andersens *Three worlds of welfare capitalism* drei verschiedene europäische Sozialmodelle einander gegenüberstellen, denn auch wenn diese Typologie empirisch nur wenig zu überzeugen vermag, so ist sie insbesondere für eine erste politisch-moralische Feldsondierung nach wie vor fruchtbar und m. E. bis heute unüberholt. In Anlehnung an diese Typologie lässt sich zum einen ein sozialdemokratisch-skandinavisches Modell eines *welfare government* identifizieren, das die Aufgaben der

---

[2] In seinen Interviews mit Jean-Louis Arnaud formuliert Delors in Rückblick: „Die Nationen und die Regionen sind nicht in gleicher Weise für einen gesteigerten Wettbewerb gewappnet. Manche sind rückständig, andere kämpfen mit Strukturproblemen. Der freie Markt macht Solidarität erforderlich. Ich versuchte also, meine Lieblingsformel umzusetzen: Der Wettbewerb stimuliert, die Zusammenarbeit stärkt, die Solidarität eint." (Delors 2004, S. 273)

gesellschaftlichen Wohlfahrtsproduktion[3] weitgehend beim Staatsapparat ansiedelt und als dessen Musterbeispiel der schwedische Wohlfahrtsstaat gilt; zum anderen lässt sich ein anglo-amerikanisches Modell möglichst staatsfrei organisierter *welfare markets* skizzieren, für das in der Regel das US-amerikanische Sozialmodell Pate steht; und schließlich lässt sich von einem „halb-modernen", korporatistisch-konservativen Modell eines *welfare mix* sprechen, das eine typische Ausprägung etwa in Deutschland gefunden hat, nach einer Perspektive jenseits der beiden modernen Steuerungsmedien von Staat und Markt sucht und zentrale Aufgabenfelder der gesellschaftlichen Wohlfahrtsproduktion bei den großen gesellschaftlichen Interessengruppen und den Wohlfahrtsverbänden der großen Religionsgemeinschaften ansiedelt. Dieses in seinem Kern bereits in den 1880er Jahren entstandene Modell – man könnte es vielleicht als das Modell eines „katholisch-konservativen Sozialversicherungsstaates" bezeichnen –, hat gegenwärtig sicherlich die schwächste Lobby, vor allem deshalb, weil es sich stark auf traditionelle Familienbilder und auf dem Sozialmuster der Normalerwerbsbiografie des männlichen Haushaltsvorstandes gründet und darüber hinaus mit seiner exklusiven Fixierung auf das Modell einer Arbeitnehmer-Sozialversicherung gegenwärtig gleich

---

[3] Das Konzept der ‚Wohlfahrtsproduktion' wurde zu Beginn der 1980er Jahre von Wolfgang Zapf in die deutschsprachige Debatte eingeführt und später vor allem von Franz-Xaver Kaufmann aufgegriffen und weiterentwickelt (u.a. Kaufmann 1997). Gegenläufig zu einem rein ökonomischen, ausschließlich auf die Produktion und Verteilung von Gütern und Dienstleistungen zielenden Begriff von ‚Wohlfahrt' betont Zapf, dass sich gesellschaftliche Wohlfahrtssteigerungen vor allem als Steigerungen von Wohlbefinden (*well being*) zu definieren haben – und dazu gehört für ihn eine Stufung von *having*, *loving* and *being*, in der die Versorgung mit Gütern und Diensten als Frage des basalen Lebensstandards (*having*) ergänzt wird um die höherwertigen Qualitäten sozialer Beziehungen und persönlicher Bindungen (*loving*) sowie personaler Selbstverwirklichung (*being*). Die Aufgaben der Wohlfahrts*produktion* weist er „vier Instanzen oder Arenen" zu: „Der Wohlfahrtsstaat ist einer dieser Anbieter, die Marktwirtschaft ein anderer. Zu Staat und Markt müssen wir jedoch mindestens die Assoziationen (Interessengruppen, intermediäre Gruppen) und die Privathaushalte (Familien, Primärgruppen) hinzufügen." (Zapf 1981, S. 389)

mehrfach in die Krise geraten ist. Dennoch ist damit nicht vorentschieden, dass dieses „jenseits von Markt und Staat" angesiedelte Modell eines gesellschaftlichen *welfare mix* nicht auch heute noch diskursfähige Anregungen für die Suche nach den normativen und institutionellen Grundlagen eines „europäischen Sozialmodells" enthalten könnte.

## 2.1 Das katholisch-konservative Modell des *welfare mix*: korporative Marktwirtschaft und nichtetatistischer Sozialversicherungsstaat

Der korporatistische Sozialversicherungsstaat, wie er sich nicht nur in Deutschland, sondern auch in Österreich oder in den Niederlanden ausgebildet hat, kennzeichnet sich vor allem dadurch, dass hier nicht allein ein bipolarer Klassenkompromiss zwischen Bourgeoisie und Proletariat geschossen werden musste; vielmehr ging es um die Hegung und Koordinierung einer spannungsreichen vierfachen Interessenambiguität von Kapital, Arbeit, Obrigkeitsstaat und staatsunabhängiger Großkirche, die es so zu regulieren galt, dass sich alle vier Großakteure über ein spezifisches Wohlfahrtsarrangement und über spezifische Konfliktregulierungsmechanismen in ein gemeinsam getragenes und verantwortetes Gemeinwesen integrieren konnten, ohne ihre je eigene Identität und Autonomie aufgeben zu müssen. Dies gelang im Rahmen eines institutionellen *welfare mix*, der sich weder auf die traditionellen Sicherungsformen von familialer und lokaler *community*-Solidarität verlassen noch die zentrale Wohlfahrtsverantwortung allein auf die modernen Steuerungsmechanismen von Markt und Staat übertragen will. Diesem Modell geht es vielmehr um ein Staatsapparat, Arbeitgeberverbände, Gewerkschaften und Kirchen gleichermaßen integrierendes Modell korporativer Wohlfahrtsproduktion, das diese vier großen gesellschaftlichen Machtfaktoren in ein von allen gemeinsam getragenes Leitbild des Wohlfahrtsstaates einbezieht.[4]

Zwar ist der Staat mit seiner Rechtssetzungskompetenz hier nach wie vor der letztinstanzliche Akteur, bei dem die Fäden der gesellschaftli-

---

[4] Vgl. dazu aus wirtschaftshistorischer Sicht Abelshauser 2004, S. 16-59; zu einer aktuellen politikwissenschaftlichen Einschätzung Lessenich 2003.

chen Wohlfahrtsproduktion zusammenlaufen müssen. Da die sozialdemokratische Arbeiterbewegung in diesen Ländern den Staatsapparat nicht dauerhaft zu erobern vermochte, tritt der Staat hier aber ohne Monopolisierungsansprüche auf. Er will nicht der alleinige Wohlfahrtsproduzent bzw. der alleinige Koordinator und Organisator der gesellschaftlichen Wohlfahrtsproduktionsprozesse sein. Er zielt nicht auf eine egalitäre steuerfinanzierte Grundsicherung für alle auf möglichst hohem Niveau, sondern begreift sich eher als sekundärer Moderator und Supervisor vorgängiger, unabhängig von ihm stattfindender und durchaus konfliktiver Prozesse gesellschaftlicher Wohlfahrtsproduktion, über die er nicht verfügen kann und will. Insofern agiert er eher als Verhandlungsstaat, der zentrale Aufgaben der Sozialpolitik nicht in eigener Regie zu lösen beansprucht, sondern diese in enger Abstimmung mit den großen gesellschaftlichen Interessenverbänden, den Unternehmerverbänden, den Gewerkschaften und den verfassten Kirchen mit ihren Fürsorge- und Wohlfahrtseinrichtungen zu lösen versucht.

In diesem intermediären Modell ist soziale Sicherung keine steuerfinanzierte Angelegenheit des Staates, aber auch keine private Angelegenheit mündiger Bürger, die sich auf freien Gesundheits- und Versicherungsmärkten mit den individuell gewünschten Sozialleistungen versorgen können und müssen. Vielmehr beruht soziale Sicherung hier klassischerweise vor allem auf Beiträgen von Beschäftigten und Arbeitgebern zu von ihnen paritätisch verwalteten Sozialversicherungen, womit den großen Arbeitgeber- und Arbeitnehmervertretungen quasistaatliche Aufgaben zuwachsen. Zudem verzichtet der Staat weitgehend darauf, mit eigenen staatlichen Krankenhäusern, Sozialeinrichtungen und Gesundheitsdiensten in Konkurrenz zu den bereits von den Kirchen aufgebauten Sozialeinrichtungen und Wohlfahrtsverbänden zu treten. Vielmehr erkennt er diese ausdrücklich als Träger öffentlicher Aufgaben an, gewährt ihnen privilegierte Bestands- und Finanzierungsgarantien und macht sie damit ebenfalls zu quasistaatlichen Organisationen (*quagos*), die im Gegenzug dafür auf staatskritische Attitüden aus früheren kulturkämpferischen Zeiten verzichten und sich nun als eine verlässliche staatstragende Großinstitution zu begreifen beginnen.

Damit schafft es der intermediäre Wohlfahrtsstaat, die politische Verantwortung für die Sozialpolitik auf viele Schultern zu verteilen, sich selbst als möglichen Adressaten radikaler sozialpolitischer Maßnahmen aus der „Schusslinie" zu nehmen und die gesellschaftlichen Kräfte von Kapital und Arbeit, von Religion und Kirche, die etwa im Deutschland des ausgehenden 19. Jahrhunderts durchaus starke antistaatliche Affekte hatten, politisch einzubinden und zu disziplinieren. Unter Bedingungen einer Vollerwerbsgesellschaft, in der nahezu alle Bürger über Normalerwerbsbiografien verfügen, hat ein solches Modell einer nicht am Bürgerstatus, sondern an der Erwerbsarbeit des Familienvaters ausgerichteten sozialen Sicherung hohe Erfolgschancen. Bei langanhaltender Massenarbeitslosigkeit wird dieses System der sozialen Sicherung jedoch brüchig. Ebenso geraten die privilegierten Wohlfahrtsverbände der großen Kirchen unter Legitimationsdruck, wenn die Mitgliederzahlen der Kirchen schwinden und in einer zunehmend multikulturellen und multireligiösen Gesellschaft zahlreiche neue Selbsthilfeinitiativen, Gesundheitsdienste und Wohlfahrtsproduzenten in der Zivilgesellschaft entstehen, die sich durch die enge Verzahnung von Staat und etablierten Wohlfahrtsverbänden diskriminiert sehen und für sich eine faire Chancengleichheit beim Zugang zu öffentlichen Subventionen und Fördergeldern verlangen.

Die aktuellen Entwicklungen – Europäisierung des Rechts, veränderte Realitäten in den herrschenden Frauen- und Familienbildern, zunehmende gesellschaftliche Pluralisierung, schleichende Entkirchlichung, aber auch biblisch-theologisch motivierte Anfragen an die Gefahren einer allzu engen Verflechtung von Staat und Kirche – führen dazu, dass dieses über lange Jahrzehnte sehr erfolgreiche Wohlfahrtsarrangement heute an sein historisches Ende gekommen zu sein scheint. Will es sich auch in Zukunft als plausibel, realitätsnah und zustimmungsfähig erweisen, muss dieses „halb-moderne", weil noch stark an traditionalen Motiven sozialer Ungleichheit, kirchlicher Hegemoniesicherung und vormoderner Frauen- und Familienbilder orientierte Sozialmodell seine heutigen Chancen und Potenziale neu erweisen – und zwar in der Auseinandersetzung mit den beiden modernen Standardmodellen gesellschaftlicher Wohlfahrtsproduktion, die sich exklusiv an den von der europäischen Moderne hervorgebrachten Steuerungsmedien von Staat und Markt orientieren: dem sozialdemokratischen Modell des *welfare government* und dem liberalen Modell der *welfare markets*.

2.2. Das sozialdemokratische Modell des *welfare government*: starker *welfare state* und überflüssiger Sozialkatholizismus?

Im sozialdemokratischen Wohlfahrtsstaatsmodell des *welfare government* fällt die gesellschaftliche Aufgabe der Wohlfahrtsproduktion vor allem an den Staat. Als klassisches Beispiel gilt hier der „Modellfall Schweden"[5]. Hier konnte die in den 1930er Jahren an die Macht gekommene sozialdemokratische Arbeiterbewegung im Verbund mit einer starken Bauernpartei die „Entstehung des volksweiten und nicht auf die Industriearbeiterschaft beschränkten skandinavischen Modells der Wohlfahrtsstaatlichkeit" (Kaufmann 2003, S. 164) jahrzehntelang ungehindert vorantreiben, da in Schweden weder feudalgesellschaftliche Adelseliten noch ein starkes, an manchesterliberalen Ideen orientiertes Bürgertum mit entsprechenden Unternehmerverbänden – „den meisten schwedischen Industriellen war der Manchesterliberalismus ebenso ein Gräuel wie den deutschen" (Kulawik 1999, S. 165) – noch schließlich eine autonome, in kritischer Distanz zum Staat stehende große Religionsgemeinschaft einer solchen wohlfahrtsetatistischen Entwicklung entgegenstanden. Erheblich erleichtert wurde die Ausbildung dieses staatszentrierten Modells gesellschaftlicher Wohlfahrtsproduktion auch durch die bis in die jüngste Zeit durchgehaltene Tradition der lutherischen Staatskirche, der auch heute noch ca. 85% der schwedischen Staatsbürger – zumeist im Modus des „belonging without believing"( Danièle Hervieu-Léger) – angehören (vgl. Foss 2003). Entsprechend dieser bis in die Gegenwart weithin unumstrittenen Staatskirchentradition war und ist zum einen „der innenpolitische Einfluß der Religion ... deutlich geringer als in Ländern mit konfessionellen Auseinandersetzungen"; zum anderen hat aber das lutherische Landeskirchentum auch „wesentlich zur selbstverständlichen Akzep-

---

[5] Vgl. dazu neben der klassischen Studie von Henningsen 1986 vor allem die knappen Überblicke in Schmid 2002, S. 203-222 und Kaufmann 2003, S. 161-205.

tanz einer extensiven Staatstätigkeit beigetragen, die für ganz Skandinavien charakteristisch ist" (Kaufmann 2003, S. 163f.). Im sozialdemokratischen Wohlfahrtsstaatsmodell geht es um die universale Gewährleistung elementarer Grundrechte auf soziale Sicherung, die nicht an private Vorleistungen oder an Erwerbsarbeit, sondern ausschließlich an den Staatsbürgerstatus gekoppelt sind und seit dem späten 19. Jahrhundert auf „die Befreiung der arbeitenden Bevölkerung vom Risiko der demütigenden und rechtlos machenden Armenfürsorge" (Kaufmann 2003, S. 182) zielen. Unter der normativen Leitidee der „De-Kommodifizierung" (Esping-Andersen 1990, S. 35-54)[6] nimmt sich der Staat in die Pflicht, seine Bürger nicht nur – wie etwa in Deutschland – unter dem Leitbild der „Status-Sicherung" vor den klassischen Standardrisiken der industriellen Arbeitsgesellschaft (Krankheit, Alter, Arbeitslosigkeit), sondern auch vor den Unwägbarkeiten, Zumutungen und Ungerechtigkeiten des kapitalistischen Arbeitsmarktes zu schützen und allen gleiche Sozialleistungen zu bieten. Diese Versorgungsleistungen gelten als selbstverständliches Bürgerrecht und sind deshalb von gesellschaftlicher Stigmatisierung frei, sie zielen auf die Befreiung vom Zwang zur Arbeit und auf den Abbau

---

[6] Die sozialpolitische Leitidee der ‚De-Kommodifizierung' (commodity: Gebrauchsartikel, Ware) zielt – jenseits moralisierender ‚Recht auf Faulheit-Debatten' – darauf, die strukturelle Benachteiligung eigentumsloser Massen auszugleichen, die um den Preis des Verhungerns gezwungen sind, tagtäglich ihre Arbeitskraft auf den ‚Arbeitsmärkten' anbieten zu müssen, ohne diese ‚Ware' – wie andere Anbieter von Gütern und Dienstleistungen – ggf. so lange zurückhalten zu können, bis sie im Spiel von Angebot und Nachfrage dafür ihnen akzeptabel erscheinende ‚Marktpreise' erzielen können. Sozialpolitische Dekommodifizierungsstrategien, die gegenwärtig allenthalben aufgekündigt werden, bewegen sich insofern durchaus im Rahmen eines liberalen Gesellschaftsmodells, in dem es um freie – aber auch gleichrangige! – Marktbeziehungen zwischen Anbietern und Nachfragern geht (vgl. dazu auch schon Leo XIII. und die Enzyklika *Rerum Novarum* Nr. 34). Dieses klassische Sozialpolitikmotiv gerät in Esping-Andersens aktuellen Überlegungen zu einem ‚*new welfare state*', in den es vor allem um die Bildungschancen von Kindern geht (vgl. u.a. Esping-Andersen 2003), jedoch zugunsten eines nicht unproblematischen produktivistischen Sozialpolitik-Paradigmas normativ in den Hintergrund (vgl. Lessenich 2004).

sozialer Ungleichheiten, bieten allen eine gleiche materielle Grundsicherung auf relativ hohem Niveau und sichern so einen hohen Grad demokratisch-egalitärer Gleichheit, der dem demokratietheoretischen Egalitätsanspruch der politischen Moderne in hohem Maße zu entsprechen vermag.

Der universale Rechtsanspruch auf soziale Sicherung geht damit über vorleistungsorientierte und prinzipiell staatsfern angelegte Konzepte eines Sozialversicherungsstaates hinaus und reklamiert das Prinzip eines demokratischen Versorgungsstaates. Denn auch wenn korporatistische Arrangements zwischen Gewerkschaften und Unternehmerverbänden – mit und ohne vermittelnde Einbindung staatlicher Regulierungsinstanzen – im schwedischen Wohlfahrtstaat stets eine elementare Rolle gespielt haben, so bleibt hier doch die Vorstellung vorherrschend, dass in letzter Konsequenz allein der demokratisch gewählten Regierung die Aufgaben der Finanzierung und Gewährleistung von sozialer Sicherheit für alle obliegen.

Staatliche Sozialpolitik beruht hier im Kern auf einem massiven Ausbau des öffentliches Dienstes im gesamten Sozial-, Gesundheits- und Bildungsbereich und wird durch eine Kombination aus Beitragszahlungen und hohen allgemeinen Steuersätzen mit erheblichen Umverteilungswirkungen finanziert, die von den großen gesellschaftlichen Interessengruppen und der breiten Masse der Bevölkerung jahrzehntelang konsensual mitgetragen wurden – wohl nicht zuletzt deshalb, weil die steuerfinanzierten Leistungen des sozialdemokratischen Wohlfahrtsstaates nicht nur den unteren sozialen Schichten, sondern auch und vor allem der breiten Masse der Mittelschicht und deren Kindern zugute kamen, etwa im stark ausgebauten und massiv mit öffentlichen Geldern geförderten Bildungssektor, der als einer der zentralen Bereiche gesellschaftlicher Zukunftsinvestition seit jeher höchstes Ansehen genießt und dessen öffentliche Förderung im OECD-Vergleich seit langem die Spitzenposition einnimmt.[7]

---

[7] „Es wird geschätzt, dass rund 40% der Bevölkerung in irgendeiner Weise gleichzeitig am Bildungssystem partizipieren. Schweden gehört mit den übrigen skandinavischen Staaten und Canada zu den Ländern mit den höchsten Bildungsanstrengungen der Welt." (Kaufmann 2003, S. 201)

Unter der Leitmetapher vom „schwedischen Volksheim" (vgl. Henningsen 1986, S. 312-317) lebt dieses Modell mithin von einer soliden Tradition des demokratischen und korporatistischen Interessenausgleichs, einem starken sozialplanerischen Regulierungsoptimismus und einem ausgeprägten universalen Egalitarismus in der politischen Alltagskultur, der offensichtlich bis auf altgermanische Lebensformen und Freiheitsvorstellungen zurückgeht (vgl. Kaufmann 2003, S. 168) und in den politisch-moralischen Mentalitätslagen der Skandinavier feste Wurzeln geschlagen hat.

Die Leistungspotenziale der nichtstaatlichen Akteure und Instanzen gesellschaftlicher Wohlfahrtsproduktion bleiben in diesem Modell aber tendenziell unterbelichtet. Die Familie als eigenständiger Wohlfahrtsproduzent, etwa im Hinblick auf Pflegeleistungen für Angehörige, fällt aufgrund der universalistischen Grundlagen dieses Modells weitgehend aus und wird durch professionelle öffentliche Dienste ersetzt. Das traditionelle Familienmodell des männlichen Alleinverdieners als Haushaltsvorstand und der im Haushalt sorgenden Ehefrau wird in diesem Modell politisch bewusst entwertet, etwa durch eine steuerrechtlich geförderte hohe weibliche Erwerbstätigenquote, eine bildungs- und beschäftigungspolitisch gewollte hohe Zahl professioneller Kinderbetreuungseinrichtungen und einen breit ausgebauten öffentlichen Dienst im Gesundheits- und Pflegebereich. Auch ein autonomer, „jenseits von Markt und Staat" angesiedelter starker Dritter Sektor gesellschaftlicher Wohltätigkeit und sozialer Dienstleistungen, der etwa über Wohlfahrtsverbände weltanschaulicher Großgruppen o.ä. in breitem Maße die öffentlichen Aufgaben der Bereitstellung sozialer Dienste übernehmen könnte, konnte sich hier aus historischen Gründen nicht ausbilden und ist in diesem Modell auch politisch nicht gewollt.

Damit bleibt der über periodische Wahlen legitimierte Zentralstaat alleiniger Akteur sozialpolitischer Reformen und alleiniger Adressat sozialpolitischer Ansprüche und Ambitionen. In Zeiten anhaltenden Wirtschaftswachstums mit hohen Steigerungsraten, in denen Verteilungskonflikte latent bleiben können und ein konsensual getragener permanenter Ausbau wohlfahrtsstaatlicher Leistungen relativ leicht zu finanzieren ist, dürfte dieses staatliche Monopol in der Wohlfahrtsproduktion hochfunktional sein und sich hoher gesellschaftlicher

Sympathiewerte erfreuen. Es ist aber – je nach den zugrunde liegenden Mentalitätslagen der jeweiligen politischen Alltagskultur dieser Länder – nicht auszuschließen, dass in wirtschaftlichen Krisenzeiten, in denen marktwirtschaftliche Verteilungskämpfe zunehmen und wohlfahrtsstaatliche Umverteilungspolitiken schwieriger werden, der für Fragen der sozialen Wohlfahrt allein zuständige Staat in erhebliche Legitimations- und Akzeptanzkrisen gerät, zumal bei staatlichen Organisationsleistungen immer auch mit hohem „Staatsversagen" zu rechnen ist. In ökonomischen und politischen Krisenzeiten besteht dann eine erhöhte Gefahr, dass der etatistische Wohlfahrtsstaat von mehreren Seiten unter Druck steht, weil ihm starke Verbündete und Mitträger aus dem gesellschaftlichen Bereich fehlen, die der Staat zuvor – etwa über dauerhaft institutionalisierte Strukturen korporatistischer Wohlfahrtsproduktion – „mit ins Boot geholt" hätte. Etatistische *welfare*-governments sind insofern in ihrer *embeddedness*, ihrer gesellschaftlichen Einbettung und Einbindung, hochgradig instabil; sie laden sich in wirtschaftlichen Wohlstandszeiten hohe Verantwortungen und Kompetenzen auf, monopolisieren diese beim Staatsapparat – und stehen dann relativ ungeschützt da, wenn sich in ökonomischen Krisenzeiten in der politischen Öffentlichkeit nicht nur eine verstärkt auftretende, aber erschwert zu finanzierende Anspruchs- und Erwartungshaltung an „wohlfahrtsstaatliche Wohltaten" entwickeln, sondern darüber hinaus auch eine grundsätzlich wohlfahrtsstaatskritische Krisen- und Reformrhetorik entfalten sollte. Allerdings hat ein solcher antiwohlfahrtsstaatlicher Krisendiskurs in Schweden kaum zu einer nachhaltigen Delegitimation des umverteilenden, mit hohen Steuersätzen arbeitenden Sozialstaates geführt. Auch wenn der wohlfahrtsstaatliche Universalismus inzwischen „auf einem niedrigeren Dekommodifizierungsniveau" (Schmid 2002, S. 220) stattfindet und viele Beobachter meinen, dass es im „schwedischen Volksheim" im Gefolge der ökonomischen Krisen der 1980er Jahre sozial deutlich „kälter" geworden sei, so ist es hier – anders als etwa in den USA – kaum zu einer prinzipiellen Sozialstaats- und Umverteilungskritik mit entsprechenden Steuerboykottbewegungen in den Mittelschichten gekommen[8]; ein deutliches Indiz dafür, dass die unterschiedlichen historisch-kulturellen und weltanschaulich-religiösen Fundamente der jeweiligen *welfare cultures* offensichtlich eine größere Rolle spielen als von der vergleichenden Wohlfahrtsstaatsforschung bisher angenommen wurde (vgl. dazu auch Rieger/Leibfried 2004). Dennoch bleibt die theoretische Anfrage berechtigt, ob nicht der wohlmeinende Allzuständigkeitsanspruch des sozialdemokratischen Wohlfahrtsstaates womöglich allzu leicht die politisch-institutionellen Voraussetzungen seiner eigenen Delegitimierung in Zeiten ökonomischer Krisen und Probleme heraufbeschwören könnte.

## 2.3. Das liberale Modell der *welfare markets*: schwacher *welfare state* und kompensierender Sozialkatholizismus?

Den Gegenentwurf zum sozialdemokratischen Wohlfahrtsstaatsmodell bildet dann der liberale Typus, wie er sich exemplarisch wohl am ehesten in der politischen Geschichte und Kultur des US-amerikanischen Sozialmodells artikuliert. Dessen kulturelle Grundlagen stammen aber ebenfalls aus Europa, so dass es wenig sinnvoll ist, das liberale Modell als „amerikanisch" zu exterritorialisieren. Es gehört vielmehr von Anfang an zur Familie der „europäischen Sozialmodelle"; und nicht zufällig erfreut es sich in Europa – allerdings zumeist nur bei den wirtschaftlichen und politischen Eliten – gegenwärtig hoher Sympathiewerte.

Im normativen Selbstverständnis des liberalen Wohlfahrtsstaates geht es nicht darum, den Kapitalismus wohlfahrtsstaatlich zu bändigen, *welfare rights* und *social citizenship* (Th.H. Marshall) für alle zu garantieren und die unkalkulierbaren sozialen Risiken unregulierter

---

[8] „1996 vertrat die Mehrheit der Bevölkerung eine expansionistische Position. Verschiedene politische Versuche, eine noch strengere Fiskalpolitik zu betreiben, wie der von Ministerpräsident Göran Persson, waren nicht mehr mehrheitsfähig. Offensichtlich führte die Rotstiftpolitik zwar einerseits zu mehr Realismus, was die Möglichkeiten der Sozialpolitik anging, andererseits aber zu einer Höherbewertung der sichernden Wirkungen der wohlfahrtsstaatlichen Leistungen." (Mau 1998, S. 34) Zur erheblich kritischeren US-amerikanischen Entwicklung dieser Jahre vgl. Schild 2003, bes. S. 265-315.

Arbeitsmärkte durch Dekommodifizierungsstrategien einer staatlichen Umverteilungspolitik verlässlich einzuhegen. Als wohlfahrtspolitische Zielvorstellung fungiert hier vielmehr die Hoffung auf eine – sich nicht über den Staat, sondern über freie Kapitalbildung, privatwirtschaftliche Initiative und ungehinderte Marktmechanismen entfaltende – „Überflussgesellschaft" *(affluent society)* mit Massenproduktion und Massenkonsum, die möglichst vielen Bürgern einen hohen materiellen Lebensstandard in Aussicht stellt. Dementsprechend hat sich der Staat in diesem Wohlfahrtsmodell vor allem auf die Förderung der Wirtschaft zu konzentrieren, damit diese möglichst hohe Wachstums- und Produktivitätsraten erreicht und so den gesamtgesellschaftlichen Reichtum steigert, der dann *in the long run* auch ohne staatliche Umverteilungsaktionen – allerdings bei Inkaufnahme hoher sozialer Ungleichheit und eines sehr restriktiv, kaum oberhalb des reinen Existenzminimums angelegten Sozialleistungsniveaus – breite Bevölkerungsschichten mit deutlichen Wohlfahrtsgewinnen ausstatten soll.
Der in der Nachkriegszeit in allen modernen Industriegesellschaften des Westens gewaltig expandierte Sozialstaat wird dagegen vor allem als schwerfällig, unflexibel, ineffizient, überreguliert und kontraproduktiv wahrgenommen. Zum einen könne er in seiner bürokratisch verrechtlichten Anonymität auf die konkreten Notlagen der Bürger kaum angemessen und punktgenau eingehen, zum anderen schwäche er durch sein hohes Umverteilungsniveau, seine hohe Steuersätze und seine hohen Sozialleistungsniveaus die produktiven Kräfte des wirtschaftlichen Fortschritts und untergrabe die Leistungsbereitschaft und Arbeitsmotivation einer sich im Wohlfahrtsstaat nur allzu gern bequem einrichtenden Sozialstaatsklientel, die dadurch der Wirtschaft noch zusätzlich potenzielle Wachstumseffekte vorenthalte. „To end welfare as we know it" und eine notfalls auch „zwangsaktivierende" *workfare statt welfare*-Sozialpolitik, die sich ausschließlich an dem Ziel orientiert, Menschen aus der Sozialhilfe heraus und „in Jobs zu bringen", auch wenn dies nur um den Preis der massenhaften Emergenz von Armutslohnsektoren und *working poor*-Existenzen möglich sein sollte, ist dementsprechend die Leitmaxime einer liberalen „Sozialpolitik für den Markt", wie sie etwa in der US-amerikanischen Wohlfahrtsreform von 1996 zum Zuge kam (vgl. Schild 2003, S. 311-380; Greven 2004, S. 163-183). Rekommodifizierung statt Dekom-

modifizierung der Menschen ist ihr erklärtes Ziel; und als Devise gilt: „Jeder Job ist besser als kein Job." (Bill Clinton)
Auch im Hinblick auf die Bereiche der sozialen Sicherung wird die Bereitstellung und Verteilung von Gütern und Dienstleistungen in diesem Modell also prinzipiell nicht vom Staat erwartet, sondern zunächst einmal von den profitorientierten Kräften eines – bisher noch zu wenig ausgebauten – Wohlfahrtsmarktes in den Bereichen Altersversorgung, Gesundheit, Pflege etc., wobei freilich zugestanden wird, dass dieser Sozialmarkt aufgrund unentrinnbarer Phänomene eines strukturellen Marktversagens (etwa bei mangelnder Kaufkraft seitens der Nachfrager sozialer Dienstleistungen) stets durch philanthropisch motivierte Traditionen und Initiativen privater Mildtätigkeit von Einzelpersonen, Unternehmen, religiösen Gemeinschaften u.ä. ergänzt werden muss. Primäre Aufgabe des liberalen Wohlfahrtsstaates ist es deshalb, die Felder der sozialen Sicherung zunächst einmal für private Marktanbieter zu öffnen, die hier Versicherungsleistungen und soziale Dienste anbieten und damit neue volkswirtschaftliche Wachstumsimpulse freisetzen sollen. Von der Einführung des Marktprinzips in diesen Bereichen erhofft man sich höhere Flexibilität, mehr Effizienz, Kostensenkungen und patienten- bzw. kundennähere Leistungen, wobei dies nur in dem Maße möglich ist, wie man strikt darauf achtet, dass es hier durch wohlmeinende staatliche Einzelsubventionen o.ä. nicht zu „Fehlanreizen" und „Marktverzerrungen" kommt, die die Realisierung der erhofften Markteffekte nachhaltig verhindern würden.
Zu finanzieren sind diese Leistungen deshalb so weit wie möglich über das Prinzip privater Versicherungen auf der Grundlage des Äquivalententausches von individuell vereinbarten Beiträgen und Leistungen (Individualprinzip), nicht durch staatliche Steuern (Staatsprinzip) oder durch einkommensabhängige „Zwangsbeiträge" zu kollektiven Sozialversicherungen (Solidarprinzip). Der Staat hat diesen Bereich deshalb nicht länger als angebliche „öffentliche Aufgaben" bzw. „öffentliche Güter" für sich zu reklamieren und sozialpolitisch-obrigkeitlich zu verwalten, sondern für die anonymen Selbstorganisationsfähigkeiten der Wohlfahrtsmärkte, d.h. für zu erwartende Effizienzgewinne und eine höhere „Kundensouveränität" auf Seiten der Nachfrager, zu öffnen. Die Nachfrager können sich dann im Namen

von Eigenverantwortung, Wahlfreiheit und individueller Risikokalkulation als aufgeklärte und mündige Marktbürger auf den neu entstehenden Wohlfahrtsmärkten „je nach ihrer eigenen Facon" bewegen und je nach ihren eigenen, selbstdefinierten Bedarfsniveaus Güter und Dienstleistungen einkaufen bzw. sich mit entsprechenden Versicherungspolicen ausstatten. Bisherige staatliche Finanzunterstützungen für einzelne Anbieter sozialer Dienstleistungen (Institutionenförderung) sind demnach prinzipiell kontraproduktiv. Nur da, wo es nicht geht, die sozialen Bedarfe der Individuen allein über private Versicherungslösungen zu decken, wo sich also – noch – keine Wohlfahrts- und Sozialmärkte einrichten lassen, und wo auch mildtätige Philanthropie nicht hinreicht, da müsse der Staat notfalls und bis auf weiteres subsidiär eintreten und im Interesse der Einrichtung dieser Märkte denjenigen Nachfragern nach sozialen Dienstleistungen, die nicht über genügend eigene Kaufkraft verfügen, solange finanziell unter die Arme greifen (Subjektförderung[9]), bis sie den Status eines zahlungsfähigen Nachfragers erreicht haben und insofern in die Logik der Sozialmärkte integriert werden können. Allerdings wird in diesem Modell kaum reflektiert, dass die ganz selbstverständlich unterstellte Konsumentensouveränität umfassend informierter und zu rationalem Kaufverhalten befähigter Marktbürger, mithin das Leitbild des „aufgeklärten und selbstbewussten Wohlfahrtskunden" wenig realitätstauglich ist, was Krankenpfleger, Sozialarbeiter, Ärzte, Familienhelfer und Therapeuten immer wieder bestätigen können. Deshalb ist grundsätzlich zu fragen, ob die Tendenz zur Vermarktlichung der sozialen Dienstleistungs- und Sicherungssysteme wirklich im Interesse der Benachteiligten, der Armen, Kranken und Leidenden sein kann, die sich von der ihnen entgegengebrachten Verhaltenszumutung des selbstbewussten und konsumentensouveränen Markthandelns wohl eher zusätzlich gedemütigt, verletzt und überfordert als unterstützt und gefördert fühlen dürften.

---

[9] Die ‚Zauberformel Subjektförderung statt Institutionenförderung' wird vor allem von der Bundesvereinigung der Deutschen Arbeitgeberverbände und deren Institut der deutschen Wirtschaft propagiert, um „der unheilvollen Zweisamkeit von Staat und Verbänden" zu wehren; vgl. Institut der deutschen Wirtschaft Köln (2004), S. 65.

Als normatives Ideal dieses Modells gilt der möglichst vollständige Rückzug des Staates aus aller – zuvor leichtfertig angemaßten – sozialpolitischen Verantwortung, die Zurückweisung der Vorstellung rechtlich einklagbarer sozialer Grundrechte und die – deutlich von Traditionen des puritanisch-calvinistischen Denkens geprägte – Vision einer individualistischen Arbeits- und Leistungsgesellschaft, die sich über wirtschaftliche Wachstumsraten, hohe soziale Mobilitäts- und Aufstiegschancen, hohe private Spendenbereitschaften und ein breites soziales Engagement religiöser Gemeinschaften und bürgergesellschaftlicher Initiativen integriert und sich weder an den traditionellen Ordnungsmächten von „Mutter Kirche" oder „Vater Staat", sondern ausschließlich an den Marktkräften gesellschaftlicher Selbstorganisation orientiert.

Das liberale Modell von *welfare markets* und begleitender bürgergesellschaftlicher Philanthropie bietet dem humanitären Engagement kirchlicher Gruppen nicht nur denkbar viel Raum, es macht die Bereitstellung und Gewähr sozialer Leistungen für die Schwachen in einem hohen Maße direkt von diesen Initiativen abhängig. Überall da, wo sich funktionierende Wohlfahrtsmärkte wegen chronischer Kaufkraftschwäche der potenziellen Nachfrager nicht ausbilden können, verlangt eine Strategie des drastischen Abbaus staatlicher Leistungen die Existenz eines hinreichend breit ausgebauten *non profit*-Bereichs privat organisierter Wohltätigkeit, der dort kompensatorisch „einspringen" kann, wo sich der Staat zurückziehen will. Religiöse, weltanschauliche und kulturelle Gruppen, Initiativen und Vereine, die sich in den Bereichen soziale Dienste, Fürsorge, Bildung, Erziehung etc. engagieren, werden vom liberalen Wohlfahrtsstaat deshalb emphatisch begrüßt und erhalten genau diese kompensatorische Funktion zugewiesen. Sie gelten in diesem Modell – anders als im sozialdemokratischen Wohlfahrtsstaat – also nicht als potenzielle Konkurrenz, sondern als dringend benötigter Ersatz, genauer gesagt: als zentrale gesellschaftliche Ermöglichungsbedingung eines massiven staatlichen Sozialabbaus.

Das philanthropische Engagement soll dabei nur diejenigen Bereiche gesellschaftlichen Leidens und sozialer Not bearbeiten und pazifieren, die prinzipiell nicht marktfähig sind, also nicht so organisiert werden können, dass sie für die Anbieter dieser sozialen Dienste Gewinne in

Aussicht stellen. Kirchliche *welfare*-Produzenten geraten dadurch in eine spezifische marktliberale Identitätskrise: Wenn privilegierte staatliche Refinanzierungszusagen wegfallen und kirchlichen Trägern auf geöffneten Gesundheits- und Sozialmärkten nun gleichberechtigte, aber noch junge Konkurrenzanbieter ihre bisherige Marktstellung streitig zu machen beginnen, haben sie einerseits die Chance, mit ihren gut eingeführten „Marken" *Caritas* und *Diakonie* breite Nachfragefelder auf den Wohlfahrtsmärkten, etwa im Bereich kirchlicher Altenstifte, erfolgreich abzuschöpfen, dort erhebliche Gewinne zu realisieren, diese entsprechend zu reinvestieren oder evtl. auch zur internen Quersubventionierung für nichtmarktgängige soziale Dienste, etwa im Bereich der Drogenberatung und -therapie, einzusetzen. Andererseits verlieren sie dadurch jedoch zunehmend ihr spezifisches Profil als eigenständige Akteure der Kirche bzw. einer nicht auf potenzielle Gewinnaussichten schielenden, sondern ausschließlich und zweckfrei an der Not der Armen orientierten karitativen „Liebestätigkeit", da sie der Logik der Wohlfahrtsmärkte dann keinen glaubwürdigen moralischen Widerstand mehr entgegensetzen können. Dies könnte auf mittlere Sicht nicht nur die Glaubwürdigkeit und das in der Vergangenheit gerade aufgrund ihrer *non profit*-Orientierung erworbene besondere Profil ihrer eigenen „Marke" untergraben, also im Sinne einer selbstverursachten „Geschäftsschädigung" wirken; es dürfte früher oder später auch zur Selbstaufgabe des biblischtheologischen Anspruch auf „Anwaltschaftlichkeit für die Armen" führen, da kirchliche *welfare*-Produzenten in dem Maße als Kritikerinnen der „sozialen Kälte" einer individualistischen Marktgesellschaft aus *winnern* und *losern* ausfallen, wie sie sich auf deren Logik einlassen und selbst zu gewinnorientierter Mitspielern und Nutznießern einer liberalen *welfare markets-society* werden wollen.

Ob den kirchlichen Wohlfahrtsverbänden vor diesem Hintergrund ein überzeugender und dauerhafter Spagat zwischen einem profitorientierten und prinzipiell kapitalismusfreundlichen Marktengagement als erfolgreiches Sozialdienstleistungsunternehmen und einem notwendigerweise immer auch gesellschaftskritischen Sozialengagement als „Anwalt der Armen" gelingen kann, dürfte in hohem Maße fragwürdig sein. Litten die Spitzenverbände der Freien Wohlfahrtspflege in den „goldenen Zeiten" ihrer privilegierten korporatistischen Einbindung in den Wohlfahrtsstaat unter einer ungesunden strukturellen Staatsnähe, wodurch ihre Eigenständigkeit und ihre spezifischen sozial- und demokratietheoretischen Handlungschancen und -potenziale im zivilgesellschaftlichen Feld oft zu kurz kamen, so droht nun das andere Extrem: statt dem Staat zum Verwechseln ähnlich zu werden, könnten sie sich nun identitätslos an den Markt verlieren. Dabei werden gerade die kirchlichen Wohlfahrtsverbände ihre Zukunftsfähigkeit nur dann sichern können, wenn es ihnen gelingt, ihr theologisches Eigenprofil und ihre politisch-moralische Unabhängigkeit zu bewahren und sich auf Handlungsfelder, Tätigkeitsprofile und Leitbilder zu verständigen, die sich „jenseits von Staat und Markt" ansiedeln, so dass sie ihre Glaubwürdigkeit und Überzeugungskraft gerade aus dieser doppelten Distanz beziehen können.

### 3. AUSBLICK: EUROPAS STÄRKEN STÄRKEN

Die stärkste politische Lobby und die größte institutionelle Präge- und Gestaltungskraft im europäischen Einigungsprozess hat gegenwärtig das liberale Sozialmodell. Es weist ohne Frage die größten Gemeinsamkeiten mit den aktuellen wirtschafts- und sozialpolitischen Zielvorstellungen der Europäischen Union auf. Zugleich ist es jedoch dasjenige Sozialmodell, in dem sich die wenigsten Spurenelemente der spezifisch europäischen Sozialstaatstraditionen auffinden lassen, da es den zentralen politischen, wirtschaftlichen und sozialen Errungenschaften des kontinentaleuropäischen 20. Jahrhunderts – koordinierte statt unkoordinierte Marktökonomie, Verhandlungs- bzw. Konsensdemokratie statt Konkurrenz- und Mehrheitsdemokratie, korporatistisch-kooperative statt pluralistisch-konfliktorische Sozialbeziehungen (vgl. dazu u.a. Aust/Leitner/Lessenich 2002) –, den Kampf ansagt. Dagegen gilt das sozialdemokratische Modell heute zumeist als eine – vielleicht durchaus wünschbare, allerdings längst unrealistisch gewordene – Luxus-Veranstaltung, die nur unter Bedingungen einer immerwährenden ökonomischen Prosperität gelingen kann und ihre Zeit unwiederbringlich hinter sich hat. Die Frage, ob dieses Modell nicht auch in wirtschaftlich schwierigen Zeiten – auf einem entsprechend niedrigeren Umverteilungs- und Dekommodifizierungsniveau – erfolgreich funktioniert und in der internationalen System- und Standortkonkurrenz auch jenseits ökonomischer „Schönwetterperioden" durchaus wettbewerbsfähig sein kann, wird dabei allerdings – zumindest in der bundesrepublikanischen Debatte – oft schon *a priori* ausgeblendet. Und auch das „halb-moderne" katholisch-konservative Korporatismusmodell hat zwar im 20. Jahrhundert überraschend gute Erfolge erzielt, was ihm nicht zuletzt aus außereuropäischen Kontexten immer wieder neidvoll zugestanden wird; es vermochte aber noch nie sonderlichen Charme zu entfalten, wurde politisch-moralisch nie konsistent und theoretisch überzeugend ausgearbeitet und galt immer schon als „hässliches Entlein", als das irgendwie missgebildete und unansehnliche Mitglied der Familie europäischer Sozialmodelle.

Dennoch will ich hier dafür plädieren, nicht auf das liberale Modell zu setzen, sondern gerade die „solidaristischen" Überzeugungen und Besonderheiten der „europäischen Tradition"[10] – die sich als solche durchaus rekonstruieren lässt – zu stärken und im Hinblick auf die neuen Herausforderungen des 21. Jahrhunderts gewissermaßen „neu zu erfinden". Dazu möchte ich zwei m. E. zentrale *politisch-moralische Basisoptionen* und drei damit korrespondierende *politisch-institutionelle Umsetzungsoptionen* benennen, die ihre Ursprünge in den europäischen Sozialerfahrungen und Sozialkulturen haben und die ein „soziales Europa" im globalen politischen und ökonomischen Ideen- und Institutionenwettbewerb zu ihren größten komparativen Vorteilen rechnen könnte und sollte.

---

[10] Vgl. dazu neben Baldwin 1990, der die europäischen Wohlfahrtsstaaten von 1875-1975 insgesamt auf die Formel vom „solidaristic welfare state" bringt, u.a. auch Lutz Rafael, der in diesem Zusammenhang von „einem ‚solidaristischen' Grundkonsens" in den meisten europäischen Staaten der Nachkriegszeit spricht und zurecht darauf hinweist, dass „die Wertschätzung und schließlich Verankerung der sozialpolitischen Leitkategorie ‚soziale Sicherheit' in den politischen Kulturen und kollektiven Erinnerungen der europäischen Länder ... noch längst nicht in hinreichender Tiefenschärfe erforscht" worden seien (Rafael 2004, S.62.60).

A: Noch weithin konsensfähig unter den Völkern und Nationen Europas dürften die beiden politisch-moralischen Basisoptionen sein, die die europäischen Sozialkulturen seit dem späten 19. Jahrhundert ausgebildet haben. Auch wenn sie gegenwärtig im Zuge neoliberaler Ideologieoffensiven mit massiven Amerikanisierungsstrategien konfrontiert werden, so scheint dies explizit auch – trotz intensiver Versuche zur Implementierung eines liberalen Sozialmodells mit lediglich residualer Wohlfahrtsstaatlichkeit nach 1990 – für die osteuropäischen Staaten zu gelten:[11]

1. Die egalitaristische Überzeugung, dass wir jedem Staatsbürger nicht nur liberale Abwehrrechte und demokratische Teilhaberechte, sondern auch – dekommodifizierende, also nicht allein am reinen Existenzminimum orientierte – soziale Teilhaberechte zugestehen wollen, dass wir also allen Bürgern ihrer Gesellschaft und ihrem Staat gegenüber – wie auch immer konkret umzusetzende – Rechtsansprüche auf soziale Sicherung, auf Nahrung, Wohnung, Arbeit, Gesundheitsleistungen, Altersversorgung etc. gewährleisten wollen *(Option für soziale Grundrechte)*.

2. Die solidaristische Überzeugung, dass wir in einer Gesellschaft leben wollen, die sich weder als individualistische Marktgesellschaft noch als kollektivistische Zentralverwaltungswirtschaft verstehen, sondern am Prinzip der „Gleichheitsmehrung bei Ungleichheitsvorbehalt" (Hans F. Zacher) orientieren will *(Option für sozialen Ausgleich)*.

Staatlich garantierte *welfare rights* und das solidaristische Leitbild einer auf Gleichheitsmehrung zielenden Sozialpolitik sind dabei origi-

---

[11] So resümiert etwa Béla Tomka: „Trotz aller Änderungen und Differenzen nahmen aber die externen politischen Kräfte und Beobachter – je nach Standpunkt – enttäuscht (Internationaler Währungsfond, Weltbank) oder befriedigt (EU) zur Kenntnis, dass in keinem der Länder der Region eine schnelle liberale Transformation in Richtung eines Wohlfahrtssystems US-amerikanischer Prägung stattgefunden hatte. ... Da eine Reihe von Umfragen zeigt, dass ‚the majority of Central and Eastern European citizens are indeed very much in favour of the fully-fledged ‚European Model' (Ferge 2001, S. 151), dürfte eine liberale Umgestaltung der Wohlfahrtssysteme gegen den Wählerwillen verstoßen." (Tomka 2004, S. 129f.)

när „post-liberale" Errungenschaften der europäischen Ideen- und Institutionengeschichte, die mit den Normativitätsprofil des liberalen Sozialmodells grundsätzlich auf dem Kriegsfuß stehen.

B: Mit diesen beiden politisch-moralischen Grundüberzeugungen verbinden sich zwei politisch-institutionelle Grundoptionen, die für die europäischen Sozialtraditionen m. E. ebenfalls konstitutiv sind, gegenwärtig aber massiv unter Druck stehen und im Rahmen des europäischen Einigungsprozesses verloren zu gehen drohen:
1. Die institutionelle Option, dass nicht das Individuum, nicht freiwillige Philanthropie und nicht der Markt, sondern der Staat die zentrale Instanz für die Gewährleistung sozialer Grundrechte und für eine Wirtschafts- und Sozialpolitik ist und bleibt, die sich erfolgreich und nachvollziehbar dem Prinzip der „Gleichheitsmehrung bei Ungleichheitsvorbehalt" verpflichten will – ohne dass damit schon unterstellt ist, die staatliche Administration solle oder müsse sich dafür ein wie auch immer geartetes Monopol in Sachen gesellschaftlicher Wohlfahrtsproduktion aneignen *(nichtetatistische Option für den Sozialstaat)*.
2. Die institutionelle Option, dass die Organisation der sozialen Absicherung gegenüber den Standardrisiken des gesellschaftlichen Lebens (Krankheit, Alter, Arbeitslosigkeit) trotz staatlicher Letztverantwortung nicht nach der Logik mildtätiger Staatsversorgung, sondern nach dem Solidarprinzip einer gesetzlichen, möglichst alle Bürger umfassenden, weitgehend auf einkommensabhängigen Beitragszahlungen und Arbeitnehmer wie Arbeitgeber einbeziehenden Selbstverwaltungsstrukturen beruhenden Sozialversicherung erfolgt – denn dadurch wird es möglich, auf eigener Leistung beruhende Rechtsansprüche aus soziale Sicherung zu organisieren und sich dabei nicht nur am Ziel der Grundsicherung, sondern auch an dem der Lebensstandardsicherung zu orientieren *(solidarische Option für gesetzliche Sozialversicherungen)*.
3. Die institutionelle Option, dass die Organisation der sozialen Dienstleistungen im weitesten Sinne so angelegt sein sollte, dass in möglichst hohem Maße und in einer demokratisch-transparenten Weise nichtstaatliche und nichtmarktliche gesellschaftliche Akteure (Religionsgemeinschaften, Bewegungen,

Gruppen, Initiativen etc.) langfristig und möglichst eigenverantwortlich in die Aufgaben der gesellschaftlichen Wohlfahrtsdefinition und -produktion integriert werden, um zu verhindern, dass das zentrale Feld der gesellschaftlichen Wohlfahrtsproduktion etatistisch-obrigkeitsstaatlich oder individualistisch-marktwirtschaftlich enggeführt wird – wodurch auf lange Frist auch die Grundlagen einer inklusiven, alle Bevölkerungsgruppen einbeziehenden demokratisch-partizipativen Demokratie gefährdet würden *(zivilgesellschaftliche Option für korporativen welfare mix).*

Diese im Europa des 20. Jahrhunderts weithin erfolgreichen institutionellen Optionen für einen nichtetatistischen, solidaristischen und zivilgesellschaftlich-korporativen Sozialversicherungsstaat stehen mit dem exklusiv markt- und konkurrenzwirtschaftlich angelegten liberalen Sozialmodell ebenfalls in einem politisch-moralischen Grundsatzkonflikt, der in der entstehenden europäischen Öffentlichkeit erst noch ausgetragen werden muss.

Sollten sich die Völker Europas in absehbarer Zeit wirklich in freier Selbstbestimmung eine gemeinsame Verfassung geben können, dann dürfte diesen normativen und institutionellen europäischen Sozialtraditionen nach wie vor eine entscheidende Bedeutung zukommen. Denn während es die US-amerikanische Sozialkultur bis heute nicht geschafft hat, überhaupt so etwas wie eine belastbare und tragfähige Vision eines demokratischen Sozialstaates zu entwickeln – auch wenn man jenseits des Atlantiks ebenso wie in Europa ohne einen erheblichen staatlichen Sozialaufwand nicht auskommt –, so hatte das alte Europa die großen ökonomischen und politischen Erfolge der Nachkriegszeit nicht zuletzt seinen postliberalen Ordnungsstrukturen von korporativer Marktwirtschaft und solidarischer Sozialstaatlichkeit zu verdanken; und *a priori* spricht nichts dagegen, dass diese Ordnungsstrukturen auch für die Zukunft der „Großregion Europa" politisch und ökonomisch in hohem Maße erfolgversprechend sein können (vgl. u.a. Abelshauser 2003, S. 163-191;Rifkin 2004, S. 71-100).

## 4. LITERATUR

Abelshauser, Werner (2003): Kulturkampf. Der deutsche Weg in die Neue Wirtschaft und die amerikanische Herausforderung, Berlin.

Abelshauser, Werner (2004): Deutsche Wirtschaftsgeschichte seit 1945, München.

Aust, Andreas/Leitner, Sigrid/Lessenich, Stephan (2002): Konjunktur und Krise des Europäischen Sozialmodells. Ein Beitrag zur politischen Präexplantationsdiagnostik, in: Politische Vierteljahresschrift 43/2, S. 272-301.

Baldwin, Peter (1990): The Politics of Social Solidarity. Class Bases of the European Welfare State 1875-1975, Cambridge.

Baldwin, Peter (2003): Der europäische Wohlfahrtsstaat. Konstruktionsversuche in der zeitgenössischen Forschung, in: Zeitschrift für Sozialreform 49/1, S. 45-63.

Delors, Jacques (1993): Das neue Europa, München-Wien 1993.

Delors, Jacques (2004): Erinnerungen eines Europäers, Berlin.

Esping-Andersen, Gösta (1990): The Three Worlds of Welfare Capitalism, Princeton.

Esping-Andersen, Gösta (2003): Herkunft und Lebenschancen. Warum wir eine neue Politik gegen soziale Vererbung brauchen, in: Berliner Republik 5/6, S. 42-57.

Ferge, Zsuza (2001): Welfare and ‚Ill-fare' Systems in Central-Eastern Europe, in: Sykes, Robert/Palier, Bruno/Prior, Pauline M. (Hrsg.), Globalization and European Welfare States. Challenges and Change, Houndsmills-Basingstoke, S. 127-152.

Foss, Öywind (2003): Zwischen nationaler Tradition und ökumenischen Perspektiven. Religion in den skandinavischen Ländern, in: Karl Gabriel (Hrsg.), Religionen im öffentlichen Raum: Perspektiven in Europa (Jahrbuch für Christliche Sozialwissenschaften, Bd. 44). Münster, S. 143-159.

Greven, Thomas (2004): Die Republikaner. Anatomie einer amerikanischen Partei, München.

Henningsen, Bernd (1986): Der Wohlfahrtsstaat Schweden, Baden-Baden.

Institut der deutschen Wirtschaft Köln (2004): Wohlfahrtsverbände in Deutschland. Auf den Schultern der Schwachen, Köln.

Kaufmann, Franz-Xaver (1997): Herausforderungen des Sozialstaates, Frankfurt.

Kaufmann, Franz-Xaver (2003), Varianten des Wohlfahrtsstaates. Der deutsche Sozialstaat im internationalen Vergleich, Frankfurt.

Kulawik, Teresa (1999): Wohlfahrtsstaat und Mutterschaft. Schweden und Deutschland 1870-1912, Frankfurt-New York.

Lessenich, Stephan (2003): Dynamischer Immobilismus. Kontinuität und Wandel im deutschen Sozialmodell, Frankfurt-New York.

Lessenich, Stephan (2004): Ökonomismus zum Wohlfühlen: Gösta Esping-Andersen und die neue Architektur des Sozialstaats, in: Prokla. Zeitschrift für kritische Sozialwissenschaft 34/3, S. 469-476.

Mau, Steffen (1998): Zwischen Moralität und Eigeninteresse. Einstellungen zum Wohlfahrtsstaat in internationaler Perspektive, in: Aus Politik und Zeitgeschichte. Beilage zur Wochenzeitung Das Parlament B 34-35, S. 27-37.

Offe, Claus (2005): Europäische Integration und die Zukunft des ‚Europäischen Sozialmodells', in: Transit. Europäische Revue 28, Frankfurt, 186-200.

Rafael, Lutz (2004): Europäische Sozialstaaten in der Boomphase (1948-1973). Versuch einer historischen Distanzierung einer ‚klassischen Phase' des europäischen Wohlfahrtsstaats, in: Kaelble, Hartmut/Schmid, Günther (Hrsg.): Das europäische Sozialmodell. Auf dem Weg zum transnationalen Sozialstaat (WZB-Jahrbuch 2004), Berlin, S. 51-73.

Rieger, Elmar/Leibfried, Stephan: Kultur versus Globalisierung. Sozialpolitische Theologie in Konfuzianismus und Christentum, Frankfurt.

Rifkin, Jeremy (2004): Der Europäische Traum. Die Vision einer leisen Supermacht, Frankfurt-New York.

Schild, Georg (2003): Zwischen Freiheit des Einzelnen und Wohlfahrtsstaat. Amerikanische Sozialpolitik im 20. Jahrhundert, Paderborn.

Schmid, Josef (2002): Wohlfahrtsstaaten im Vergleich. Soziale Sicherung in Europa: Organisation, Finanzierung, Leistungen und Probleme, 2., völlig überarbeitete und erweiterte Auflage, Opladen.

Schulte, Bernd (2004): Die Entwicklung der Sozialpolitik der Europäischen Union und ihr Beitrag zur Konstituierung des europäischen Sozialmodells, in: Kaelble, Hartmut/Schmid, Günther (Hrsg.): Das europäische Sozialmodell. Auf dem Weg zum transnationalen Sozialstaat (WZB-Jahrbuch 2004), Berlin, S. 75-103.

Tomka, Béla (2004): Wohlfahrtsstaatliche Entwicklung in Osteuropa und das europäische Sozialmodell, 1945-1990, in: Kaelble, Hartmut/Schmid, Günther (Hrsg.): Das europäische Sozialmodell. Auf dem Weg zum transnationalen Sozialstaat (WZB-Jahrbuch 2004), Berlin, S. 107-139.

Zapf, Wolfgang (1981): Wohlfahrtsstaat und Wohlfahrtsproduktion, in: Albertin, Lothar/Link, Wolfgang (Hrsg.), Politische Parteien auf dem Weg zur parlamentarischen Demokratie in Deutschland. Entwicklungslinien bis zur Gegenwart, Düsseldorf, S. 379-400.

Der Umbruch des
„europäischen Sozialmodells"
und die Zukunft
der verbandlichen Caritas

# Die Caritas als kirchlicher Wohlfahrtsverband unter veränderten sozialwirtschaftlichen Bedingungen

Norbert Wohlfahrt

1. MODERNISIERUNGSSTRATEGIEN IM SOZIALSEKTOR

Vom 15. – 17. Juli 1996 hat die Fortbildungs-Akademie des Deutschen Caritasverbandes eine breit angelegte Studientagung zum Thema „Mehr Markt in der Sozialen Arbeit" durchgeführt. Erinnert man sich an die Diskussionen dieser Tagung, so standen damals Fragen der Werteorientierung und Wertevergewisserung im Zentrum der Debatten und es bestand weitgehend Einigkeit darin, dass sowohl hinsichtlich der Angebotsstruktur als auch mit Bezug auf die Gewinnverwendung ohne eine solche Werteorientierung die Gefahr besteht, dass die Caritas ihre Identität verliert und letztlich austauschbar zu werden beginnt.

Heute – fast 10 Jahre nach dieser Tagung – ist hinsichtlich der damals prognostizierten Marktöffnung sozialer Dienste viel passiert: das damals diskutierte Spannungsfeld von Werteorientierung und marktökonomischer Handlungslogik scheint aber immer noch den Kern der verbandlichen Selbstvergewisserung auszumachen. Inzwischen kann man bilanzierend davon sprechen, dass die Träger und Einrichtungen des Caritasverbandes die sozialwirtschaftliche Herausforderung angenommen haben und eine tiefgreifende betriebswirtschaftliche Modernisierung initiiert und durchgeführt worden ist. (Ich benutze im Folgenden den Begriff der Sozialwirtschaft, ohne damit eine vollständige Übertragung des ökonomischen Unternehmens- oder des Marktbegriffs auf den Zusammenhang der Freien Wohlfahrtspflege suggerieren zu wollen. Von einer so gearteten Konvergenz zwischen privater Wirtschaft und dem System wohlfahrtsverbandlicher Leistungserbringung kann nicht die Rede sein. Gleichwohl ist dieser Begriff als deskriptive Kategorie durchaus tauglich zur Beschreibung der einseiti-

gen Betonung von Dienstleistungsfunktionen, die die Wohlfahrtsverbände als sozialwirtschaftliche Unternehmen betreffen).
Schaut man auf die aktuelle Entwicklung im Sozialsektor, so lassen sich drei Modernisierungsstrategien analytisch voneinander unterscheiden, deren gemeinsamer Nenner das staatliche Bemühen ist, die finanziellen Aufwendungen für den Sozialsektor zu begrenzen bzw. zu senken.

a) Die *Modernisierungsstrategie der Einführung von organisiertem Wettbewerb* verdankt sich effizienztheoretischen Überlegungen und führt zu Konzepten einer Angebotssteuerung durch die Kostenträger. Ziel ist es, den „Markt Sozialer Arbeit" für alle Anbieter zu öffnen und dem Hilfe Suchenden Wahlmöglichkeiten zu eröffnen. Der Staat sieht sich nicht mehr als Investor in eine bestimmte Angebotsstruktur, die er vorhält, sondern begreift sich als Gewährleistungsstaat, der lediglich die rechtlichen Rahmenbedingungen für unterschiedliche Leistungserbringer vorhält. Die Trennung von Gewährleistungs- und Durchführungsverantwortung dient dabei einem der Leitziele der Verwaltungsmodernisierung, der Reduzierung der Leistungstiefe des Staates, gleichzeitig will der Staat auf diesem Wege die Leistungsanbieter einer vermehrten Kontrolle der Leistungserbringung unterwerfen. Konsequent zählen diese im Rahmen des Wettbewerbs auch nicht mehr als Mitgestalter der Sozialpolitik, sondern als Dienstleistungserbringer, die gehalten sind, ihre Aufgaben effizient und transparent zu erfüllen.

b) Die *Modernisierungsstrategie des Kontraktmanagements* dient demgegenüber überwiegend der Verfestigung der Anbieterstruktur zum Zwecke der Kostenersparnis. Im Rahmen des Kontraktmanagements versucht der öffentliche Träger, die eigene Leistungserstellung zu privatisieren bzw. über Sozialraumbudgets und Leistungsverträge eine überprüfbare und in der Kostenentwicklung kontrollierbare Leistungserbringung durchzusetzen.

c) Die *Modernisierungsstrategie der Aktivierung und Prävention* folgt dem Leitbild der neuen Subsidiarität, das eng mit der Konzeption des Aktivierenden Staates verknüpft ist (vgl. Dahme/Wohlfahrt 2002). Dabei geht es wesentlich darum, durch die Aufwertung von Prävention und bürgerschaftlichem Engagement

bislang verschüttete Ressourcen zu aktivieren um damit infrastrukturpolitische Aufgaben effizienter erfüllen zu können
Alle drei Modernisierungsprozesse führen zu einem grundlegenden Wandel der bisherigen Organisationsbeziehungen von Kostenträgern und Leistungserbringern im Feld der sozialen Dienste. Sowohl durch Wettbewerb als auch durch Kontraktmanagement wird dabei aus den bisherigen Beziehungen partnerschaftlichen Zusammenwirkens zwischen sozialstaatlichen Akteuren und freien Verbänden ein Verhältnis von Auftraggebern und Auftragnehmern, auch dann, wenn den „Auftragnehmern" die Rolle der sozialpolitischen Mitgestaltung auf kommunaler Ebene oder Länderebene weiterhin zugestanden wird oder die Leistungsanbieter selbst angebotssteuernde Funktionen übertragen bekommen. Dies erfolgt unter dem eindeutigen Vorzeichen der Kostenersparnis und der Implementation hierzu geeigneter Verfahren und führt damit zu einer neuen Sozialstaatlichkeit, in deren Rahmen sich die freigemeinnützigen Verbände und Leistungserbringer zunehmend als sozialwirtschaftliche Akteure begreifen, die sich entsprechend den sozialwirtschaftlichen Herausforderungen modernisieren. Outsourcing, Fusionierung, Qualitätsmanagement und Geschäftspolitik sind heute die bestimmenden Merkmale der Organisationsentwicklung und diese Entwicklungen betrachtend könnte man den Eindruck gewinnen, die Wohlfahrtsverbände und ihre Betriebe hätten den Zug der Zeit erkannt und wären den ihnen im Gefolge des Gutachtens der Monopolkommission erteilten Ratschlägen gefolgt. Tatsächlich sind die Trends in Richtung Sozialwirtschaft und betriebswirtschaftlicher Neupositionierung ja nicht zu übersehen. Man würde jedoch der Realität in der Freien Wohlfahrtspflege nicht gerecht, wenn man die gegenwärtige Entwicklung nur so deuten würde, als folge man beherzt den wirtschaftswissenschaftlichen Ratschlägen und als würde man sich, der Einsicht in die Notwendigkeit beugend, freiwillig der eisernen Disziplin des Marktes unterwerfen, um gestärkt in der alten Verfasstheit wieder auferstehen zu können. Die Organisationsfrage wird in der Praxis wesentlich vielschichtiger debattiert, denn eine einseitige betriebswirtschaftliche Erneuerung (auch wenn dies von selbstbewussten Unternehmen durchaus gefordert und betrieben wird) würde die Wohlfahrtsverbände insgesamt in der jetzigen Situation vor eine Zerreißprobe stellen, deren Ausgang ungewiss wä-

re. Da die Debatte über die Zukunft der Freien Wohlfahrtspflege in Deutschland (bzw. die Zukunft der einzelnen Verbände) meist hinter geschlossenen Türen und unter Ausschluss der Öffentlichkeit geführt wird, ist dieser Aspekt der Organisationsmodernisierung allerdings nicht so gut dokumentiert wie die betriebswirtschaftliche Erneuerungsdebatte.

Nach wie vor aber sind Wohlfahrtsverbände in ihrem Selbstverständnis gemeinnützige Nonprofit-Organisationen, die sich vor allem durch Multifunktionalität auszeichnen. Würden Wohlfahrtsverbände den Empfehlungen der Wirtschaftswissenschaftler folgen, müssten sie zwangsläufig diese multiple Identität preisgeben und sich einiger ihrer Aufgaben und Aktionsfelder entledigen. Die in allen Verbänden beobachtbaren Konflikte zwischen Verbands- und Betriebsinteressen deuten durchaus den Spagat an, den die Verbände gegenwärtig vollführen müssen und den die Leitbilddiskussionen mit sich bringen, wenn darum gerungen wird, wie zukünftig die Interessen des Gesamtverbandes mit den Betriebsinteressen auszutarieren sind. Ich möchte nun im Folgenden auf einige für die Entwicklung des Caritasverbandes bedeutsame Merkmale dieser sozialwirtschaftlichen Transformation eingehen und Konsequenzen für die verbandliche Entwicklung diskutieren. Auf Grund der Kürze der Zeit werde ich dies eher thesenartig skizzieren.

## 2. MERKMALE UND KONSEQUENZEN DER SOZIALWIRTSCHAFTLICHEN TRANSFORMATION DES SOZIALSEKTORS

### 2.1 Markt, Quasi-Markt und Wettbewerb im Sozial- und Gesundheitssektor

Die Entwicklung im Sozial- und Gesundheitssektor ist als Übergang von der Subsidiarität über den Korporatismus zum Markt beschrieben worden (vgl. Münder 1998). Die Etablierung einer neuen wettbewerbsbasierten Ordnungsstruktur im sozialen Dienstleistungsbereich hat dabei auch zum Dominantwerden *neuer vertragsrechtlicher Beziehungen* zwischen Dienstleistungserbringern und öffentlichen Kostenträgern geführt. Werden durch die Sozialgesetzgebung alte Anbieter und neue Marktteilnehmer gleichgestellt, dann müssen auch die „Geschäftsbeziehungen" zwischen Staat und nicht öffentlichen Anbietern (freien und gewerblichen Leistungserbringern) neu geordnet werden (vgl. Mehls/Salas-Gomez 1999, Münder 1998), was sich insbesondere durch die Abschaffung des Selbstkostenerstattungsprinzips und die Einführung neuer leistungsbezogener Entgelte (§ 93 BSHG ; §§ 77, 78a-78g KJHG; §§ 75, 84f PflegeVG) in der Sozialgesetzgebung vollzieht. Die zu Anbietern und Leistungserbringern gewordenen Träger sozialer Hilfen und Einrichtungen sind über den Preis und die Qualität der von ihnen erstellten und erbrachten Leistung vergleichbar geworden und Staat und Verwaltung greifen verstärkt auf die im Verwaltungsrecht enthaltene Möglichkeit zurück, ihre Beziehungen zu den Leistungserbringern in verschiedenen Rechtsformen zu organisieren. Durch die neuere Sozialgesetzgebung gestützt, machen Staat und Verwaltung zunehmend für sich ein Wahlrecht der Finanzierungsart geltend, um damit Angebotssteuerung auszuüben. Bei genauer Betrachtung handelt es sich also *nicht* um die Einführung von Marktbeziehungen, sondern um die Etablierung von Quasi-Märkten, in denen der Nachfragemonopolist Staat Wettbewerb inszeniert, um die Anbieter effizienter steuern zu können. Im Unterschied zu einem kapitalistisch organisierten Markt, in dem eine zahlungsfähige Nachfrage und ein Produktionskapazitäten anzeigendes Angebot aufeinandertreffen und sich unter Konkurrenzbedingungen die Preise herausbilden, werden im Sozial- und Gesundheitssektor sowohl der Umfang der „nachgefragten" Güter als auch die dafür zu entrichtenden Preise politisch reguliert. Gerade im Sozial- und Gesundheitswesen geraten Güter nur deshalb auf den „Markt", weil ein öffentliches Interesse an deren Gewährleistung und Bereitstellung besteht, obwohl eine konsumentenindizierte Nachfrage nicht gegeben ist. Man spricht in diesem Zusammenhang von meritorischen Gütern (vgl. Blankart 2001; Trube/Wohlfahrt 2000). Von einem Quasi-Markt spricht man in diesem Zusammenhang, weil die Bestimmungsgrößen der Nachfrage und des Angebots durch die staatlichen Entscheidungsträger indirekt definiert werden, und weil diese auch direkt in das Spiel der Marktkräfte eingreifen, wenn sie für sich zunehmend ein Wahlrecht der Finanzierungsart geltend machen (vgl. Hengsbach 2003).

## 2.2 Zur Entwicklung einer neuen Ordnungsstruktur im Sozialsektor

Die sozialwirtschaftliche Transformation der Träger und Einrichtungen der Freien Wohlfahrtspflege in der Bundesrepublik ist Ausdruck eines Trends zur Ökonomisierung des Sozialsektors. Gemeint ist damit ein Prozess, in dem politisch verhandelte Standards abgelöst werden durch eine stärkere „Monetarisierung", d.h. eine Festlegung von Output-Zielen, Controlling von Input und Output, Vergleichbarkeit von Produkten, Betonung der Effizienz der Leistungserbringung sowie der Leistungsmessung u. ä.. Dies korrespondiert mit einer Vermarktlichung sozialer Dienste, die durch das Pflegeversicherungsgesetz deutlich akzentuiert wurde: Die Wahlmöglichkeiten zwischen Geld- und Sachleistungen und die Gleichstellung privat-gewerblicher und freigemeinnütziger Anbieter sollen den Klienten als Steuerungsinstanz stärken und langfristig die Objektfinanzierung durch die Subjektfinanzierung ersetzen (Stichwort: persönliche Budgets).

Diese Entwicklung wirkt sich nicht nur auf der konkreten Ebene der Leistungserbringung aus, sondern sie nimmt auch Einfluss auf die Gestaltung und praktische Ausgestaltung von Subsidiarität als Leitidee eines besonderen Zusammenwirkens von staatlichen Agenturen und frei-gemeinnützigen Trägern. Die Entscheidungen über die Ausgestaltung der Anbieterstruktur erfolgen daher immer weniger auf dem Fundament einer nach korporativem Muster funktionierenden Bedarfsermittlung aller beteiligten Akteure bzw. der Anbieter selbst, sondern diese Struktur ergibt sich weitgehend aus einer Fülle individuell getroffener Entscheidungen.

Das für das deutsche Sozialstaatsmodell so fundamentale Subsidiaritätsprinzip verliert auf diese Art und Weise allmählich seine sozialpolitische Ordnungsfunktion, die sich vor allem auch darin äußerte, dass die Fortentwicklung der sozialen Infrastruktur nicht nur als partnerschaftliche Zusammenarbeit zwischen öffentlichen und freigemeinnützigen Trägern vonstatten ging, sondern darüber hinaus dem Prinzip der bedarfsorientierten Planung sozialer Infrastruktur verpflichtet war. Subsidiarität, obwohl weiterhin im Sozialgesetzbuch verankert, wird dieser Bedeutung zunehmend entkleidet und in wachsendem Maße zu einer Folie für Privatisierungsprozesse und für die Deregulierung sozialer Dienste. Dieses neue Subsidiaritätsverständnis

betont demnach mit Entschiedenheit die persönliche Eigenverantwortung und entlastet den Staat von seiner Leistungsverpflichtung, indem es die staatliche Gewährleistungsfunktion der Leistungsfunktion überordnet. Die - für das alte Subsidiaritätsprinzip konstitutive - Gesamtverantwortung des Staates (bestehend aus seiner Finanzierungs-, Planungs- und Letztverantwortung) wird merklich ausgedünnt.
Vieles spricht zudem dafür, dass sich auch der gegenwärtig zu beobachtende Wandel der allgemeinen sozialpolitischen Rahmenbedingungen (Ablösung des Wohlfahrtsstaates durch den „nationalen Wettbewerbsstaat") auf Umfang, Ausmaß, Qualität und Dauer sozialer Dienstleistungen auswirken wird. Diese Entwicklungen aber haben auch deutliche Konsequenzen für die sozialen Dienste (vgl. Wiesner 2003); dies impliziert Trends wie abnehmende staatliche Gewährleistung, abnehmende soziale Rechte, Qualitätsabbau, Dequalifizierung des Personals, Taylorisierung sozialer Arbeit mit großer Lohnspreizung, subsidiäre Mobilisierung der Zivilbevölkerung („do it yourself Gesellschaft") usw..
Wo und in welcher Intensität politischer Gegendruck zu solchen Trends entwickelt werden kann, ist derzeit schwer voraus zu sagen. Auch ist die Wirksamkeit von politischem Druck wenig kalkulierbar, weil sich die angedeuteten Entwicklungen allenfalls im Rahmen internationaler Vereinbarungen (z.B. „gegen Sozialdumping") beeinflussen lassen. Gerade die amorphe Struktur der sozialen Dienste könnte hier eine „schleichende" Situationsverschlechterung erzeugen, ohne in gleicher Weise öffentlich bemerkbar zu werden wie zum Beispiel Veränderungen in der Arbeitsmarktpolitik oder in der Rentenpolitik, wo ein weiterer Leistungsabbau vorprogrammiert scheint. Ohne allzu spekulativ zu sein, wird man jedoch voraus sagen können, dass das quantitative und qualitative Niveau der sozialen Dienste, das am Ende des 20. Jahrhunderts erreicht wurde, zukünftig nicht mehr gelten wird.

## 2.3 Modernisierung ohne Ziel – die betriebswirtschaftliche Restrukturierung der Freien Wohlfahrtspflege

Betrachtet man die sozialwirtschaftliche Bedeutung der Freien Wohlfahrtspflege (einschließlich der neuen privat-gewerblichen Leistungserbringer), dann steht außer Frage: Das System sozialer Dienste hat mittlerweile eine außerordentlich große wirtschaftliche, vor allem aber auch arbeitsmarktpolitische Bedeutung erlangt. Betrachtet man hingegen die Organisations- und Arbeitstrukturen, in denen sich die Freie Wohlfahrtspflege bislang überwiegend bewegt hat, dann erkennt man schnell eine Diskrepanz zwischen gesellschaftlich-wirtschaftlicher Bedeutung einerseits und Organisationsformen der sozialen Dienste andererseits.

Der sozialwirtschaftliche Transformationsprozess stellt sich im Wesentlichen als exogen verursacht, nicht aber als Resultat interner Klärungsprozesse dar. Dabei spielt die europäische Wettbewerbsordnung ebenso eine Rolle wie der nationalstaatlich organisierte Wettbewerb. Die von der Monopolkommission (1997) geforderte wettbewerbliche Rahmenordnung für die Gesundheits- und sonstigen sozialen Dienste ist insofern mittlerweile in fast allen Feldern der Sozialen Arbeit Realität.

Im Rahmen der bundesrepublikanischen, föderalistischen Struktur und des stark ausgebauten kommunalen Selbstverwaltungssystems kann der Gesetzgeber allerdings nur eine Initialfunktion für Transformationsprozesse im sozialen Dienstleistungsbereich übernehmen. Die Implementierung der wettbewerblichen Rahmenordnung und der Umbau der institutionalisierten Beziehungen zwischen öffentlichen Kostenträgern und privaten Leistungserbringern obliegen im Wesentlichen der kommunalen Ebene. Die Kommunen verfügen über viel Ermessensspielraum im Umsetzungsprozess. Von daher stellen sich die funktionalen Umbauarbeiten im lokalen Sozialstaat und die Neupositionierung der lokalen sozialpolitischen Akteure als relativ vielschichtig und unübersichtlich dar. Das heißt, sachlich betrachtet können die Umbauprozesse ganz unterschiedliche Schwerpunkte und Prioritätensetzungen haben und zeitlich betrachtet weisen die Umbauprozesse eine Gleichzeitigkeit der Ungleichzeitigkeit auf.

Die Umprogrammierung „Leistungsvereinbarungen statt Subventionierung" ist mittlerweile überall vollzogen, auch wenn es mit der Leistungs- bzw. Ergebnissteuerung und mit Verfahren der Leistungsmessung und -kontrolle in den sozialen Diensten örtlich noch sehr unterschiedlich bestellt ist.

Die Wohlfahrtsverbände sehen sich insbesondere durch die neuen Finanzierungsformen, die Teil des organisierten Wettbewerbs sind, einem Anpassungsdruck ausgesetzt, der sich fundamental auf alle Verbandsfunktionen auswirkt und damit organisatorische Umstrukturierungsprozesse auf allen Ebenen notwendig macht. Das geht von der Einführung neuer betriebswirtschaftlicher Steuerungsinstrumente bis hin zu primär betriebswirtschaftlich motivierten Fusionen zwischen Einrichtungen oder auch einzelnen örtlichen Untergliederungen der Verbände; auch die verbandsinterne Schaffung von Verbundsystemen zwischen verwandten sozialen Diensten gehört in diese Kategorie der betriebswirtschaftlich motivierten Modernisierung.

Dabei ist festzustellen, dass ausformulierte und diskutierte verbandspolitische Strategien zur Bewältigung der neuen Herausforderungen weitgehend fehlen. Die Aktivitäten sind daher kein Resultat einer verbandspolitischen Modernisierungsstrategie bzw. einer Stärken-Schwächen-Analyse durch die Verbände und ihre Mitgliedsorganisationen, sondern sie reagieren lediglich auf externe, sozialrechtlich erzwungene Veränderungsprozesse. Wir sprechen vor dem Hintergrund dieses Befundes von einer halbierten Modernisierung, die sich lediglich auf die eingesetzten Mittel, nicht aber auf gemeinsam definierte Zielsetzungen bezieht. Dies trifft für die Organisationspolitik der Freien Wohlfahrtspflege ebenso zu wie für die Personalpolitik. Auch die personal-, beschäftigungs- und tarifpolitischen Maßnahmen weisen charakteristische konzeptionelle Mängel auf und erschöpfen sich meist auf Maßnahmen zur kurzfristigen Einsparung von Personalkosten. Dies erweist sich vor allem deshalb als fatal, weil der Bereich der personenbezogenen Dienstleistungen in besonderem Maße darauf angewiesen ist, dass „intelligente", also einvernehmlich entwickelte und getragene, Personaleinsatz- und Vergütungsmodelle gefunden werden. Davon aber sind vor allem die kirchlichen Dienstgemeinschaften noch weit entfernt.

Hier liegen daher die zentralen Herausforderungen für die Entwicklung nach vorne gerichteter, zukunftsfester Strategien der Verbände und Einrichtungen der Freien Wohlfahrtspflege.

## 2.4 Die Organisationsfrage als Kristallisationspunkt der verbandlichen Entwicklung

Der organisierte Wettbewerb im Sozialsektor hat in der Freien Wohlfahrtspflege die Organisationsfrage auf die Tagesordnung gesetzt, nicht zuletzt, weil die traditionelle „Kleinstaaterei" kostentreibend und effizienzhemmend wirkt. Auch andere Faktoren befördern die Organisationsfrage; denn die alte Organisationsform in den einzelnen Verbänden mit ihren vielen selbständigen vereinsmäßig organisierten Untergliederungen trägt auch mit dazu bei, dass das öffentliche Erscheinungsbild der Verbände als Dienstleistungserbringer nicht sehr homogen ist bzw. war; das Leistungsspektrum der örtlichen Untergliederungen in den Verbänden war sehr heterogen und ebenso war die Dienstleistungsqualität und die Präsenz auf dem örtlichen „Sozialmarkt" sehr unterschiedlich entwickelt.

Einige Wohlfahrtsverbände haben begonnen angesichts der Leistungs- und Steuerungsmängel der örtlichen Ebene zur Sicherung des verbandlichen Dienstleistungsangebotes eine eigene Markenpolitik zu entwickeln. Die neue Markenpolitik ist auch Folge der immer stärker werdenden Einflussnahme des Kostenträgers auf fachliche und professionelle Aspekte der sozialen Dienstleistungsproduktion, was letztlich auch zur Einflussnahme auf Träger und ihre verbandsinternen, häufig auch werteorientierten Leistungsstandards führt. Die Kostenträger entwickeln zunehmend ganz klare Vorstellungen wie die Versorgung und die Versorgungsstrukturen aussehen soll. Dies bedeutet für viele Dienste und Einrichtungen den Verlust an Besonderheit und damit deren „Normalisierung" unter Konkurrenzbedingungen. Hierdurch drängt sich die Frage auf (die sich früher in den „golden Jahren" des Korporatismus so nie gestellt hat), welche verbandspolitischen Merkmale und Besonderheiten geeignet erscheinen, Klientengruppen die Identifikation mit dem Verband zu ermöglichen und diese für persönliche Mitgliedschaft attraktiv zu halten bzw. zu machen. Gegenwärtig versuchen einige Wohlfahrtsverbände eine solche Identifikationsmöglichkeit für Mitglieder wie für Kunden über eine verbandseinheitliche „Markenpolitik" herzustellen (Verband als Marke). Das bedeutet vor allem, verbandseinheitliche Qualitätsstandards zu schaffen und sicherzustellen, dass der örtliche Betrieb sich diese zu eigen macht und umsetzt und sich dadurch mit dem Gesamtverband identifiziert. Die „Markenpolitik" des Verbandes soll ein homogeneres Erscheinungsbild als bislang sichern bzw. wieder herstellen. Auch der Caritasverband beschäftigt sich mit der Implementierung einer Markenpolitik. Dabei geht es in erster Linie darum die Markendiffusität zu überwinden und die „Unternehmenmarke" als Qualitätsmerkmal zu etablieren (vgl. Becker 2004). Diese Markenpolitik ist eng mit einer sozialwirtschaftlichen Ausrichtung des Verbandes verbunden. Analog zu McDonald`s, Coca-Cola und Benetton sollen Franchising-Modelle im Sozialmarkt entwickelt und konzeptionell verbunden werden, um die ökonomische Leistungsfähigkeit zu verbessern und auf diesem Wege eine „Marken-Qualitätsgarantie" durchzusetzen.

Beschäftigt man sich mit der Zukunft der Freien Wohlfahrtspflege, deren Gegenwart noch zwischen Subsidiarität und Wettbewerb verortet werden muss, dann stellt sich die Organisationsfrage als Kern der aktuellen Herausforderung aller Wohlfahrtsverbände. Die Organisationsfrage wird darüber mitentscheiden, wie sich die Wohlfahrtsverbände in Zukunft darstellen werden. Die Organisationsfrage ist nicht nur ein technisch-instrumentelles Problem. Die Organisationsfrage wird entscheidend dafür sein, ob die (bislang) halbierte Modernisierung überwunden werden kann, um auch die Organisationsziele mit in den Modernisierungsdiskurs mit einzubeziehen. Mit der Organisationsfrage und ihrer Beantwortung wird sich entscheiden, wie zukunftsfähig die Freie Wohlfahrtspflege ist.

Die Lösung der Organisationsfrage wird wohl darin liegen, dass man Organisationsformen entwickeln muss, die auf Kontextsteuerung beruhen: Kontextsteuerung ist eine Steuerungsform für netzwerkartig aufgebaute Organisationen, in denen die einzelnen Teile sich durch große Autonomie auszeichnen (vgl. Dahme/Wohlfahrt 2000). Analytisch betrachtet steuern fast alle zukunftsträchtigen Organisationsmodelle, über die gegenwärtig in den Verbänden nachgedacht wird, mehr oder weniger in diese Richtung. Kontextsteuerung bedeutet, kooperative und diskursive Strukturen zu entwickeln, die gewährleisten, dass allen Organisationseinheiten (den Betrieben, den regionalen und lokalen Trägerstrukturen, dem sozialpolitischen Lobbying, dem advokatorischen Handeln) ein Großmaß an Eigensteuerung eingeräumt wird; verbindlich sichergestellt werden muss allerdings auch, dass bei aller organisatorischen Eigenständigkeit der Teile im Netzwerk, die Teile im Rahmen eines strategischen Managements zusammenwirken und nicht gegeneinander arbeiten. Die gegenwärtige Entwicklung in den Verbänden scheinen auf eine solche Organisationsform hinauszulaufen, in der Verbandsaufgaben und Betriebsaufgaben, Verbandsinteressen und Betriebsinteressen, getrennt organisiert werden, jedoch durch ein übergreifendes Monitoring und strategisches Management verbunden und zusammengehalten werden.

## 2.5 Zur Entwicklung einer postkorporativen Identität des Caritasverbandes

Blickt man auf die in der wissenschaftlichen Literatur aktuell diskutierten Empfehlungen für die zukünftige Verbandsentwicklung der Wohlfahrtsverbände, so entfaltet sich ein bunter Blumenstrauß. Die Studie des Instituts der Deutschen Wirtschaft beispielsweise empfiehlt neben mehr Wettbewerb und Subjektförderung einen Governance-Kodex der Freien Wohlfahrtspflege mit dem Ziel einer Trennung von Verband und Einrichtung, um den Interessenkonflikt zwischen der Interessenvertretung und dem Angebot an Dienstleistungen aufzulösen (vgl. Enste 2004). Auch die Fusion von Verbänden wird empfohlen. Andere sehen in der Orientierung auf bürgerschaftliches Engagement und die Mobilisierung von Sozialkapital die Zukunft der Verbände in einem Sozialstaat, der auf Eigenverantwortung setzt und diese auch durchsetzt. Die Verbände sollen ihr Profil als „advocacy groups" stärken und sich als Themenanwälte profilieren (vgl. Zimmer 2005). Der Caritasverband ist ein kirchlicher Wohlfahrtsverband. Es ist unverkennbar, dass unter dem Druck des Sozialmarkts die innere Einheit des Verbandes auf dem Spiel steht. Denn wenn immer mehr Organisationsbereiche des kirchlichen Verbandes sich wettbewerbsstrategisch verhalten wird die Gefahr, dass das sozialanwaltschaftliche Motiv – und damit eines der zentralen theologisch-ethischen Motive des Caritasverbandes – ausgeklammert wird (vgl. Eurich 2005). Es ist deshalb von strategischer Bedeutung, dass das sozialanwaltschaftliche Anliegen in den Organisationsstrukturen verankert wird und dort sichtbar bleibt. Denn ansonsten käme es zu der als zynisch zu kennzeichnenden Entwicklung, dass die Erfüllung von Inklusionsanforderungen benachteiligter Menschen abhängig wird von der Stärke bürgerschaftlichen Engagements oder der Moralität philanthropisch motivierter Aktivitäten.

Die aktuell diskutierten oder eingeleiteten Strukturveränderungen des Caritasverbandes (Satzung vom 16. Oktober 2003; Diskussionspapier zur Änderung der Ordnung der Arbeitsrechtlichen Kommission) zeigen, dass die Modernisierung des Verbandes das mühsam austarierte Verhältnis zwischen zentraler Steuerungsfunktionen und dezentraler Selbststeuerungskapazitäten permanent verändert. Innerhalb des Verbandes stellt sich die Steuerungsfrage als Suche nach der Konstruktion von Profil, der Aufrechterhaltung von Systemgrenzen und erkennbarer Wertezugehörigkeit. Gegenwärtig vollzieht sich durch die Modernisierung ein Prozess der *Partialisierung,* also des sukzessiven Auseinanderfallens der Großverbände – sowohl schmelzen die Solidaritäten zwischen Bundes-, Bistums- und Ortsebene, zwischen örtlichen Trägern und großen caritativen Unternehmen, wie auch zwischen verfasster Kirche und Verband.

Auf Verbandsebene – und dies gilt nicht nur für den Caritasverband - lassen sich Merkmale einer Gegensteuerung in Form der Stärkung einer Steuerungsphilosophie beobachten, die grundlegend von der Prämisse ausgeht, die durch sozialwirtschaftliche Rahmenbedingungen sich partikularisierende Basis wäre durch Nachbesserungen der Steuerungsinstrumente und –verfahren nach wie vor erfolgreich zentralistisch steuerbar. Die „Qualitätssicherungsstrategie" und die „Markenpolitik" sind hierfür nur Beispiele. Gleichzeitig müssen – und das zeigen die genannten Strukturdiskussionen – die Partialinteressen in einer neu austarierten Steuerungsstruktur stärkere Berücksichtigung finden. Ob der in den Ordnungen gefundene „Kompromiss" dauerhaft trägt, entscheidet immer weniger der Verband selber, sondern die in der Umwelt des Verbandes fortschreitende Modernisierung, die Flexibilität und Selbststeuerung erfordert, will man unternehmerisch überleben.

Die mit Blick auf die Steuerungsoptimierung diskutierten Ansätze zeigen, dass das klassische Modell von Spitzenverband und angeschlossenen Trägern und Einrichtungen eigentlich zur Disposition steht:

- Ein Ansatz geht davon aus, dass die zentrale Steuerung auf Landes- und Bundesebene unter Beibehaltung des Konzepts eines Gesamtvereins modernisiert wird. Im Sinne einer Konzernstruktur wird versucht, bei allen Gliederungen des Verbandes durch Schaffung zentraler Instanzen etwa der Zertifizierung oder Qualitätssicherung eine größere Verbindlichkeit herbeizuführen;
- Das Modell eines Verbändeverbandes orientiert sich stärker an sozialwirtschaftlichen Rahmenbedingungen und möchte die Dachverbände strikt dienstleistungs- und kundenorientiert umgestalten. Die Autonomie der Trägereinrichtungen wird akzeptiert und der Dachverband erhält die Funktion einer Servicestelle für die Träger und Einrichtungen;
- Auch die Lösung vom Sozialmarkt und die Orientierung auf bürgerschaftliche Organisationsformen generell wird als mögliche Option ins Spiel gebracht. Hierbei wird vom Spitzenverbandsmodell Abstand genommen und der Verband als Moderator und Lobbyist für Interessenorganisationen definiert.

Es stellt sich tatsächlich die Frage, ob in Zukunft überhaupt mit einer Sicherung und Stabilisierung der Spitzenverbandsfunktionen zu rechnen ist. Interessenvertretung, Öffentlichkeitsarbeit und Beratung stellen heute schon auf Diözesan-Ebene weitaus wichtigere Handlungsfelder dar als Aufsicht, Kontrolle und hierarchische Regulierung. Die Spitzenverbandsebene ist – anders als bei anderen Verbänden wie bspw. der Diakonie – die konstituierende Ebene des Caritasverbandes. Wenn die Steuerung des Verbandes bspw. auf der Diözesanebene zukünftig wesentlich durch Dienstleistungen geprägt ist, dann stellt sich auch die Frage nach der identitätsstiftenden Funktion von Leitbildern und Werten neu. Das, was als katholische Werteorientierung gelten soll, muss jeweils neu herausgearbeitet und definiert werden. Insofern stellt die Reduktion auf eine reine Dienstleistungserbringung auf Diözesanebene auch eine Gefahr dar. Denn für die Akzeptanz der verbandlichen Arbeit wird es zukünftig in verstärktem Ausmaß darauf ankommen, wie das verbandsspezifische sozialpolitische Mandat in den sozialen Diensten und der sozialen Arbeit realisiert wird. Dies erfordert ein *Wissensmanagement* seitens des Gesamtverbandes und der Diözesanverbände gegenüber den ihnen angeschlossenen Trägern und Einrichtungen, dass durch die jeweiligen Fachverbände ergänzt, aber nicht ersetzt werden kann. Versteht man in diesem Sinne den Diözesanverband als einen Dachverband, der als wesentliche Aufgabe die „Organisation der Selbstorganisation" betreibt, dann stellt sich auch die Frage der Werteorientierung neu: diese muss sich im Kontext der sozialpolitischen Praxis und der sozialen Arbeit der Träger und Einrichtungen jeweils neu definieren und materiell realisieren. Sozialanwaltschaft kann sich deshalb über die konkrete Dienstleistungsarbeit der Dienste und Einrichtungen ebenso realisieren (wenn diese ihre eigenen Inklusions- und Exklusionsschranken bewusst wahrnehmen) wie in der auf die Herstellung von Öffentlichkeit zielenden Organisation von Partikularität durch die Diözesanebene. Wichtig ist hierfür, dass zwischen beiden Ebenen Kommunikationsformen etabliert werden bzw. existieren, die gewährleisten, dass über die zum Teil durchaus widersprüchlichen oder gegensätzlichen Interessen der verschiedenen Ebenen ein Austausch stattfindet und systematisch alternative Strategien ins Spiel gebracht werden können. Diese Form der *Kontextsteuerung* scheint angesichts der sich dynamisch entwickelnden „Verbetriebswirtschaftlichung" eher geeignet, die Identität und Sozialanwaltschaft eines katholischen Sozialverbandes jeweils neu zu konstituieren als die Neuauflage immer wieder veränderter zentralistischer Steuerungsphilosophien, die dann doch angesichts der von außen diktierten Modernisierungserfordernisse immer wieder der Korrektur bedürfen.

## 2.6 Perspektiven der sozialwirtschaftlichen und sozialanwaltschaftlichen Modernisierung

Die Koordinaten der zukünftigen Modernisierungsanforderungen weisen in die Richtung einer weiteren Verstärkung und Akzentuierung der sozialwirtschaftlichen Profilierung. Die konsumeristische Entwicklung sozialer Dienste wird es notwendig machen, darüber nachzudenken, wie sich in das wandelnde Hilfesystem wieder genuin klientenbezogene Kompetenzen einbringen lassen können. Benötigt werden zukünftig vor allem advokatorische Kompetenzen (angereichert mit fachlicher Expertise), um die zunehmende Asymmetrie zwischen marktorientierten Leistungserbringern und hilfebedürftigen Leistungsberechtigten zu verringern. Hier liegt eine Aufgabenstellung für die zukünftige Verbandsentwicklung. Durch die zunehmende Vermarktlichung wie durch das politisch durchgesetzte Aktivierungsparadigma in den sozialen Diensten können die Wohlfahrtsverbänden ihre angestammte Sozialanwaltsfunktion immer weniger glaubhaft erfüllen. Ein Konzept von Sozialanwaltschaft, dass sich vor allem auch im Akt der Leistungserbringung am Klienten verwirklicht, wird in marktorientierten Sozialbetrieben nur noch bedingt realisierbar sein, auch nicht über noch so verfeinerte Qualitätsmanagementsysteme. Sozialbetriebe, die im Sinne des neuen Arbeits- und Bildungspaternalismus massenhaft Niedriglohn-Jobs schaffen sollen (und z.T. auch wollen), kommen in Widerspruch zu ihrem eigenen Leitbild, professioneller Dienstleistender und Sozialanwalt zu sein.

Angesichts dieser Entwicklung wird es vordringlich, aus den Verbänden heraus eine unabhängige „konsumeristische" Klienten- und Patientenberatung, ein nutzerbezogenes Beschwerdemanagement zu entwickeln, das erkennbar unabhängig von denen arbeitet, gegen die die Beschwerden geführt werden. Ein neuer Typus von professionell arbeitenden Verbraucherorganisationen mit fachlicher Expertise könnte diese neue Anwaltsfunktion übernehmen und im Konsumenteninteresse eine permanente „Marktbeobachtung" entwickeln.

Blickt man zurück auf den Weg, den der Caritasverband und die Freie Wohlfahrtspflege in den letzten Jahren gegangen sind, dann weist vieles darauf hin, dass sich die bundesrepublikanischen Besonderheiten der Produktion sozialer Dienste dem Ende zuneigen. Dem Caritasverband ist es bisher gelungen, die Einheit des Verbandes zu verteidigen. Ob dies zukünftig für alle Verbandsfunktionen, insbesondere die AVR betreffend, gelingen kann, ist zumindest zweifelhaft. Um so bedeutsamer wird die Frage, wozu und warum es weiterhin eines kirchlichen Idealvereins bedarf. Hier werden – so ist meine Vermutung – weder permanente Nachbesserungen der Steuerungsinstrumente noch Appelle an die gemeinsame Werteorientierung weiterhelfen. Eine profilierte sozialpolitische Handlungsstrategie ist bei den Wohlfahrtsverbände derzeit nicht zu erkennen und führt zu dem beklagten Muster der reaktiven Anpassungsmodernisierung. Der Caritasverband wird sich zukünftig als europäische non-profit-Organisation positionieren und profilieren müssen. Als kirchlicher Wohlfahrtsverband begründet sich seine verbandspolitische Identität nicht aus Dienstleistungsfunktionen, sondern aus dem Eintreten für die Schwachen der Gesellschaft. Angesichts der gegenwärtigen sozialstaatlichen Entwicklung ist die „Option für die Armen" wohl kaum mit der Partnerschaft von Staat und Verbänden zu vereinbaren. Für die Zukunft ist mehr Partikularität gefordert – auch wenn dabei die Konflikte zu- und nicht abnehmen werden.

## 3. Schlussbemerkung

Die Dienstleistungsrichtlinie und das darin enthaltene Herkunftslandprinzip stellt auf europäischer Ebene einen weiteren Schritt der Forcierung von Wettbewerb im Sozial- und Gesundheitssektor dar. Bei genauerer Betrachtung ist die Durchsetzung von Quasi-Märkten und das Konzept eines staatlich regulierten Sozialmarkts durch die Auftragsvergabe an Dienstleister wie die Freie Wohlfahrtspflege aber eine durch nationale Politik erzeugte Entwicklung (vgl. Evers 2005). Die EU und das Konzept der Kommission anerkennt und verfestigt lediglich diesen Trend. Die Debatte darüber, ob bspw. das pauschale Festhalten am Gemeinnützigkeitsprivileg angesichts der „Marktorientierung" der Unternehmen der Wohlfahrtsverbände noch angemessen ist, hat bereits begonnen. Verbände wie der Caritasverband, die sich offensiv auf eine „Politik zur Gestaltung von Märkten" (Cremer 2004) konzentrieren wollen, haben sich deshalb auch der Frage zu stellen, welche Konsequenzen dies für die immer noch reklamierten sozialpolitischen Sonderrechte haben muss. Sozialpolitischer Mitgestalter sein zu wollen und gleichzeitig die eigenen Unternehmen auf dem Sozialmarkt privilegieren zu wollen, wird auf Dauer nicht durchzuhalten sein. Es besteht allerdings die Gefahr, dass über der sozialwirtschaftlichen Transformation und ihrer Vorteile für die Unternehmen der Wohlfahrtsverbände „vergessen" wird, dass Märkte immer selektiv organisiert sind. Auf realen Märkten wird die Qualität der Versorgung über die zahlungsfähige Nachfrage bestimmt – auf Quasi-Märkten über die politische Auftragsvergabe. Beide Optionen beinhalten die Gefahr (und in der Sozialrechtsgesetzgebung bereits staatlich durchgesetzte Realität) wachsender sozialer Exklusion für diejenigen, für die zu wirken einmal den historischen Auftrag der (kirchlichen) Wohlfahrtsverbände ausgemacht hat. Ob und wie auch dieser in einer unternehmerisch und marktfixierten Caritas oder Diakonie ausgelöscht wird bleibt abzuwarten.

## 4. Literatur

Becker, T., 2004, Franchising für die Caritas – Was kommt nach McKinsey? In: Hildemann, K.-D. (Hrsg.), Die Freie Wohlfahrtspflege, Ihre Entwicklung zwischen Auftrag und Markt, Leipzig, S. 189 – 194

Blankart, C.B., 2001, Öffentliche Finanzen in der Demokratie. Eine Einführung in die Finanzwissenschaft, München.

Cremer, G., 2004, Wenn wir scheitern, scheitern wir an uns selbst – Strategien zur Behauptung im Markt sozialer Dienste, in: Hildemann, K.-D. (Hrsg.), Die Freie Wohlfahrtspflege, Ihre Entwicklung zwischen Auftrag und Markt, Leipzig, S. 179 – 188

Enste, D., 2004, Die Wohlfahrtsverbände in Deutschland, Eine ordnungspolitische Analyse und Reformagenda, Köln

Eurich, J., 2005, Nächstenliebe als berechenbare Dienstleistung, in: Zeitschrift für evangelische Ethik, 49. Jg. Heft 1, S. 58 – 70

Evers, A., 2005, Konzepte der EU-Kommission zu Sozialdienstleistungen und die Rolle der deutschen Wohlfahrtsverbände, in: Theorie und Praxis der Sozialen Arbeit, Heft 2/2005, S. 36 – 43

Hengsbach, F., 2003, Soziale Dienste unter dem Anspruch von Gerechtigkeit und Gleichheit, Msk., Frankfurt am Main

Mehls, S./ Salas-Gomez,P., 1999, Von der Zuwendung zum Leistungsvertrag, in: Blätter der Wohlfahrtspflege Heft 1+2, 1999, S. 5 -11

Münder, J., 1998, Von der Subsidiarität über den Korporatismus zum Markt? In: neue praxis, Heft 1, 1998, S. 3 – 12

Trube, A./Wohlfahrt, N., 2000, Zur theoretischen Einordnung: Von der Bürokratie zur Merkatokratie? System- und Steuerungsprobleme eines ökonomisierten Sozialsektors. In: Boeßenecker, K.-H./Trube, A./Wohlfahrt, N. (Hrsg.): Privatisierung im Sozialsektor. Rahmenbedingungen, Verlaufsformen und Probleme der Ausgliederung sozialer Dienste. Münster, S. 18 – 38

Wiesner, R., 2003: Der Kostendruck frisst die Qualität auf. In: neue caritas, H. 19, S. 10 – 15

Zimmer, A., 2005, Die Arbeiterwohlfahrt – Eine Organisation auf Zukunftskurs, in: Theorie und Praxis der sozialen Arbeit, Heft 1, 2005, S. 5 – 15

# Verbandliche Identität im veränderten Wohlfahrtmix in Deutschland und Europa

Karl Gabriel

1. EINLEITUNG

Die Caritas als Wohlfahrtsverband der katholischen Kirche in Deutschland gehört zu den zentralen Akteuren der Wohlfahrtsproduktion hierzulande. Der Blick in die aktuelle Statistik ergibt folgendes Bild: Zur Caritas gehören 25.460 Einrichtungen mit knapp 1,2 Mio. Plätzen bzw. Betten. Die Zahl der hauptberuflichen Mitarbeiter wird mit 499.313 angegeben (Bangert 2002, S. 25). Der Schwerpunkt ihrer Arbeit liegt im teilstationären und stationären Bereich der Gesundheits-, Alten- und Jugendhilfe. Hat man bei den genannten Zahlen zu Recht einen Großkonzern vor Augen, so ist zu bedenken, dass die Caritas in eine Vielzahl von rechtlich selbständigen Einheiten gegliedert ist. Die Caritas betrachtet ihre Arbeit als „Wesensäußerung" der Kirche, d.h. als konstitutiv für das Leben der katholischen Kirche und sieht sich deshalb an eine spezifische kirchliche Identität gebunden. Gleichzeitig gehört sie zu den Wohlfahrtsverbänden in Deutschland. Ihrem Selbstverständnis nach zeichnen diese sich durch eine plural geprägte Wertgebundenheit ihrer sozialen Arbeit aus. Sie sehen sich als Partner im Sozialstaat, wobei sie ihre Stellung im Sozialstaat dem Subsidiaritätsgedanken nach zu bestimmen suchen und entsprechend in der Aufgabenerfüllung für die gesellschaftlichen Akteure einen Vorrang vor dem Staat beanspruchen, ohne ihn allerdings aus der verfassungsmäßigen Verpflichtung zur Daseinsvorsorge und -fürsorge entlassen zu wollen (Sachße 2003, S. 191-212). Gemeinsam beanspruchen die Wohlfahrtsverbände ‚Gemeinwohl-Agenturen', ‚Anwalt der Betroffenen' und ‚soziale Dienstleistungsanbieter' in einem zu sein (Selbstverständnis und Aufgaben der Freien Wohlfahrtspflege in Deutschland, 2005). Wie der vergleichende Blick in die europäischen Wohlfahrtstaaten lehrt, sind die deutschen Wohlfahrtsverbände ihrer Größe und ihrer Bedeutung für die Wohlfahrtsproduktion nach relativ einmalig in Europa und darüber hinaus (Kaufmann 2002, S. 49-67; Schmid 2001, S. 177-199). Nicht zufällig sind es die Länder Niederlande, Irland und Belgien, die Deutschland noch am nächsten kommen. Sie alle sind durch eine starke historische Tradition katholischer Hilfeeinrichtungen geprägt. Dies verweist darauf, dass sich in der Stellung der Wohlfahrtsverbände in Deutschland nicht zuletzt auch ein historischer Kompromiss zwischen katholischer Kirche und Staat auf dem Feld der Wohlfahrtsproduktion widerspiegelt. Insofern scheint es sinnvoll, die Reflexion über Stellung und Entwicklung der verbandlichen Caritas mit einem Blick auf die religiös-kirchliche Situation zu beginnen. In einem zweiten Schritt wird es um die für die sozialen Dienste besonders relevanten Veränderungen in der sozialstaatlichen Entwicklung in Deutschland gehen. Um den gegenwärtigen Herausforderungen besser gewachsen zu sein, bedarf es meines Erachtens einer Standortbestimmung der Caritas im deutschen Wohlfahrtsmix. Ein dritter Reflexionsschritt geht deshalb dem Spannungsfeld nach, im dem sich die Caritas im spezifisch deutschen Wohlfahrtsmix befindet. Hinweise auf die gegenwärtigen Gefährdungen der verbandlichen Identität der Caritas leiten zu Überlegungen über, die schließlich strategische Optionen für eine den gegenwärtigen Herausforderungen angemessene Verbandspolitik anzugeben versuchen.

## 2. RELIGIÖS-KIRCHLICHE ENTWICKLUNG UND CARITAS

Weitreichende Veränderungen in der Lage von Religion und Kirche haben vielschichtige Wirkungen auf die Situation und Zukunft kirchlich-caritativer Einrichtungen. Einerseits muss damit gerechnet werden, dass die Selbstverständlichkeit und Normalität der Bindung an Kirche und Gemeinde sich weiter abschwächen wird (Jagodzinski/ Dobelaere 1993, 68-91; Ebertz 1998; Gabriel 2000). Auch in den ländlichen Regionen dürften die kommenden Generationen immer seltener in einem katholisch bzw. kirchlich geprägten Milieu heranwachsen. Der religiöse Pluralismus dürfte auf allen Ebenen weiter wachsen (Wolf 1999, S. 320-348.). Kirchlich-caritative Einrichtungen und Dienste müssen sich darauf einstellen, dass auf Seiten der Mitarbeiterinnen und Mitarbeiter wie auf Seiten ihrer Adressaten der Grad an religiöser Individualisierung und Pluralisierung weiter zunehmen wird. Dies betrifft sowohl die Pluralität der praktizierten Mitgliedschaftsformen innerhalb der Kirche wie auch die Individualität der religiösen Orientierungen und Praktiken. Die religiös-kirchliche Prägung der Mitarbeiterschaft wie der Einrichtungen und Dienste insgesamt wird in Zukunft in stärkerem Maße eine Aufgabe der Einrichtungen selbst sein. Organisationsmilieus werden die herkömmlichen katholischen Milieustrukturen zu einem guten Teil ersetzen müssen. Die Legitimation für das Angebot kirchlich-caritativer Einrichtungen wird sich immer weniger auf die konfessionelle Geschlossenheit eines katholischen Adressatenkreises berufen können.

Gleichzeitig dürfte für die künftigen Entwicklungen der kirchlich-caritativen Einrichtungen und Dienste nicht ohne Wirkung bleiben, dass Religion und Kirche in stärkerem Maße in den öffentlichen Raum zurückkehren und Gegentendenzen zu einer vollständigen Privatisierung der Religion erkennbar sind (Gabriel 2003, S.13-36). Die verbandliche Caritas und ihre Dienste und Einrichtungen können davon ausgehen, dass ein religiös-kirchlich motiviertes Handeln und Eintreten für die Schwächsten in der Gesellschaft nach wie vor auf Sympathie und Zustimmung in der Gesellschaft stoßen.[12] Die Notwendigkeit des sozialen Engagements aus der Gesellschaft heraus und die Bedeutsamkeit gelebter Ethosformen für das gesellschaftliche Zusammenleben stellen eine mögliche Plattform dar, die die kirchlich-caritativen Einrichtungen auch in Zukunft zu legitimieren vermögen.

## 3. SOZIALSTAATLICHE ENTWICKLUNG ZWISCHEN KONTINUITÄT UND SYSTEMBRUCH

Nicht erst heute, sondern schon seit den 90er Jahren des vorigen Jahrhunderts lassen sich – bei allen Bemühungen um Kontinuität an der

---

[12] Empirische Hinweise lassen sich gewinnen aus: Perspektive Deutschland, 2003. Siehe dazu auch: Becker 2004, S. 10-15.

Oberfläche – tiefgreifende Veränderungen im System der Wohlfahrtsproduktion in Deutschland erkennen. Die Brüche geschehen unter dem Anschein von Systemkontinuität, ohne öffentliche Debatte und weitgehend ohne wissenschaftliche Begleit- und Wirkungsforschung. Am nachhaltigsten lässt sich dies am Beispiel der Pflegeversicherung verdeutlichen. Als 1994 die Pflegeversicherung als fünfte Säule des deutschen Systems der sozialen Sicherung eingeführt wurde, galt dies als Zeichen robuster Stabilität der deutschen Tradition des Sozialstaats als Sozialversicherungsstaats. Die offensichtliche Bindung an die Tradition ließ leicht übersehen, dass die Pflegeversicherung unter dem Dach der Kontinuität gleichzeitig einen tiefgreifenden Umbruch im deutschen Sicherungssystem auf den Weg brachte (Lessenich 2003, S. 211-248; Geller/Gabriel 2004, 291-3003). Mit der Absicherung des Pflegerisikos ging es zum ersten Mal um eine Gefährdung, die keinen inneren Zusammenhang zum Arbeitnehmerstatus besitzt. Knüpfen Unfall-, Kranken-, Renten- und Arbeitslosenversicherung an die Rolle des Arbeitnehmers und den Arbeitsvertrag an, so geht es bei der Pflege um ein Lebensrisiko ohne inneren Bezug zur Erwerbsarbeit. Gleichzeitig spielten bei der Einführung der Pflegeversicherung die Interessen an einer Umstellung der Finanzierung eine zentrale Rolle. Die Kommunen als Träger der örtlichen Sozialhilfe sollten entlastet werden und die Sozialhilfe sollte ihre ursprüngliche Funktion als Auffangnetz für schwer voraussehbare, individuelle Lebensrisiken zurückerhalten. Die Furcht vor unlösbaren Finanzierungsproblemen der Pflegeversicherung führten zum Bruch mit dem Prinzip einer bedarfsgerechten Risikoabsicherung. An dessen Stelle trat eine strikte Begrenzung auf eine an den Einnahmen orientierte Ausgabenpolitik. Die Pflegeversicherung führte in Folge dessen einerseits zu einer Anerkennung des Pflegerisikos als einer sozial zu bewältigenden Gefährdung, zielte aber gleichzeitig von vorne herein auf eine strikte Begrenzung der sozialen Risikobewältigung. Insofern lässt sich die Pflegeversicherung mit einem gewissen Recht als soziale „Teilkaskoversicherung" bezeichnen, die auf einen Mix von privater und öffentlicher Risikoabsicherung setzt.

Nicht nur in der Finanzierung zeigt die Pflegeversicherung einen gewissen „Systembruch im System" an. Auch in der Art der Bereitstellung und Steuerung der Pflegedienstleistung lässt sich die Pflegeversicherung als ein neuartiges Experiment in der deutschen Wohlfahrtsproduktion kennzeichnen. Sie bildet die Speerspitze in der Tendenz zu einer verstärkten „Vermarktlichung" der sozialen Dienstleistungsproduktion im deutschen Sozialstaat (Rothgang 2000, S. 423-448; Lessenich 2003, S. 229). Zwar handelt es sich um einen sozialstaatlich regulierten Markt. Die Preise sind rechtlich administriert, die Dienstleistungsprodukte gesetzlich als Pflegemodule standardisiert und öffentliche Regelungen dienen der Sicherung der Qualität in der Erstellung der Dienstleistung. In diesem Rahmen soll die Steuerung durch einen Pflegemarkt dazu führen, dass leistungsstarke Anbieter sich gegenüber leistungsschwachen durchsetzen und die Dienstleistung ökonomisch rationaler und kostengünstiger angeboten und durchgeführt wird. Die Installierung des Pflegemarktes durch die Pflegeversicherung implizierte eine radikale Veränderung des Charakters und der Rolle der bisherigen Anbieter von Pflegedienstleistungen: aus milieugeprägten Wertgemeinschaften werden Dienstleistungsanbieter und -produzenten auf einem Dienstleistungsmarkt, der durch einen Wettbewerb zwischen privaten, gewinnorientierten und frei gemeinnützigen Produzenten geprägt ist.

Die Pflegeversicherung – so lässt sich zusammenfassen – täuscht Kontinuität dort vor, wo es sich mit dem Abschied vom Bedarfsdeckungsprinzip und der Vermarktlichung sozialer Dienste eigentlich um einen Systembruch handelt. Auch 10 Jahre nach der Einführung der Pflegeversicherung gibt es keine kontinuierliche Forschung zu den Wirkungen und Folgen der Veränderung. Neue Steuerungsformen wurden implementiert, ohne dass man sich über die Ordnungsprobleme, Wirkungen und Folgen tatsächlich im klaren wäre.

## 4. Der Ort verbandlicher Caritas im Spannungsfeld von kirchlicher Wertbindung, Ökonomie und Politik

Die politisch in den letzten Jahren im nationalen wie europäischen Rahmen gewollte, stärkere marktwirtschaftliche Konkurrenz und Marksteuerung sozialer Dienste wirft für die caritativen Einrichtungen über den täglichen Wettbewerbsdruck hinaus schwierige Identitätsprobleme auf. Zu ihrer Bearbeitung bedarf es klarer Vorstellungen über den Ort caritativer Einrichtungen im System sozialer Dienstleistungen insgesamt.

Die Caritas und ihre Einrichtungen nehmen im System sozialer Dienste eine intermediäre Stellung ein. Sie gehören weder zur Sphäre öffentlich-staatlichen Handelns, noch folgen sie den Prinzipien eines gewinnorientierten Marktanbieters. Gleichzeitig überschreiten sie den Bereich des Helfens von Mensch zu Mensch in Familie und informellen Gruppenbezügen (Olk 1995, S. 98-122; Gabriel 1997, S. 444-448). Auf der einen Seite haben sie ihre Wurzeln und ihre Grundlagen in der Nächstenliebe und der christlich motivierten unmittelbaren Hilfe von einzelnen und Gruppen, auf der anderen Seite reichen sie mit ihren Dienstleistungen in die Sphären von Staat und Markt hinein. Ihr spezifisches Profil gegenüber Staat und Markt gewinnen caritative Einrichtungen, indem sie anders als öffentliche Ämter und gewerbliche Unternehmungen Prinzipien solidarischer Steuerung in das System sozialer Dienstleistungen einbringen.

Die verbandliche Caritas übernimmt heute eine dreifache, konfliktreiche, für Gesellschaft und Kirche wichtige Vermittlungsleistung und -position. Sie gehört zu einem dritten Typus von Organisationen, die weder öffentliche Ämter noch gewerbliche Unternehmungen darstellen. Diese repräsentieren einen eigenen Stil des Handelns mit eigener Motivation und Rationalität, der sich sowohl vom staatlich-hoheitlichen Machthandeln als auch vom reinen Nutzenkalkül kommerziellen Handelns unterscheidet. Sie bilden als Netzwerk von „Non-Profit-Organisationen" mit besonderer Gemeinwohlverpflichtung einen dritten gesellschaftlichen Sektor – neben dem Staat auf der einen Seite und dem privatwirtschaftlich organisiertem Markt auf der anderen Seite. Gleichzeitig bilden sie eine Brücke zu den auf wechselseitiger Hilfe beruhenden privat-familiären Gemeinschaften und deren Logik solidarischen Handelns. (Pankoke 1984, S. 96-118; 1999, S. 47-59; 2000, S. 68-79; Ebertz 2001, 118-132). In ihrer spezifischen Organisationsform stehen die Einrichtungen der verbandlichen Caritas vor der Aufgabe, verschiedene Handlungslogiken, Motive und Rationalitäten miteinander zu verbinden und den Graben zwischen Staat und Markt auf der einen Seite und gemeinschaftlichen Hilfeformen auf der anderen Seite nicht zu groß werden zu lassen. Die Stellung und Unverzichtbarkeit intermediärer Formen der Wohlfahrtsproduktion on, wie sie die Caritas repräsentiert, lassen sich zum einen damit begründen, dass sowohl die administrative wie die marktliche Steuerung sozialer Dienste Folgeprobleme aufwerfen, die ihre Grenzen dokumentieren. Zum anderen ist die Einsicht gut begründet, dass in hochdifferenzierten Gesellschaften die informellen Hilfeformen enge Funktions- und Leistungsgrenzen aufweisen, so dass organisierte und professionaliserte Formen der Hilfe unausweichlich sind. Deshalb werden intermediäre Akteure wie die Caritas auch in Zukunft im Sozialsektor eine unverzichtbare Rolle spielen.

Die verbandliche Caritas erbringt nicht nur horizontale, sondern auch vertikale Vermittlungsleistungen. Wenn auch unter veränderten Leitbildern – zum Beispiel dem der „public-private-partnership" – wird sich die enge Verflechtung zwischen Staat und Verbänden fortsetzen. Zur wechselseitigen Verflechtung gehört die Auslagerung staatlicher Aufgaben in den gesellschaftlichen Bereich ebenso wie die Beeinflussung der staatlichen Gesetzgebung durch das verbandliche Interessenhandeln. Gleichzeitig kommen den Verbänden wichtige anwaltliche Funktionen für ihre Klienten gegenüber der Öffentlichen Hand zu. Die Wohlfahrtsverbände – eingeschlossen die verbandliche Caritas – haben von Beginn an solche vermittelnden Funktionen zwischen Gesellschaft und Staat wahrgenommen, diese Leistungen haben zwischen 1970 und 1990 erheblich zugenommen, heute allerdings stagnieren sie eher und werden politisch gewollt und gezielt unter Marktdruck gesetzt. Aller Voraussicht nach wird diese Tendenz nicht nur weiter anhalten, sondern eher noch zunehmen.

Die dritte, ebenfalls konfliktreiche Vermittlungsleistung der verbandlichen Caritas betrifft die gewachsene Spannungslinie zwischen Kirche und Gesellschaft (Gabriel 1997, S. 447; Ebertz 1996, S. 35-49; Schmälzle1995, S. 244-255). Über die verbandliche Caritas erreicht das kirchliche Handeln Menschen, die sich in ausgesprochen kirchenfernen Milieus bewegen. Sie hält über die Vermittlungsleistung der Caritas aber auch Kontakt zu der wachsenden Zahl von Kirchenmitgliedern in der Halbdistanz eines massenkulturell diffusen und impliziten Glaubens. Das öffentlich relevante, sichtbare soziale Engagement der Kirche – insbesondere für die gesellschaftlich „Nutzlosen" und letzlich nicht „lösbaren" sozialen Probleme – gehört heute zu den wichtigsten Motivgrundlagen, eine Kirchenmitgliedschaft trotz Dissonanzerfahrungen mit Glaube und Kirche beizubehalten. Die verbandlich wahrgenommene, diakonische Grundfunktion kirchlichen Handelns erbringt damit für die gegenwärtige Kirche wichtige Integrationsleistungen nach innen wie nach außen. Im Innern vermittelt sie zwischen den auseinanderstrebenden „Sektoren" einer sich zunehmend pluralisierenden Kirche und trägt insbesondere zur Stabilisierung eines zahlenmäßig inzwischen die Mehrheit der Katholiken umfassenden „impliziten Sektors" bei (Gabriel 2000, S. 177ff.). Nach außen stellt sie einen Bereich des öffentlichen Lebens dar, in dem Kirche und Gesellschaft neue Verflechtungsformen angenommen haben, die gegenstrukturelle Wirkungen zu Prozessen der Privatisierung der Religion und Säkularisierung des übrigen gesellschaftlichen Lebens entwickeln. In dieser Dimension erbringt die verbandliche Caritas unverzichtbare Inkulturationsleistungen im Kontext der für moderne Gesellschaften zentralen Wohlfahrts- und Sozialkultur wie sie gleichzeitig zu den wichtigsten institutionellen Trägern einer solchen Kultur gehört.

## 5. PREKÄRE BALANCE DER CARITAS ALS KIRCHLICHER WOHLFAHRTSVERBAND

Zur Stellung der Caritas gehört – so die Konsequenz der vorgestellten Überlegungen – eine Vielfalt von Aufgaben- und Funktionsbezügen und Vermittlungsleistungen in einem Spannungsfeld, das sich nicht ohne weiteres nach einer Seite hin auflösen lässt, will die Caritas nicht ihren spezifischen Ort, ihre Domäne, ihre historisch gewachsene Identität aufs Spiel setzen. Dies gilt gegenüber dem Druck zur Vermarktlichung der Caritas als Dienstleistungsakteur auf einem mehr oder weniger regulierten Markt, wie auch gegenüber dem Druck, sich den Interessen staatlich-hoheitlichen Handelns zu beugen. Auch der Rückzug auf die Ebene einer charismatisch-informellen Hilfe von Mensch zu Mensch allein würde ihrer Tradition nicht entsprechen. Auch nicht, die Caritas von den kirchenamtlichen Strukturen ununterscheidbar zu machen. Ein Nachgeben gegenüber dem Verkirchlichungsdruck müsste nicht nur die Handlungsfähigkeit des Verbands in seiner Funktion als Anwalt und Dienstleister beeinträchtigen, sondern auch ihre Inkulturationsleistung christlichen Glaubens in die Gesellschaft hinein gefährden.[13]

Die Spannungen, denen sich die Caritas in ihrem Beziehungsgeflecht gegenüber sieht, nehmen heute an Schärfe eher zu als ab. Vorschläge, dem Spannungsfeld durch eine stärkere innere Differenzierung und Funktionstrennung Rechnung zu tragen, werden vielfach gemacht. Das innere Auseinanderfallen der Caritas in Teilsysteme, die sich jeweils auf ein Segment konzentrieren, stellt heute einen realen Trend dar (Grunow 2001, S. 110f.). Innerhalb der Kirche streben Kräfte eine Caritas an, die deren Engagement auf den Bezug zu Kirche und Gemeinde beschränkt wissen wollen und die ein möglichst klar kirchlich geprägtes Profil mit hoch kirchlich identifizierten Mitarbeitern anzielen. Wo dies nicht realisierbar erscheint, sieht man die Notwendigkeit, sich aus bisherigen Arbeitsfeldern zurückzuziehen. Unverkennbar ist in der Caritas auch die Herausbildung eines Segments zu beobachten, das sich gewissermaßen auf Marktfähigkeit konzentrieren möchte. In dessen Zentrum stehen die großen Einrichtungen, die Tendenzen zeigen, sich zu einem Verband kirchlicher Arbeitgeber zusammenzuschließen (Klos 2000, S. 8-11). Ein drittes Segment bedient weiterhin die staatsnahen Teile des kirchlichen Verbandshandelns mit öffentlicher 100%-Finanzierung und wehrt sich gegen die zunehmende Vermarktlichung der Arbeitsfelder. Ein viertes Teilsegment bilden die vor neuen Herausforderungen der Spezialisierung und Professionalisierung stehenden Aufgabenfelder der Wohlfahrtsverbände, die sich ausschließlich der Öffentlichkeits- und Lobbyarbeit widmen.

Eine solche Segmentierung, falls sie zur Spaltung in zwei oder mehr Verbände der Caritas führen würde, müsste sowohl die historisch gewachsene Identität der Caritas gefährden, als auch ihre Handlungs- und Integrationsfähigkeit in einer komplexer werdenden Gesellschaft beeinträchtigen. Das Gegenmodell, das in der Kirche heute noch mehrheitlich Unterstützung findet, geht davon aus, dass die Caritas gerade in der produktiven Verarbeitung und Vermittlung des span-

---

[13] Hier ist die bis heute schwelende Kontroverse zwischen H. Pompey und R. Zerfaß angesiedelt, in der es zentral um die Spannung zwischen Verkirchlichung und Inkulturation ging: Pompey 1993, S. 11-26; Zerfaß 1993, S. 27-40.

nungsreichen Beziehungsgeflechts zwischen Markt und Staat wie zwischen Kirche und Gesellschaft ihre besondere Leitungsfähigkeit entfalten kann (Hilpert 1999, S. 8-15; Lehner/Manderscheid 2001).[14]

## 6. OPTIONEN VERBANDLICHER POLITIK DER CARITAS ALS INTERMEDIÄRER AKTEUR IM WOHLFAHRTSMIX[15]

### 6.1 Das Säkularisierungsparadigma überwinden

Kirchlich-caritative Einrichtungen und Dienste können sich als religiös geprägte gesellschaftliche Akteure im gegenüber zu einem säkularen, aber religionsfreundlich orientierten Staat legitimieren. Sie brauchen weder eine von außen ihnen auferlegte noch eine innere Säkularisierung zu fürchten. Sie können von der Überzeugung ausgehen, dass auch in entfaltet-modernen Gesellschaften ihrer religiöskirchliche Prägung ein hoher Stellenwert und eine wichtige Bedeutung zukommt. Deshalb sollten sie sich mehr als bisher als Teil einer den Menschen zugewandten Kirche verstehen und ihre religiös-kirchliche Prägung als konstitutives Element ihres Profils entwickeln. Die Caritas in Deutschland stellt einen wichtigen Teil des Konzepts einer öffentlichen Kirche im öffentlichen Raum der Gesellschaft dar. Caritas und Kirche können durch eine gemeinsame öffentliche Präsenz in der Gesellschaft als Orte eines gelebten und in der sozialen Praxis bewahrheiteten Glaubens gewinnen. Die diakonisch und sozial unterbelichtete Kirche und der religiös schlafende Riese Caritas sind aufeinander verwiesen und habe ihr gemeinsames Potenzial zur Repräsentanz einer glaubwürdigen öffentlichen Praxis des christlichen Glaubens noch nicht entdeckt.[16]

---

[14] Anregungen erhält man durch die verschiedenen Beiträge in Lehner/Manderscheid, 2001.
[15] Die folgenden Überlegungen führen Gedanken fort aus: Gabriel 1992; 1996; 2000a.
[16] Darauf deuten die Ergebnisse von „Perspektive Deutschland", 2003 hin. Vgl. Becker, 2004, S. 10-15.

## 6.2 Balancierte Identität wahren

Die kirchlich-caritativen Einrichtungen und Dienste sind geprägt durch eine spannungsreiche Intermediarität. Zu ihrer Identität gehört eine Vielfalt von in sich keineswegs widerspruchsfreien Aufgaben- und Funktionsbezügen. Wollen die kirchlich-caritativen Einrichtungen und Dienste ihre Identität wahren, kann die Zielperspektive nicht darin bestehen, das Spannungsfeld nach einer Seite hin aufzulösen. Es wird vielmehr darum gehen, jeweils neu eine produktive Synthese unterschiedlicher Anforderungen zu realisieren. Dies gilt gegenüber dem wachsenden Druck zur „Vermarktlichung" der Caritas als Dienstleistungsakteur auf expandierenden Sozialmärkten, wie auch gegenüber dem Druck, sich in Krisenzeiten stärker den Interessen staatlichen Handelns hinsichtlich der Tendenz zur Reduktion öffentlicher sozialer Verantwortung unterzuordnen. Auch der Rückzug auf die Ebene einer christlich geprägten informellen Hilfe von Mensch zu Mensch – ohne sich mit Organisationsproblemen zu belasten – kann keine verantwortliche Lösung bedeuten. Auch nicht, die Caritas so weit „abzuspecken", dass sie umstandslos in die kirchenamtlichen Strukturen zurückgebaut werden kann. Ein solche „Verkirchlichung" müsste nicht nur die Handlungsfähigkeit der Caritas in ihrer Funktion als Anwalt und Dienstleister beschränken, sondern auch ihre Inkulturationsleistungen des christlichen Glaubens in die moderne Kultur gefährden.

## 6.3 Einer Politik der Vernetzung Priorität geben

Die besondere Herausforderung, aber auch die spezifische Chance der kirchlich-caritativen Dienste und Einrichtungen besteht in einer konsequent verfolgten Politik der Vernetzung untereinander und mit den übrigen Akteuren des kirchlichen Raums. Im kirchlichen Raum besteht als zentrales „Alleinstellungsmerkmal" die einmalige Möglichkeit, einen hohen Grad der Spezialisierung der Dienste und Einrichtungen und der Professionalisierung ihres Personals mit einer Integration der Dienste in lebensräumliche gemeindliche und regionale Bezüge zu verbinden. Die Chancen einer solchen Vernetzungspolitik, die nicht nur die Kirchengemeinden vor Ort, sondern auch die lokalen und regionalen katholischen Organisationen und Verbände einzubeziehen hat, liegen auf der Hand, sind aber bis heute nicht in ausreichendem Maße erkannt und genutzt worden. Für eine solche Vernetzungspolitik sind die entsprechenden organisatorischen Voraussetzungen vor Ort zu schaffen. Ohne eine solche lokale und regionale Vernetzung dürften die kirchlichen Dienste und Einrichtungen ihre Legitimation und Grundlage in der Zukunft verlieren.

### 6.4 Sozialpolitisch für gemischte Formen der Wohlfahrtsproduktion eintreten

Die kirchlich-caritativen Dienste und Einrichtungen brauchen eine sozialpolitische Perspektive, die ihnen in ihrem jeweiligen Umfeld eine wirksame Beteiligung an der gegenwärtigen Auseinandersetzung um die Zukunft des Sozialstaats erlaubt (Gabriel 2003a, S. 80-92; 2003b, S.550-554). Die verbandliche Caritas sollte offensiv verdeutlichen, dass gemischte Formen der Wohlfahrtsproduktion auf dem Feld personenbezogener sozialer Dienste, wie sie von den Wohlfahrtsverbänden repräsentiert werden, Vorteile gegenüber der staatlichen wie marktlichen Steuerung besitzten.[17] Existentiell bedeutsame personenbezogene Dienstleistungen wurden in Europa anders als die Güterproduktion und sachbezogene Dienstleistungen bisher nicht der marktwirtschaftlichen Steuerung unterworfen. Sowohl in der spezifischen Eigenart personenbezogener Dienste liegende gute Gründe als auch die Erfahrungen, die mit der vollständigen Vermarktlichung des Gesundheitswesens in den USA oder dem Einbau von Marktsteuerung im britischen Gesundheitswesen gemacht wurden, sprechen dafür, es auch künftig so zu halten. In dieselbe Richtung weisen die Erfahrungen mit der Vermarktlichung der ambulanten Pflege im Rahmen der deutschen Pflegeversicherung. Wo Vertrauen ein zentrales konstituti-

---

[17] Unter dem Stichwort „Ordnungspolitische Probleme" hat Franz-Xaver Kaufmann eine Liste von Gründen zusammen gestellt, warum sich im Falle sozialer Dienste „keine klare Überlegenheit einer staatlichen oder marktlichen Leistungserbringung" ergibt, sondern „institutionell ‚gemischte' Formen der Wohlfahrtsproduktion, die professionelle, solidarische und verbandliche Steuerungsformen mit einschließen, gerade hier besonders erfolgversprechend" sind (Kaufmann 2002, S.58f).

ves Element von Effizienz und Produktivität darstellt wie im Falle der personenbezogenen Dienstleistungen, da erzeugt reine Marktsteuerung kontraproduktive Wirkungen. Die verbandliche Caritas muss sich im klaren darüber sein, dass das symbolisch legitimierte Systemvertrauen, das ihr entgegen gebracht wird, ihre entscheidende Produktivkraft darstellt. Wo sie als Marktakteur auftritt bzw. als solcher wahrgenommen wird, setzt sie das Systemvertrauen aufs Spiel. Dasselbe gilt aber auch für den Fall, dass sie in Folge des Größenwachstums ihrer Einrichtungen als bürokratisch und unbeweglich wahrgenommen wird und es ihr damit nicht mehr gelingt, „ein spezisches Ethos der Adressatenorientierung bei gleichzeitiger Professionalität der Leistungen aufzubauen" (Kaufmann 2002, S. 67).

### 6.5 Vertrauen und Potentiale von Wirtschaftlichkeit entwickeln

Der weiter steigende Wettbewerbsdruck zwingt die Caritas und ihre Einrichtungen dazu, eine klare Analyse ihrer externen Rahmenbedingung vorzunehmen und ihre internen Ressourcen und Potentiale der Wirtschaftlichkeit, Qualitätssicherung, Transparenz und Öffentlichkeitsarbeit zu mobilisieren. In einem veränderten Umfeld auf der nationalen wie der europäischen Ebene wird es für die großen und kleinen Einrichtungen der Caritas darum gehen, ihre Wirtschaftlichkeitsreserven voll zu entwickeln und gleichzeitig ihre besonderen Chancen zu nutzen, durch eine dem Lohndumping entgegen wirkende Lohnpolitik und eine nachhaltige Personalpolitik ein besonders qualifiziertes und motiviertes Personal an sich zu binden. Bei den kleinen Einrichtungen wird ein wachsender Beratungs- und Unterstützungsbedarf durch den DCV und die Diözesancaritasverbände entstehen, um den neuen Wettbewerbsanforderungen vor Ort gewachsen zu sein. Größere Bedeutung wird in Zukunft auch den kirchlichen Einrichtungen als Trägern christlicher Werte in der Gesellschaft und als spezifischer Ort von Kirche in der Gesellschaft zukommen.

### 6.6 Anwaltschaftlichkeit als Identitätselement profilieren

Anwaltschaft stellt ein unverzichtbares Identitätselement des Verbandes und seiner Einrichtungen dar, das nicht arbeitsteilig an Spezialinstitutionen delegiert werden kann, sondern zur Aufgabenstellung jeden caritativen Dienstes und jeder Caritaseinrichtung gehört. Angesichts der zu erwartenden Entwicklungen in der Sozialpolitik bekommt die Anwaltsfunktion eine besondere Dringlichkeit.[18] Für diese Aufgabe zeigen sich die privaten Anbieter sozialer Dienste als wenig geeignet. Gleichzeitig eröffnet die zu erwartende weitere Erosion der Vorrangstellung der Wohlfahrtsverbände für den Caritasverband einen erweiterten Spielraum für eine prophetische Kritik im Interesse der an den Rand gedrängten und von der Teilhabe am gesellschaftlichen Leben Ausgeschlossenen. Für das verbandliche Handeln muß es darum gehen, die veränderten Erfahrungen sozialen Leids, der Ungerechtigkeit und der sozialen Ausgrenzung öffentlich präsent zu machen und sich der entsolidarisierenden Privatisierung von Lebensrisiken und Notlagen zu widersetzen. Als Bewegungsorganisation findet sich die verbandliche Caritas mit den stärker werdenden Tendenzen zum Rückzug des Sozialstaats aus öffentlicher Verantwortung nicht einfach ab, sondern setzt sich verstärkt für die Gruppen ein, deren Interessen im Sozialstaat immer weniger Berücksichtigung finden.

## 7. LITERATUR

Bangert, C. (2002): Wohin bei der Caritas der Trend geht, in: Neue Caritas 1003, S. 25-28.

Becker, Th. (2004): Kirche löst Imageproblem und Caritas wird zur Marke, in: Neue Caritas 105, S. 10-15.

Grunow, D. (2001): Organisationsdilemmata kirchlicher Wohlfahrtsverbände im gesellschaftlichen Umbruch, in: K. Gabriel (Hrsg.), Herausforderungen kirchlicher Wohlfahrtsverbände. Perspektiven im Spannungsfeld von Wertbindung, Ökonomie und Politik, Berlin, S. 107-123.

Hilpert, K. (1999): Prinzip Anwaltschaftlichkeit, in: Neue Caritas 100, S. 8-15;

Ebertz, M.N. (1996): Dampf im fünften Sektor. Die Herausforderungen der Caritas zwischen Staat und Markt, persönlichem Netzwerk und Kirche, in:

---

[18] Zur Klärung des Begriffs und Funktion von Anwaltschaftlichkeit siehe: Hilpert 1999, S. 8-15; Lehner/Manderscheid 2001.

H. Puschmann (Hrsg.), Not sehen und handeln. Caritas: Aufgaben, Herausforderungen, Perspektiven, Freiburg i. Br., S. 35-49.

Ebertz, M.N. (1998): Erosion der Gnadenanstalt. Zum Wandel der Sozialgestalt von Kirche, Frankfurt a. M.

Ebertz, M.N. (2001): Wohlfahrtsverbände als intermediäre Solidaritätsschöpfer, in: K. Gabriel (Hrsg.), Dritter Sektor. Jahrbuch für Christliche Sozialwissenschaften Bd. 42, Münster 2001, 118-132.

Gabriel, K. (1992): Optionen verbandlicher Caritas im Wandel der sozialstaatlich organisierten Gesellschaft, in: Caritas. Zeitschrift für Caritasarbeit und Caritaswissenschaft 93, S. 255-263

Gabriel, K. (1996): Optionen der Caritas als kirchlicher Wohlfahrtsverband im Kampf gegen Arbeitslosigkeit, in: Caritas. Zeitschrift für Caritasarbeit und Caritaswissenschaft 97, S. 23-28.

Gabriel, K. (1997): Caritas angesichts fortschreitender Säkularisierung, in: E. Gatz (Hrsg.), Caritas und soziale Dienste. Geschichte des kirchlichen Lebens in den deutschsprachigen Ländern seit dem Ende des 18. Jahrhunderts Bd. V. Freiburg i.Br., 438-455.

Gabriel, K. (2000): Christentum zwischen Tradition und Postmoderne, Freiburg i. Br. 2000 (7. Aufl.).

Gabriel, K. (2000a): Optionen verbandlicher Caritas im Streit um die Zukunft sozialer Dienste, in: W. Krämer/K. Gabriel/N. Zöller (Hrsg.), Neoliberalismus als Leitbild für kirchliche Innovationsprozesse? Arbeitgeberin Kirche unter Marktdruck, Münster, S. 87-108.

Gabriel, K. (2003): Säkularisierung und öffentliche Religion. Religionssoziologische Anmerkungen mit Blick auf den europäischen Kontext, in: Ders.(Hrsg,), Religionen im öffentlichen Raum. Perspektiven für Europa. Jahrbuch für Christliche Sozialwissenschaften 44. Band, Münster, S. 13-36.

Gabriel, K.: (2003a): Vom Gesellschaftsvertrag zum Gerechtigkeitsdiskurs, in: Wege zum Menschen 55, S. 80-92.

Gabriel, K: (2003b): Obsiegt das amerikanische Modell? Die religiösen Wurzeln der europäischen Sozialstaaten, in: Herder Korrespondenz 57, S. 550-554.

Geller, H./Gabriel, K. (2004): AMBULANTE Pflege zwischen Familie, Staat und Markt, Freiburg i. Br.

Jagodzinski, W./ Dobelaere, K. (1993): Der Wandel kirchlicher Religion in Westeuropa, in: J. Bergmann u.a. (Hrsg.), Religion und Kultur. Sonderheft 33 der Kölner Zeitschrift für Soziologie und Sozialpsychologie, Opladen, S. 68-91;

Kaufmann, F.-X. (2002): Die freie Wohlfahrtspflege in der wohlfahrtsstaatlichen Entwicklung Europas, in: B.J. Güntert/F.-X. Kaufmann/U. Krolzik (Hrsg.), Freie Wohlfahrtspfelge und Europäische Integration, 49-67.

Klos, B. (2000): Große Träger machen mobil, in: Neue Caritas 101, S. 8-11.

Lehner, M./ Manderscheid M. (Hrsg.) (2001): Anwaltschaft und Dienstleistung. Organisierte Caritas im Spannungsfeld, Freiburg i. Br..

Lessenich, St. (2003): Dynamischer Immobilismus. Kontinuität und Wandel im deutschen Sozialmodell, Frankfurt a.M.

Olk, Th. (1995): Zwischen Korporatismus und Pluralismus: Zur Zukunft der Freien Wohlfahrtspflege im bundesdeutschen Sozialstaat, in: Th. Rauschenbach/Ch. Sachße/Th. Olk (Hrsg.), Von der Wertgemeinschaft zum Dienstleistungsunternehmen, Frankfurt a. M. 1995, 98-122.

Pankoke, E., (1984): Organisiertes Helfen, soziale Nähe und bindender Sinn, in: F. Boll/H. Junge (Hrsg.), Der Sozialstaat in der Krise?, Freiburg i. Br., S. 96-118;

Pankoke, E. (1999): „Den Menschen nahe sein": Diakonisches Engagement zwischen Macht, Geld und Sinn, in: Diakonisches Werk (Hrsg.), Diakonie ist Kirche – Zur Konfessionalität eines Wohlfahrtsverbands. Informationen und Materialien aus dem Diakonischen Werk 03, 47-59.

Pankoke, E. (2000): Subsidiäre Solidarität zwischen Markt und Staat. Der Dritte Sektor in den institutionellen Kulturen Europas, in: Universität Essen (Hrsg.), Essener Unikate 14, 68-79.

Pompey, H. (1993): Das Profil der Caritas und die Identität ihrer Mitarbeiter/-innen, in: Deutscher Caritasverband (Hrsg.), Caritas '93. Jahrbuch des Deutschen Caritasverbandes Freiburg i. Br. 1992, S.11-26.

Sachße, Ch. (2003): Subsidiarität – Leitmaxime deutscher Wohlfahrtsstaatlichkeit, in: S. Lessenich (Hrsg.), Wohlfahrtsstaatliche Grundbegriffe. Historische und aktuelle Diskurse, Frankfurt a. M., 191-212.

Perspektive Deutschland (2003): Projektbericht Perspektive-Deutschland 2002, Berlin.

Rothgang, H. (2000): Wettbewerb in der Pflegeversicherung, in: Zeitschrift für Sozialreform 46, 423-448.

Schmälzle, U. (1995): Zur diakonalen Dimension der Allensbacher Kirchenaustrittsstudie, in: Caritas. Zeitscharift für Caritasarbeit und Caritaswissenschaft 96, S. 244-255.

Schmid, J. (2001): Europäische Integration und die Zukunft der kirchlichen Wohlfahrtsverbände in Deutschland, in: K. Gabriel (Hrsg.), Herausforderungen kirchlicher Wohlfahrtsverbände. Perspektiven im Spannungsfeld von Wertbindung, Ökonomie und Politik, Berlin, 177-199.

Selbstverständnis und Aufgaben der Freien Wohlfahrtspflege in Deutschland. http://www.bagfw.de (Abruf 09.05.2005).

Wolf, Ch. (1999): Religiöse Pluralisierung in der Bundesrepublik Deutschland, in: J. Friedrichs/W. Jagodzinski (Hrsg.), Soziale Integration. Sonderheft 39 der KZfSS, Opladen/Wiesbaden, S.320-348.

Zerfaß, R. (1993): Das Proprium der Caritas als Herausforderung an die Träger, in: Deutscher Caritasverband (Hrsg.), Caritas '93. Jahrbuch des Deutschen Caritasverbandes Freiburg i. Br. 1992, S. 27-40.

Politik „guter Wohlfahrt"
im Umbruch des
„europäischen Sozialmodells":
Theologische und
ethische Grundlagen

# Politik „guter Wohlfahrt" im Umbruch des „europäischen Sozialmodells": Theologische Argumentationen im Kontext des Sozialstaatsdiskurses

Karl Bopp

## 1. KIRCHLICHE INTERESSEN AN „GUTER WOHLFAHRT" - EKKLESIOLOGISCHE SELBSTVERGEWISSERUNG

Als gewichtiger Teil der sozialstaatlich eingebundenen Wohlfahrtsverbände gerät die kirchliche Caritas leicht in Gefahr, als Teilnehmer am gesellschaftlichen Sozialstaatsdiskurs[19] einfach als beliebiger Wohlfahrtsverband mit entsprechenden Eigeninteressen wahrgenommen zu werden. Dies wird um so mehr der Fall sein, wenn sich die kirchliche Caritas beim Sozialstaatsdiskurs ausschließlich auf dieselben Argumente stützt, die auch andere Wohlfahrtsverbände und Teilnehmer an diesem Diskurs verwenden - also z.b. nur auf sozialwissenschaftliche, politisch-ökonomische oder sozialethische Begründungsmuster zurückgreift.

Kirchliche Caritas, auch in ihrer verbandlichen Form, ist jedoch grundlegend „Lebensvollzug der Kirche" (vgl. Die deutschen Bischöfe 1999); und daher muss ihr spezifischer Beitrag zum Sozialstaatsdiskurs von der kirchlichen Sendung her und deshalb auch *theologisch* bestimmt werden.

---

[19] Vgl. dazu etwa Karl Gabriel (Hrsg.): Herausforderungen kirchlicher Wohlfahrtsverbände. Perspektiven im Spannungsfeld von Wertbindung, Ökonomie und Politik, Berlin 2001.

## 1.1 Kirchliches Handeln unter der offenen Zukunft des Reiches Gottes

Die entscheidenden Maßstäbe für das kirchlich-soziale Handeln - auch im Bereich der Caritas - liefern nicht sozialpolitische oder ökonomische Plausibilitäten, auch nicht in erster Linie sozialethische und sozialwissenschaftliche Theorien, sondern zuerst die Verheißungen der Reich-Gottes-Botschaft Jesu.[20] Und eine Kernaussage dieser Botschaft liegt darin, dass die letzte, vollkommene und universale Gerechtigkeit von Gott selber am Ende der Zeiten sichergestellt wird; in dieser Welt steht die göttliche Gerechtigkeit als Verheißung da und zugleich als Kritik der realen Unheilsverhältnisse. Für das geschichtlich-soziale Handeln der Kirche erwächst daraus der Anspruch, möglichst viel an Gerechtigkeit schon in dieser Weltzeit zu verwirklichen, ohne selber die letzte, Gott vorbehaltene Gerechtigkeit machen zu wollen. Sie bildet gleichwohl die unaufgebbare Hoffnung der Kirche, die sich der Reich-Gottes-Botschaft verpflichtet weiß.

Nach Markus Knapp lässt sich Wesen und Kerngehalt der neutestamentlichen Reich-Gottes-Botschaft so zusammenfassen (vgl. 1993, S. 202-204):

1. Die Botschaft von der nahe gekommenen Gottesherrschaft ist das zentrale Thema der Verkündigung des irdischen Jesus.
2. Mit Jesu Auftreten und Wirken ist das Reich Gottes bereits Gegenwart geworden; mit seiner Person bricht also die Gottesherrschaft unwiderruflich an.
3. Die Gegenwart des Reiches Gottes zeigt sich praktisch in den konkreten Heilstaten Jesu - z.B. in seinen Dämonenaustreibungen oder Krankenheilungen; „indem er die leidende Kreatur den sie versklavenden Mächten entreißt", macht er so die Welt in all ihren Dimensionen wieder als „eine gute Schöpfung" erfahrbar.
4. Der Anbruch des Reiches Gottes bedeutet die grundlegende Erneuerung des ganzen Kosmos, der ganzen Schöpfung. Daher be-

---

[20] Vgl. Helmut Merklein: Die Gottesherrschaft als Handlungsprinzip. Untersuchung zur Ethik Jesu, Würzburg ²1981.

trifft diese Erneuerung auch den „irdisch-weltlichen Bereich" mit all seinen Dimensionen und ist keine rein jenseitige Verheißung.

5. Im Wirken Jesu hat Gott selber damit begonnen, seine „Königsherrschaft endgültig zu errichten"; d.h. die eschatologische Zukunft nimmt bereits in der Gegenwart geschichtliche Gestalt an. Insofern ist Reich Gottes eine präsentische Größe.

6. Die letzte Vollendung der Gottesherrschaft steht in der geschichtlichen Gegenwart noch aus, aber sie wird mit Gewissheit kommen. Insofern ist Reich Gottes eine grundlegend eschatologische Größe.

7. Weil sich das eschatologische Reich Gottes bereits geschichtlich manifestiert, darum unterscheidet es sich grundsätzlich von allen spiritualistischen und dualistischen Heilskonzepten, in denen das Reich Gottes nur als innerseelisch-geistige oder jenseitige Größe verstanden wird.

8. Insofern aber das Anbrechen des Reiches Gottes letztlich allein die Tat Gottes selber bleibt und sich ohne menschliches Zutun durchsetzen wird, geht das Reich Gottes auch nicht unmittelbar in sozial-politischer „guter Wohlfahrt" oder in sozialstaatlichen Qualitätsstandards auf, wenngleich der irdische Fortschritt eine „große Bedeutung für das Reich Gottes" hat (vgl. GS, Nr. 39).

9. Die mit Jesus anbrechende Gottesherrschaft relativiert die Bedeutung aller bisher geltender religiös-kultureller Vorschriften und Gesetze; als die wahre Erfüllung des Gesetzes erweist sich letztlich allein das Tun der Barmherzigkeit und Liebe (vgl. Mt 25, 31-46).

10. Angesichts der sich im Handeln Jesu bereits ereignenden Gottesherrschaft fordert Jesus von den Menschen vertrauende Offenheit - d.h. Glauben - für dieses Geschehen und Umkehr von den bisher geltenden Lebensmaximen. Entscheidend für diese Umkehr ist die „radikale Zuwendung zum Menschen" (Merklein [2]1981, S. 286) und – darauf verweist besonders die Theologie der Befreiung – parteiliche Solidarität mit den Armen und der Einsatz für „das Leben der Armen in Gerechtigkeit" (Sobrino 1998, S. 185f.).

Die Reich-Gottes-Botschaft enthält also zwar kein Patentrezept für ein konkretes sozialstaatliches Ordnungsmodell. Aber sie ist auch nicht indifferent gegenüber Fragen der sozialen Gerechtigkeit; im Gegenteil: Die Reich-Gottes-Botschaft steht für die radikale Option Gottes für das universale Heil, das allen Menschen zukommen soll. Und weil Gott auch angesichts der Realität von Schuld und Scheitern, von wirtschaftlicher und sozialer Ungerechtigkeit unbeirrbar treu[21] an seinen Heilswillen festhält, darum nennt ihn die Bibel nicht nur gerecht, sondern auch barmherzig und gnädig, „langmütig, reich an Huld und Treue" - so etwa in Psalm 86 (Ps 86,15).

So haben wir also gleichsam eine nicht mehr hintergehbare theologische Basis für die Gestaltung einer gerechten Gesellschaft; nämlich den treuen und universalen Heilswillen Gottes gegenüber allen Menschen (vgl. 1 Tim 2,4). Wer sich zum Glauben an den biblischen Gott bekennt, der darf sozialer Not und Ungerechtigkeit gegenüber niemals gleichgültig sein und der muss grundsätzlich alle Menschen in seine Solidarität miteinschließen.

### 1.2 Kirche als geschichtliches Heilssakrament
### - in bleibender Differenz zur göttlichen Gerechtigkeit

Heil im Sinne der Reich-Gottes-Botschaft meint durchaus ein ganz reales menschenwürdiges Leben in einer solidarisch verbundenen Welt; es meint die präsentische Erfahrung von „guter Wohlfahrt" in einer gerechten Gesellschaft. Aber dennoch darf kein menschliches Handeln, weder ein sozial-politisches, noch ein pastoral-caritatives, beanspruchen, diese heile Welt schlechthin machen zu können. Auch der gerechteste Sozialstaat und die beste Caritas können die Reich-Gottes-Botschaft niemals umfassend einholen.

In der nachkonziliaren Gegenwart herrscht deswegen innerkirchlich auch weitgehend Konsens darüber, dass die geschichtliche Kirche nicht mit der Wahrheit und Gerechtigkeit Gottes selber identifiziert werden darf, sondern grundlegend als sakramentale Größe verstanden werden muss. Wenngleich die Kirche im „Ur-Sakrament" Jesus Christus wurzelt, ist das geschichtliche Handeln der Kirche nicht einfach

---

[21] Vgl. Dtn 32, 4b: „Er ist ein *unbeirrbar treuer* Gott, er ist gerecht und gerade."

identisch mit dem Heilswirken Gottes selber; die Kirche ist nur - so das Konzil sehr präzise - „gleichsam das Sakrament, das heißt Zeichen und Werkzeug für die innigste Vereinigung mit Gott wie für die Einheit der ganzen Menschheit" (LG, Nr. 1).

Als sichtbares Zeichen präsentiert also die geschichtliche Kirche den unsichtbaren Gott und seinen Heilswillen in der Welt; und zugleich soll sie - selber stets neu die Vereinigung mit Gott suchend - im Geist Gottes Einheit und Solidarität unter allen Menschen stiften. Damit dies nicht nur dogmatische Behauptung bleibt, muss die jeweilige geschichtliche Kirche immer neu versuchen, auch entsprechende empirische Sozialgestalten und Handlungsformen zu entwickeln - wie etwa die vielfältigen Formen der Caritas, wodurch Liebe und Solidarität konkret erfahren werden können.[22] Nur so bleibt die theologische Aussage von „Lumen gentium" glaubwürdig, dass die Kirche ein „allumfassendes", ein „universales Heilssakrament" (vgl. LG, Nr. 48) für die ganze Menschheit ist.

Damit aber sind wir bei der entscheidenden Konsequenz, die sich aus der ekklesiologischen Lehre von der Kirche als Heilssakrament ergibt; nämlich bei der damit zusammenhängenden Qualität ekklesialer Praxis. Diese Praxisrelevanz und ganz spezifische Praxisqualität wurden bereits vom Zweiten Vatikanischen Konzil deutlich gesehen und ansatzhaft vor allem in der Pastoralkonstitution „Gaudium et spes" zur Sprache gebracht. So heißt es hier etwa, dass die Kirche bei ihrem Dienst an der Menschheit „kein irdischer Machtwille" bestimmt, „sondern nur dies eine: unter Führung des Geistes, des Trösters, das Werk Christi selbst weiterzuführen, der in die Welt kam, um der Wahrheit Zeugnis zu geben; zu retten, nicht zu richten; zu dienen, nicht sich bedienen zu lassen." (GS, Nr. 3)

Gerade als Heilssakrament Gottes ist die Kirche also in Pflicht genommen, von jeden irdischen Machtwillen Abstand zu nehmen und einen dienenden Beitrag für eine wahrhaft solidarische Gesellschaft zu

---

[22] Vgl. Andreas Lob-Hüdepohl: Gottesbekenntnis durch zivilgesellschaftliche Diakonie. Anmerkungen zum Weltauftrag von Kirche heute, in: Deutscher Caritasverband (Hrsg.), Caritas 2004. Jahrbuch des Deutschen Caritasverbandes, Freiburg 2003, 44-52.

leisten. Worin aber liegt nun das Spezifische dieses kirchlichen Weltdienstes?

## 2. Das Spezifikum des kirchlichen Weltdienstes
### - geformt aus einem doppelten Dialog

Der kirchliche Weltdienst ist im theologischen Sinn nur dann gut, wenn er die geschichtliche Zukunft im Sinne Gottes offen hält und Spielräume für die je größere Gerechtigkeit und Barmherzigkeit Gottes schafft. Nur so kann er sich gerade auch im Umbruch des europäischen Sozialmodells als kritische Norm und geistige Sozialressource neu bewähren und die ganz andere Wirklichkeit des Reiches Gottes unter den veränderten Bedingungen bekennen und bezeugen.[23]
In den freien und kulturell wie religiös pluralen Gesellschaften des neuen Europa entsteht hier jedoch ein grundsätzliches Problem; denn die binnenkirchliche Überzeugung vom Kommen der Gottesherrschaft und ihrer ganz neuen Gerechtigkeit ist im säkularen sozialpolitischen Diskurs alles andere als plausibel und konsensfähig.

### 2.1 Die wichtige Unterscheidung zwischen Bekennen nach Innen und Bezeugen nach Außen

Für die Glaubens-Kommunikation innerhalb dieser pluralen Gesellschaft muss die Kirche heute eine wichtige Unterscheidung treffen: Die eigene Binnenkommunikation kann nicht mehr mit der Außenkommunikation identisch sein; dann was nach Innen für die Glaubensgemeinschaft selber plausible Botschaften und Handlungsformen sind, das wird in der pluralen Gesellschaft oft unverständlich oder unakzeptabel sein. Wo Kirche und Gesellschaft also nicht mehr deckungsgleich sind, müssen auch die elementaren Handlungen des Glaubens, das Bekennen und Bezeugen, wieder deutlicher auseinander treten.

---

[23] Vgl. dazu Edmund Arens: Christopraxis. Grundzüge theologischer Handlungstheorie, Freiburg u.a. 1992, bes. 131-149.

Ganz in diesem Sinn hat Edmund Arens das „Bekennen" als die Kommunikationsform nach Innen und das „Bezeugen" als die Kommunikationsform nach Außen bestimmt (1992, S. 131ff.). Während sich im gottesdienstlichen, lehrenden und situativen *Bekennen* die gemeinsame Überzeugung der Glaubenden, also ein innerer Glaubenskonsens artikuliert, zielt die Handlungsform des *Bezeugens* grundlegend „auf Überzeugen": Die Inhalte der Reich-Gottes-Botschaft sollen in kommunikativer Absicht als entscheidende Lebenswahrheiten gerade für Nichtglaubende beispielhaft vorgelebt und auch kognitiv plausibel gemacht werden. Neben dem *missionarischen* Bezeugen (vgl. Arens 1992, S. 131-133) kommt hier besonders dem *diakonischen*, *prophetischen* und *pathischen* Bezeugen (vgl. Arens 1992, S. 133f.) eine große und unverzichtbare Bedeutung zu; denn die Reich-Gottes-Botschaft verlangt von ihrem Wesen her sowohl nach konkreten Taten der Liebe und Solidarität (Diakonie), wie auch nach kritischer Gegenwartsansage und entsprechend zur Umkehr rufenden und anklagenden Worten und Symbolhandlungen (Prophetie), was nicht selten in die Nähe des Martyriums, d.h. des Leidens (Pathie) führt.

## 2.2 Kirchliche Politik „guter Wohlfahrt" aus dem Dialog mit Gott und Welt

Wenn ich recht sehe, muss also die Kirche - und damit auch die kirchliche Caritas - für ihren spezifischen Beitrag zu einer Politik „guter Wohlfahrt" einen doppelten Dialog führen: Als Teil dieser Welt kann sie nicht jenseits der weltlichen Bedingungen handeln und braucht daher den Dialog mit der jeweiligen Gesellschaft und den hier entwickelten säkularen Sozialstaatskonzepten mit ihren Rationalitäten.[24] Andererseits braucht sie zur Bewahrung ihrer eigenen Identität als

---

[24] Vgl. etwa Franz-Xaver Kaufmann: Herausforderungen des Sozialstaats, Frankfurt/M. 1997.

Volk Gottes ebenso unverzichtbar den Dialog mit Gott und seiner Reich-Gottes-Verheißung.[25] Idealtypisch vollzieht sich dieser doppelte Dialog in einem Kreismodell von vier integralen Handlungsvollzügen:

Die Grundfunktionen christlicher Pastoralgemeinschaft

(z.B. als christliche Gemeinde, kirchlicher Verband oder sonstige kirchliche Sozialgestalt)

| **Bezeugen** <br> **- im Dialog mit der Welt:** <br> *(Außendimension der Kirche)* <br> Gott und seine Heils-Wahrheit in der Welt bezeugen durch: <br><br> ▪ Verkündigung des Evangeliums <br> ▪ Diakonie <br> ▪ Prophetisches und pathisches Zeugnis | **Bekennen** <br> **- im Dialog mit Gott:** <br> *(Innendimension der Kirche)* <br> Als Koinonia von Schwestern und Brüdern den Glauben bekennen und feiern durch: <br><br> ▪ Liturgie <br>   (Gebet/Feier der Sakramente) <br> ▪ Lehramtliches Bekennen <br>   (Dogmen) <br> ▪ Situatives Bekennen |

---

[25] Das Argumentationspapier des Zentralratsausschusses „Sozialpolitik und Wohlfahrtspflege" mit dem Titel „Weg zu einer kohärenten sozial- und wohlfahrtspolitischen Gesamtposition des DCV" (abgedruckt in: neue caritas 106[2005], H. 2, 27-39) reflektiert zwar immerhin auf das „Kirchliche(s) Selbstverständnis" des DCV (ebd., 29) und erwähnt auch einschlägige kirchliche Wertoptionen wie Anwaltschaft oder das Subsidiaritätsprinzip, aber es wird hier nicht darauf eingegangen, wie gerade diese spezifischen Werttraditionen immer wieder neu im Verband selber angeeignet und aktualisiert werden können.

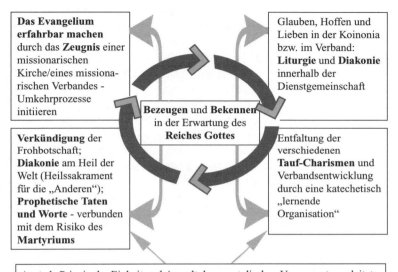

| Das Evangelium erfahrbar machen durch das **Zeugnis** einer missionarischen Kirche/eines missionarischen Verbandes - Umkehrprozesse initiieren | **Bezeugen und Bekennen** in der Erwartung des **Reiches Gottes** | Glauben, Hoffen und Lieben in der Koinonia bzw. im Verband: **Liturgie** und **Diakonie** innerhalb der Dienstgemeinschaft |
| --- | --- | --- |
| **Verkündigung** der Frohbotschaft; **Diakonie** am Heil der Welt (Heilssakrament für die „Anderen"); **Prophetische Taten und Worte** - verbunden mit dem Risiko des **Martyriums** | | Entfaltung der verschiedenen **Tauf-Charismen** und Verbandsentwicklung durch eine katechetisch „lernende Organisation" |

**Amt** als Prinzip der Einheit und Anwalt der apostolischen Ursprungstreue leitet - schützt - animiert - korrigiert - versöhnt - **subsidiär-dienend** diese Prozesse

### 2.2.1 Kirche als missionarische Größe in der Zivilgesellschaft

(Graphik: Block links oben)
Das Bezeugen der christlichen Koinonia - z.B. des Caritasverbandes - findet als geschichtliches Handeln immer in einem konkreten soziokulturellen und politischen Kontext statt, dem die jeweilige Koinonia selber angehört. Die Kirche steht also nicht außerhalb oder gegenüber der Welt, sondern sie trägt, so das 2. Vatikanische Konzil sehr realistisch, „in ihren Sakramenten und Einrichtungen, die noch zu dieser Weltzeit gehören, die Gestalt dieser Welt, die vergeht, und zählt selbst so zu der Schöpfung, die bis jetzt noch seufzt und in Wehen liegt und die Offenbarung der Kinder Gottes erwartet (vgl. Röm 8,19-22)." (LG, Nr. 48)
Wenn die geschichtliche Kirche also Teil dieser Welt ist, so muss sie sich im sozialen Wandel der Gesellschaft je neu über ihre konkrete soziale Verortung und inhaltliche Positionierung Rechenschaft geben. Im Kontext einer freien und pluralen Gesellschaft kann nicht mehr der Staat bzw. der allgemeine öffentlich-politische Diskurs - z.B. auf EU-

Ebene - die Relevanz und Gültigkeit kirchlicher Überzeugungen sichern. Gleichwohl gibt es auch heute einen passenden sozialen Ort, wo sich religiöse Wahrheiten öffentlich Gehör verschaffen können; nämlich im freien Diskurs innerhalb des sogenannten Dritten Sektors[26], wo sie sich allerdings neben anderen Wahrheiten und Überzeugungen behaupten und bewähren müssen.[27]

Als offener und pluraler Handlungsraum wird der Dritte Sektor, auch Zivilgesellschaft genannt, von sehr unterschiedlichen Gruppen besetzt. Idealtypisch könnte man hier drei Bereiche unterschieden:
1. Gesellschaftliche Verbände/Gruppen/Bewegungen mit politischen, sozialethischen und kulturellen Anliegen (säkularer Teil)
2. Religionsgemeinschaften/christliche Kirchen/geistliche Bewegungen/sonstige religiöse Gruppen mit religiösen, spirituellen und moralischen Anliegen (religiöser Teil)
3. Medien und Kulturinstitutionen als plurale präsentative Bedeutungsträger, kritische Beobachter und oft auch „kolonialisierte" Interessensvertreter anderer Systeme, wie des Wirtschaftssystems oder der Politik.

Die Position der Kirche in der Zivilgesellschaft lässt sich graphisch so darstellen:

---

[26] Vgl. Karl Gabriel (Hrsg.): Jahrbuch für Christliche Sozialwissenschaften, 42. Band: Der Dritte Sektor, Münster 2001.
[27] Vgl. dazu Karl Gabriel: Religionen im öffentlichen Raum, in: Theologisch-Praktische Quartalschrift 152(2004), H. 4, 394-407, hier bes. 397-400 mit Bezug auf Thesen von José Casanova.

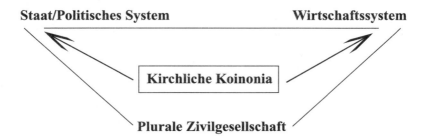

Um jedoch am Handlungsfeld der Zivilgesellschaft teilhaben zu können, muss die kirchliche Koinonia deren Grundstrukturen respektieren - vor allem Pluralität, Autonomie und Öffentlichkeit.[28] Dies sind gleichsam die Rahmenbedingungen, denen jeder zivilgesellschaftliche Akteur unterworfen ist. Angesichts dieser Herausforderung ist an eine wichtige Weichenstellung des 2. Vatikanischen Konzils zu erinnern: „Das II. Vatikanum hat", so Rainer Bucher, „in seinen Kirchenkonstitutionen einen pluralismus- und daher zukunftsfähigen Entwurf von Kirche vorgelegt. In *Lumen gentium* entwickelt es seine Ekklesiologie auf der Basis der Berufung aller Menschen durch Gott in Christus. Das Konzil denkt die Kirche von ihren Mitgliedern her und somit als eine plurale Gegebenheit. ...
Mit *Gaudium et spes* bekennt sich die Kirche zur Möglichkeit und Notwendigkeit, Wahrheiten ihrer eigenen Tradition von der Situation eben dieser Welt her neu zu entdecken. 'Ja selbst die Feindschaft ihrer Gegner und Verfolger, so gesteht die Kirche, war für sie sehr nützlich und wird es bleiben.' (GS 44) Das Konzil hat die Welt, die Gesellschaft, den einzelnen, den Armen als den Ort entdeckt, an dem es um die Kirche selber geht, wo Gott sie ruft, seinen Ruf zu hören und daher zu verkünden. Die notwendige Pluralität der Kirche ist daher keine Konsequenz des Liberalismus, sondern ihres evangelisatorischen Wesens." (Nothelle-Wildfeuer 1999, S. 100).

---

[28] Vgl. Ursula Nothelle-Wildfeuer: Soziale Gerechtigkeit und Zivilgesellschaft, Paderborn-München-Wien-Zürich 1999, 122-124.

Und gerade eine solch plurale und weltoffene Kirche kann auf vielfältige Art und Weise innerhalb der pluralen Zivilgesellschaft tätig werden - allerdings mit folgender Einschränkung: Sie darf als zivilgesellschaftlicher Akteur kein Wahrheits- und Wertmonopol für die ganze Gesellschaft beanspruchen, sondern muss inmitten von unterschiedlichen, pluralen Werten und Handlungsmustern ihre Botschaft verständlich und glaubwürdig zu Gehör bringen. Dies bedeutet keine Relativierung des eigenen Glaubens mit dem damit verbundenen Absolutheitsanspruch seiner Wahrheit, sondern nur die Respektierung der gleichen Freiheits- und Wahrheitsrechte anderer Teilnehmer im Raum der Zivilgesellschaft.

### 2.2.2 Binnenkirchliche Bekenntnisprozesse zur Stärkung der eigenen Identität

(Graphik: Blöcke rechts oben und unten)

Zu diesem Außendialog mit der Welt muss aber notwendigerweise auch der Dialog mit Gott in der Gemeinschaft der Glaubenden hinzukommen - nicht als hermetisch geschlossene Binnenkommunikation, sondern als von der Fragen der Welt herausgeforderte offene Suche nach dem Willen Gottes im Hier und Heute:

a) Im gemeinsamen Glauben, Hoffen und Lieben versucht die Koinonia - hier der Caritasverband - die Reich-Gottes-Hoffnung zu leben. Dazu muss innerverbandlich eine angemessene Kultur der Liturgie entwickelt werden, die neben der Eucharistiefeier auch andere Gottesdienstformen umfasst, um sich selber immer wieder neu an die Gerechtigkeit Gottes erinnern zu lassen und ihre Relevanz für heute zu bekennen. Welches Potential an diakonischer und prophetischer Spiritualität etwa in der Liturgie steckt, kann hier mit Verweis auf das Magnifikat (Lk 1,46-55) nur angedeutet werden.

b) Die in der Liturgie erinnerte und gefeierte Liebe, Gerechtigkeit und Barmherzigkeit Gottes („memoria") muss täglich neu in der Dienstgemeinschaft der Mitarbeiterinnen und Mitarbeiter als Solidargemeinschaft auch erfahrbar gemacht werden.

c) Weiter muss ein kirchlicher Verband auch katechetische Sozialräume anbieten, also zum geistlichen Lernraum werden, damit die einzelnen Mitarbeiterinnen und Mitarbeiter ihre in der Taufe von

Gott geschenkten Charismen (geistlichen Begabungen) entdecken und entfalten können. Aber auch nichtchristliche Mitarbeiterinnen und Mitarbeiter müssen grundsätzlich als geistbegabt anerkannt und entsprechend wertgeschätzt werden. Mit Hilfe dieser Charismen kann dann erst ein qualifizierter Weltdienst geleistet werden.

### 2.2.3 Qualifizierter kirchlicher Dienst an der Gesellschaft aus der Kraft des Glaubens

(Graphik: Block links unten)
In der je konkreten Gesellschaftssituation bezeugt der so durch Charismen qualifizierte kirchliche Caritasverband symbolisch-sakramental seine Reich-Gottes-Hoffnung nach Außen - in der Welt - durch Verkündigung der Frohbotschaft Christi, durch Diakonie an der Welt und durch prophetische Taten und Worte - ohne Angst vor dem Martyrium.
Die konkreten Chancen der Kirche ganz allgemein im Kontext der modernen Zivilgesellschaft sind dabei vielfältig. Nach Heinrich Bedford-Strohm kann sich die Kirche etwa „als unabhängige und kritische Stimme an den Debatten in der Zivilgesellschaft ... beteiligen." Sie kann auf „der Gesprächsgrundlage des Evangeliums und seiner gemeinschaftsstiftenden und orientierenden Kraft ... Konsense vorbereiten, die für die Gesellschaft insgesamt zukunftsweisende Bedeutung haben." Sie „birgt ein weit verzweigtes Netzwerk an Gemeinschaften, deren zivilgesellschaftliches Potential es zu nutzen gilt." In den weltweiten kirchlichen „Zusammenschlüssen, sei es unter dem Dach des ÖRK (Ökumenischer Rat der Kirchen; Ergänzung K.B.) oder des Vatikan", bietet sich „ein ganz ungewöhnliches Potential der Vorreiterschaft in Richtung auf eine weltweite Zivilgesellschaft." Weiter leistet die Kirche durch ihre „öffentlich relevanten Wertorientierungen" einen wichtigen Dienst „bei der Regeneration der moralischen Ressourcen der Gesellschaft". „Ein ganz spezifischer Beitrag ... speist sich aus einem Kernaspekt ihrer Botschaft: der befreienden Kraft der Vergebung. Dass Fehlverhalten ohne Beschönigung als »Sünde« benannt, dann aber auch vergeben werden kann, ist eine Vorstellung, die in ihrer Relevanz weit über den individuellen Bereich hinausgeht" (Bedford-Strohm 1999, S. 455-460).

Im Hinblick auf den aktuellen sozialstaatlichen Diskurs bieten sich der Kirche und der kirchlichen Caritas folgende Möglichkeiten[29]:

- Kirche kann eine *sensitive Funktion* in der Gesellschaft übernehmen, indem sie ihre vom Evangelium geprägte Situationswahrnehmung ins Spiel bringt und sich zum Anwalt der Armen und Schwachen macht. Das spezifische Potential des Caritasverbandes läge hier darin, dass er über eine sozialwissenschaftliche Gesellschaftsanalyse hinaus den Blick der jesuanischen Barmherzigkeit wagt; d.h. dass er mehr zu sehen wagt, als Sozialgesetze und fachliche Standards vorschreiben. Das hier Gemeinte beschreibt Joachim Gnilka so: „Was in Wahrheit gefordert ist, ist nicht im Gesetz nachzulesen. Die Liebe eröffnet neue Einsichten, neue Horizonte, läßt Notwendigkeiten einsehen, die das Gesetz übersieht, erblickt den Niedergeschlagenen am Weg mit herzlichem Mitleid und übersieht, daß es der Feind ist." (1990, S. 249).
- Kirche kann *demonstrative Funktionen* ausüben, indem sie in der Öffentlichkeit Zeugnis ablegt für den universalen Heilswillen Gottes und für eine gerechte Gesellschaft und wirklich nachhaltige Politik in Sinne der „sustainable development"[30] eintritt. Hier müsste die Kirche vor allem ihre doppelte Zukunftsperspektive (Futurum-Adventus) spirituell fruchtbar machen: Weil das letzte Wort über die geschichtliche Zukunft (Futurum) schon gesprochen ist und der „Adventus" Gottes den Sieg der Gerechtigkeit garantieren wird, könnte z.B. der Caritasverband ohne sozialpolitisches Taktieren viel entschiedener als andere Gruppen für soziale Gerechtigkeit im Hier und Jetzt eintreten und eine radikale Option für die Schwachen wagen.
- Kirche kann *Problemlösungsfunktionen* übernehmen, indem sie sich mit ihren sozialethischen Positionen an der politischen Diskussion beteiligt und durch ihre Diakonie konkrete Hilfe in indi-

---

[29] Die folgenden Punkte sind formuliert in Anlehnung an Ursula Nothelle-Wildfeuer: Soziale Gerechtigkeit und Zivilgesellschaft, Paderborn-München-Wien-Zürich 1999, 240.

[30] Vgl. dazu BUND/MISEREOR (Hrsg.): Zukunftsfähiges Deutschland. Ein Beitrag zu einer global nachhaltigen Entwicklung, Basel-Boston-Berlin 1996, 24-26.

viduellen und strukturell bedingten Nöten leistet. Aber bei aller hier anzustrebenden Fachlichkeit und Qualität müsste sich gerade die verbandliche Caritas dabei immer bewusst sein, dass in der Perspektive der Reich-Gottes-Hoffnung alle noch so professionell erarbeiteten Lösungsbeiträge vorläufig sind und dass die letzte Gerechtigkeit noch aussteht.

- Kirche kann auch *Kontrollfunktionen* ausüben, indem sie von der Reich-Gottes-Botschaft her prophetische Gesellschaftskritik betreibt und die universale Achtung der Menschenwürde einklagt. Dabei müsste der Caritasverband vor allem die Perspektive der je größeren Gerechtigkeit und Barmherzigkeit Gottes ins Spiel bringen, um festgefahrene Plausibilitäten säkularer Sozialstaatsdiskurse immer neu kritisch aufzubrechen; z.B. müsste er gegen nationalstaatlich bzw. europäisch verengte Lösungskonzepte auf universaler Solidarität bestehen oder statt auf ökologisch bedenkliche Wachstumsideologien zu setzen, müsste er wirklich nachhaltige und schöpfungsverträgliche Gesellschaftskonzepte entwickeln.

## 3. THEOLOGISCHE OPTIONEN FÜR EINE POLITIK „GUTER WOHLFAHRT" - ZWEI THESEN:

*1) Die mit politisch-ökonomischer Rationalität geplante Zukunft (Futurum) der jetzt Lebenden muss durch die Erwartung der je größeren Zukunft Gottes und seiner Gerechtigkeit (Adventus) immer neu offengehalten und relativiert werden, damit nicht unter der Hand kontingente menschliche Zukunftsprojekte Absolutheitscharakter gewinnen und damit zu Götzen werden, denen die Lebensinteressen der politisch und ökonomisch Machtlosen buchstäblich geopfert werden.*

Mit Hilfe der menschlichen Vernunft und dem Gebrauch von Wissenschaft und Technik versuchen die westlichen Gesellschaften seit der Neuzeit, eine immer bessere und möglichst leidfreie Welt zu schaffen. Am Ende der Moderne wird die eigene Lebenszeit buchstäblich zur einzigen und „letzten Gelegenheit"[31], um das eigene Heil zu sichern. In einer derartigen kurzen Zukunftsperspektive geraten aber alle politischen und persönlichen Lebensprojekte in einen problematischen Erfolgszwang; denn der Einsatz lohnt sich nur für die Ziele, die in absehbarer Zeit erreichbar scheinen.

Gegen diese kurzfristigen und individualisierten Zukunftsentwürfe, die immer mehr in einen zynischen Egoismus der wenigen Erfolgreichen auszuarten drohen und die die Armen und die kommenden Generationen zunehmend aus der menschlichen Solidarität ausschließen, rechnet der jüdisch-christliche Glaube mit einer ganz anderen Zukunft, wo die Gerechtigkeit und Barmherzigkeit Gottes das letzte Wort haben. Mit diesem Zukunftsentwurf bringt der Glaube eine ebenso befreiende wie kritische Hoffnungsperspektive ins Spiel. Weil die Zukunft über das menschlich Machbare hinaus offengehalten wird, gibt es auch Zukunft für die Opfer von gegenwärtiger Ungerechtigkeit - aber auch eine Verantwortung (theologisch: „ein Endgericht") für alle Unterdrücker und Ausbeuter; und weil die geschichtlichen Zukunftsmodelle von Gott her stets neu relativiert werden, entsteht erst der politische Gestaltungsraum, um jenseits von Gewalt und Zynismus nach besseren Alternativen zu suchen.

*2) Bei aller grundsätzlichen Berechtigung von Markt und Wettbewerb im Kontext der Globalisierung[32] erinnert der christliche Glaube stets neu an das Grundgesetz des biblischen Gottes, an die „Compassion" - d.h. an das solidarische Mitleiden, an die Mitsorge für jeden Menschen, der in Not ist.*

Mit Blick auf die durch die Globalisierung ausgelöste Verschiebung der „Machtverhältnisse" zwischen den Produktionsfaktoren Arbeit und Kapital „zugunsten der Kapitalseite" meint Franz-Xaver Kaufmann: „Nicht mehr politischer, sondern ökonomischer Übermut scheint die Gefahr der absehbaren Zukunft zu sein." (2002, S. 296).

---

[31] Vgl. dazu Marianne Gronemeyer: Das Leben als letzte Gelegenheit, Darmstadt ²1996.

[32] Vgl. dazu das Kap. „Sozialstaat und Globalisierung" in: Franz-Xaver Kaufmann: Sozialpolitik und Sozialstaat. Soziologische Analysen, Opladen 2002, 292-296.

Gegen diesen drohenden Übermut wandte sich schon früh der ehemalige deutsche Bundeskanzler Willy Brandt; in einer am 12. Oktober 1972 in Dortmund gehaltenen Rede findet sich folgende bemerkenswerte und auch für heute hochaktuelle Textpassage: „Unsere Gesellschaft hat sich ein neues Selbstbewußtsein erarbeitet, es ist durch Leistung erdient. Wir denken nicht daran, die Leistung zu verachten. Doch sie kann ihren Sinn nicht in sich selbst finden. Wir vergessen nicht, was ihr eigentlicher Maßstab ist: die Sorge für die, denen der Atem ausgeht; für die vielen, deren Leben noch immer Mühsal und Last ist, die wir in der Verkrampfung unserer Energien zu oft erschöpft am Wegrand des Fortschritts zurücklassen. ... Für John F. Kennedy und seinen Bruder Robert gab es ein Schlüsselwort, in dem sich ihre politische Leidenschaft sammelte ...: es heißt «compassion». Die Übersetzung ist nicht einfach Mitleid, sondern: die Bereitschaft, mitzuleiden; die Fähigkeit, barmherzig zu sein, ein Herz für den anderen zu haben. ... ich sage Ihnen und ich sage den Bürgern und Bürgerinnen unseres Volkes: Habt den Mut zu dieser Art Mitleid. Habt Mut zur Barmherzigkeit!"[33]

In diesem Aufruf erinnert der Sozialdemokrat Willy Brandt an eine der wertvollsten Traditionen der jüdisch-christlichen Religion, an die Barmherzigkeit[34]. Im Wort der beiden großen christlichen Kirchen „zur wirtschaftlichen und sozialen Lage in Deutschland" von 1997 wird diese Tradition so beschrieben: „Die Kirchen haben in der biblischen und christlichen Tradition einen reichen Schatz, der wie in der Vergangenheit so auch in der Zukunft kulturprägend wirksam gemacht werden kann. Sie stehen für eine Kultur des Erbarmens. Die Erfahrung des Erbarmens Gottes, von der Befreiung Israels aus Ägypten an, ist in der Bibel die Grundlage für das Doppelgebot der Gottes- und Nächstenliebe. Den Blick für das fremde Leid zu bewahren ist Bedingung aller Kultur. Erbarmen im Sinne der Bibel stellt dabei kein zufälliges, flüchtig-befristetes Gefühl dar. Die Armen sollen mit Ver-

---

[33] Hier zitiert nach Eugen Kogon: Liebe - einfach und paradox, in: Walter Jens (Hrsg.), Der barmherzige Samariter, Gütersloh 1977, 116-124, hier 123f.
[34] Vgl. Karl Bopp: Barmherzigkeit im pastoralen Handeln der Kirche, München 1998.

lässlichkeit Erbarmen erfahren. Dieses Erbarmen drängt auf Gerechtigkeit." (Kirchenamt der EKD/Sekretariat der DBK 1997, Nr. 13).

## 4. LITERATUR

Arens, Edmund (1992): Christopraxis. Grundzüge theologischer Handlungstheorie, Freiburg.

Bedford-Strohm, Heinrich (1999): Gemeinschaft aus kommunikativer Freiheit. Sozialer Zusammenhalt in der modernen Gesellschaft, Gütersloh.

Bopp, Karl (1998): Barmherzigkeit im pastoralen Handeln der Kirche, München.

Bucher, Rainer (1999): Pluralität als epochale Herausforderung, in: Herbert Haslinger (Hrsg.), Handbuch Praktische Theologie. Band 1: Grundlegungen, Mainz, S. 91-101.

BUND/MISEREOR (1996) (Hrsg.): Zukunftsfähiges Deutschland. Ein Beitrag zu einer global nachhaltigen Entwicklung, Basel-Boston-Berlin.

Die Deutschen Bischöfe (1999): Caritas als Lebensvollzug der Kirche und als verbandliches Engagement in Kirche und Gesellschaft, Bonn.

Gabriel, Karl (2001) (Hrsg.): Herausforderungen kirchlicher Wohlfahrtsverbände. Perspektiven im Spannungsfeld von Wertbindung, Ökonomie und Politik, Berlin.

Gabriel, Karl (2001) (Hrsg.): Jahrbuch für Christliche Sozialwissenschaften, 42. Band: Der Dritte Sektor, Münster.

Gabriel, Karl (2004): Religionen im öffentlichen Raum, in: Theologisch-Praktische Quartalschrift 152, S. 394-407.

Gnilka, Joachim (1990): Jesus von Nazaret. Botschaft und Geschichte, Freiburg-Basel-Wien.

Gronemeyer, Marianne ($^2$1996): Das Leben als letzte Gelegenheit, Darmstadt.

Kaufmann, Franz-Xaver (1997): Herausforderungen des Sozialstaats, Frankfurt/M.

Kaufmann, Franz-Xaver (2002): Sozialpolitik und Sozialstaat. Soziologische Analysen, Opladen.

Kirchenamt der EKD/Sekretariat der DBK (1997) (Hrsg.): Für eine Zukunft in Solidarität und Gerechtigkeit, Bonn-Hannover.

Knapp, Markus (1993): Gottesherrschaft als Zukunft der Welt. Biblische, theologiegeschichtliche und systematische Studien zur Grundlegung einer Reich-Gottes-Theologie in Auseinandersetzung mit Jürgen Habermas' Theorie des kommunikativen Handelns, Würzburg.

Lob-Hüdepohl, Andreas (2003): Gottesbekenntnis durch zivilgesellschaftliche Diakonie. Anmerkungen zum Weltauftrag von Kirche heute, in: Deutscher

Caritasverband (Hrsg.), Caritas 2004. Jahrbuch des Deutschen Caritasverbandes, Freiburg, S. 44-52.

Merklein, Helmut ($^2$1981): Die Gottesherrschaft als Handlungsprinzip. Untersuchung zur Ethik Jesu, Würzburg.

Nothelle-Wildfeuer, Ursula (1999): Soziale Gerechtigkeit und Zivilgesellschaft, Paderborn-München-Wien-Zürich.

Sobrino, Jon (1998): Christologie der Befreiung. Bd. 1, Mainz.

# Strategien der Anerkennung.
## Zur sozialethischen Systematik der Freien Wohlfahrtspflege

Christian Spieß

Wenn sich eine christliche Sozialethik auf die intermediäre Ebene der Freien Wohlfahrtspflege bezieht, argumentiert sie zugleich selbst auf einer intermediären Ebene, gewissermaßen zwischen Sozial- und Individualethik, jedenfalls wenn man Sozialethik als Strukturenethik und Individualethik als Ethik individuellen Handelns versteht. Sozialethische Reflexionen auf das Selbstverständnis und auf das Verständnis ‚guter Wohlfahrt' der Träger Freier Wohlfahrtspflege können weitgehend in die Formulierung normativer Grundsätze in der Persepktive der ersten Person Plural münden, ohne die Legitimationslast der Begründung ‚allgemein gültiger Normen' tragen zu müssen: *Wir* orientieren unser Selbstverständnis und unser Handeln an einem bestimmten Verständnis vom Menschen. *Wir* speisen dieses Verständnis vom Menschen in die öffentlichen Diskurse ein, nicht weil wir es für einzig richtig, aber doch weil wir es für plausibel und angemessen halten. Es muss nur gezeigt werden, dass *unsere* partikulare Moralität ‚guter Wohlfahrt' nicht mit den Prinzipien des Rechten konfligiert, sondern diesen dient. Damit ist die Idee, dass es „jenseits dieser Moralität möglicherweise ein gemeinschaftliches Ideal der Humanität gibt" (Benhabib 1995, 59), nicht aufgegeben – die Frage stellt sich hier aber nicht.

Stattdessen stellt sich *erstens* die Frage, wie Auftrag und Tätigkeit eines christlichen Wohlfahrtsverbands sozialethisch – als partikulare Moralität ‚guter Wohlfahrt' – zu begründen und – als Beitrag zur Realisierung universeller Rechte – zu legitimieren sind (1). Die zweite Frage zerfällt gemäß der doppelten Tätigkeits- und Aufgabenbestimmung der Caritas in zwei Teile, deren erster die unmittelbaren sozialen Dienstleistungen des Wohlfahrtsverbands und deren zweiter dessen anwaltschaftlichen Auftrag betrifft: Für den ersten Bereich werde ich Orientierungsmerkmale für eine Konzeption ‚guter Wohlfahrt' vorschlagen (2.1), für den zweiten Bereich die Möglichkeit der Realisierung des anwaltschaftlichen Auftrags im Rahmen des demokratischen Verfassungsstaats erörtern (2.2). Schließlich verweise ich im Rahmen einer kurzen Zusammenfassung auf eine merkwürdige Analogie von normativem Diskurs und ökonomischem Wettbewerb, wenn auf der intermediären Ebene Freier Wohlfahrtspflege die normative Idee des ‚christlichen Menschenbildes' als Zusatzqualifikation zum Wettbewerbsfaktor wird (2.3).

## 1. Die moralische Autorität des Bedürftigen

Ein durchgängiges Motiv der Evangelien des Neuen Testaments ist, dass von Kranken und Außenseitern eine moralische Autorität auszugehen scheint, die zum Handeln auffordert: In der Begegnung ‚bedauert' Jesus Kranke, ‚erbarmt sich ihrer'. Auch der Barmherzige Samariter ‚erbarmt' sich des unter die Räuber Gefallenen, schleppt ihn in die Herberge und wird ihm dadurch zum Nächsten. Die Erfahrung von Zuwendung durch Jesus und später durch die frühen Gemeindemitglieder prägt die im Neuen Testament zusammengefasste Literatur.
Natürlich beziehe ich mich im Folgenden nicht weiter auf die Heilige Schrift. Vielmehr werde ich einerseits in einigen vorsichtigen anthropologischen Überlegungen zeigen, welche Formen moralischer Verletzungen von Personen unter welchen intersubjektiven Voraussetzungen die Rede von einer ‚moralischen Autorität' erlauben (1.2), sowie andererseits Handlungsebenen differenzieren, auf denen dieser moralischen Autorität entsprochen werden kann (1.3). Ich beziehe mich zunächst kurz auf die Anerkennungstheorie Hegels[35] in ihrem historischen Kontext (1.1) und anschließend auf deren Rezeption in der

---

[35] Mit der Anerkennungstheorie Hegels ist in aller Regel jenes verzweigte und etwas unübersichtliche Programm gemeint, das Hegel im ersten Jahrzehnt des 19. Jahrhunderts noch in Jena entwickelt hat. Es ist zu rekonstruieren über die folgenden Schriften Hegels: System der Sittlichkeit (1967a); System der spekulativen Philosophie (1986a); Jenaer Realphilosophie (1969); ferner: Teile der Jenaer Schriften 1801-1807 (1986b); Jenaer Realphilosophie/Vorlesungsmanuskripte (1967b).

politischen Philosophie der Gegenwart (vgl. Siep 1979; Wildt 1982, insbes. 336-370; Honneth 2003a).

### 1.1 Selbsterhaltung und Anerkennung

Die frühe neuzeitliche Sozialphilosophie reflektiert die Herauslösung des Menschen aus den Bindungen des sozialen Rahmens eines politischen Gemeinwesens, das vormals selbstverständlich als sittliche Gemeinschaft verstanden wurde, in der *bonum commune* und *bonum proprium* verschränkt waren. Vor dieser Herauslösung war es die Aufgabe der politischen Wissenschaft, diejenige sittliche Ordnung zu bestimmen, in der das Leben der Einzelnen einen guten Verlauf nehmen konnte. Auf der Grundlage einer starken Konzeption des guten Lebens waren Gesetze und Institutionen zu entwickeln: Die rechtliche Ordnung war auf das gemeinsame Gute hinzuordnen und entsprechend von den politischen Autoritäten zu promulgieren. Auf diese Weise ermöglichte die Politik dem auf die sittliche Gemeinschaft der Polis oder Civitas angewiesenen *zoon politikon/animal sociale* [*et politicum*] die Entfaltung der sozialen Bestimmung seiner menschlichen Natur.

Zweifel an dieser Konzeption dürften vor allem aufgrund des ökonomischen Strukturwandels aufgekommen sein, der zugleich Ausgangspunkt für die Auflösung traditionaler Strukturen und sittlicher Bindungskräfte war. In der sozialphilosophischen Reflexion wurde der Mensch nun zunehmend als *Individuum* bzw. als *Subjekt* verstanden. *Machiavelli* fasste den Menschen als egozentrisches, auf Strategien der Vorteilsmaximierung fixiertes, im ständigen Konkurrenzkampf, im Zustand permanenten gegenseitigen Misstrauens stehendes Wesen (Machiavelli 1978). Dieses neue Paradigma des *Kampfes um Selbsterhaltung* bildete in der Mitte des 17. Jahrhunderts die Grundlage für die Vertragstheorie Thomas *Hobbes'*. Der Mensch zeichnet sich bei Hobbes zunächst durch die Fähigkeit der *Vorsorge* aus. In der Begegnung mit anderen Menschen, die sämtlich die Sicherung ihres eigenen Wohlergehens beabsichtigen, wird die eigene Vorsorge notwendig prekär: Jeder ist zur Ausweitung seines eigenen Machtpotenzials gezwungen, um mögliche Angriffe anderer (in der Zukunft) abwehren zu können. Die Folge ist bekanntlich das *bellum omnium contra omnes* der Naturzustandskonzeption des Hobbesschen Kontraktualismus. Der Kampf um Selbsterhaltung wurde in der Gestalt des Gesellschaftsvertrags als (hypothetisches) Übereinkommen mehr oder weniger eigennutzorientierter Naturzustandsakteure, die im Vertragsschluss die Verwirklichung ihrer je eigenen Interessen intendieren, über Hobbes hinaus zum dominanten wissenschaftlich-philosophischen Paradigma. Die ‚Gemeinschaft des Staates' ist unter diesen Voraussetzungen keine sittliche Gemeinschaft mehr, sondern bloße Bundesgenossenschaft. Andere sozialphilosophische Konzeptionen reagierten darauf, indem sie einerseits die Vorstellung vom Menschen als eigennutzorientiertes Individuum problematisierten und andererseits das Faktum der Einbettung des Menschen in soziale Kontexte besonders hervorhoben. Diese neuen Ansätze konnten die veränderten Bedingungen der Neuzeit – Individualisierung, zunehmende funktionale Ausdifferenzierung der Teilsysteme, Enttraditionalisierung der Lebenswelt – durchaus (auch) positiv interpretieren. Sie betonten aber durchweg die besondere *Sozialnatur* des Menschen, d.h. die Verwiesenheit des Menschen auf andere Menschen bzw. auf Gemeinschaft, etwa im Sinne der Aussage Fichtes, wonach der Mensch „nur unter Menschen ein Mensch" werden könne: Der Begriff des Menschen ist „gar nicht Begriff eines Einzelnen ..., sondern der einer Gattung" (Fichte 1966, 347).

In Georg Wilhelm Friedrich *Hegels* Werk stellt die Frage, wie Individualität und Gemeinschaftlichkeit (als Ausgangspunkt), Individuierung und Vergesellschaftung (als Prozess) sowie individuelle Freiheit und gesellschaftliche Integration (als Ziel) aufeinander zu beziehen und miteinander zu vereinbaren sind, eines der zentralen Probleme überhaupt dar. Es ist – nicht zuletzt aus heutiger Sicht – offenkundig, dass die Zielvorstellung einer Gesellschaft, deren organischer Zusammenhalt gerade in der intersubjektiven Anerkennung der Besonderheit aller Einzelnen liegt, mit einer Reihe erheblicher Schwierigkeiten verbunden ist. Auf der Suche nach Lösungen für diese Schwierigkeiten entwickelt Hegel seine Anerkennungstheorie. Vor dem Hintergrund der oben skizzierten Entwicklung, greift er dabei, auf der Grundlage einer Gegenwartsanalyse, in deren Rahmen der *Kampf um Selbsterhaltung* als dramatische Fehlentwicklung beurteilt wird, auf Motive der klassischen Konzeption der Integration des Menschen in einen sozialen Rahmen geteilter sittlicher Grundelemente zurück: Hegel strebt eine in der Gesellschaft bzw. im Staat realisierte lebendige Einheit von allgemeiner und individueller Freiheit an (Hegel 1986b, 471). Das „soll besagen, daß das öffentliche Leben nicht als das Resultat einer wechselseitigen Einschränkung von privaten Freiheitsspielräumen, sondern umgekehrt als die Chance einer Erfüllung der Freiheit aller einzelnen Individuen zu gelten hätte" (Honneth 2003a, 24). Ganz im Gegensatz zur Konzeption des *Kampfes um Selbsterhaltung* geht es Hegel in seiner Konzeption um die *intersubjektive Anerkennung und soziale Integration* der Individuen.

Offenkundig stehen sich in Hobbes' und Hegels Theorieansätzen auch zwei *anthropologische* Grundannahmen gegenüber. Hobbes beschreibt den Menschen, etwa im Leviathan (Hobbes 1984), als selbstbewegenden Automaten, der – ausgestattet, wie gesagt, mit der Fähigkeit zur Vorsorge – im Verkehr mit anderen Menschen vorsichtshalber die Steigerung der eigenen Macht intendiert; die Mitmenschen bleiben ihm fremd und stellen jedenfalls eine potentielle Bedrohung für das eigene Wohlergehen dar. Hegel dagegen lässt sich von der aristotelischen Vorstellung leiten, dass in der menschlichen Natur eine soziale Neigung angelegt ist, die in der politischen Gemeinschaft der Polis zur vollen Entfaltung kommt (Aristoteles 1995a, 2-6). Ausgehend von dieser Annahme kann Hegel seine politische Philosophie als *System der Bedingungen der individuellen Selbstverwirklichung* entwerfen, in der individuelle Freiheit und gesellschaftliche Bindung nicht als Gegensatz gezeichnet werden, sondern als integrative Bestandteile ein und desselben Prozesses, dessen Resultat die intersubjektive Anerkennung der je individuellen Besonderheiten der Subjekte in der sittlichen Gemeinschaft des Staates ist: „Der Staat ist die Wirklichkeit der konkreten Freiheit", formuliert Hegel später in der *Rechtsphilosophie* (Hegel 1986c, 406). Freilich ist es von der Verwiesenheit des Einzelnen auf intersubjektive Anerkennung bis zu ihrer Verwirklichung in einem politischen Gemeinwesen ein langer Weg. Dieser Weg muss hier aber gar nicht in seiner ganzen Länge beschrieben werden, sondern nur die mögliche Rolle der Freien Wohlfahrtspflege auf diesem Weg. In welcher Weise können die Wohlfahrtsverbände zur Anerkennung der Einzelnen beitragen und damit die modernen und postmodernen „Pathologien der individuellen Freiheit" (Axel Honneth) und das „Unbehagen an der Moderne" (Charles Taylor) lindern? Denn es scheint doch so zu sein, dass die soeben geschilderte historische Entwicklung sich in der gegenwärtigen politischen und gesellschaftlichen Situation spiegelt: Individualisierung, Ausdifferenzierung und die beschleunigte Freisetzung der Menschen aus den Korsetts sozialer Bindungen begrüßen wir einerseits, betrachten diese Prozesse andererseits aber doch mit ‚Unbehagen', wenn wir ihrer Verlierer, ihrer sozialen ‚Pathologien' gewahr werden. Wenn das eigentlich zu Grunde liegende Problem moralische Verletzungen durch verweigerte intersubjektive bzw. soziale Anerkennung ist, bedarf es auf der systematischen Ebene der Sozialethik einer Ethik der Anerkennung und auf der praktischen Ebene der Wohlfahrtspflege Strategien der Anerkennung.

## 1.2 Moralische Verletzungen

Ausgangspunkt eines anerkennungsethischen Zugangs ist ein vorsichtiger anthropologischer Rekurs auf Selbstverständnis, Selbstbewusstsein und personale Integrität des Menschen, ein Rekurs auf die praktischen Bedingungen einer positiven Selbstbeziehung menschlicher Subjekte. Die „menschliche Lebensform [ist] im ganzen durch die Tatsache geprägt ..., daß Individuen nur durch wechselseitige Anerkennung zu sozialer Mitgliedschaft und damit zu einer positiven Selbstbeziehung gelangen" (Honneth 2003a, 310). Besonders gut lässt sich das – im Fall des Gelingens genauso wie im Fall des Misslingens – anhand der frühkindlichen Entwicklung überprüfen (vgl. Dornes 2005). In umfangreichen empirischen Untersuchungen (z.B. Stern 1979; 1992) wurde das komplexe Interaktionsgeschehen zwischen Säugling und Bezugsperson erforscht, durch das das Kleinkind „zu einem sozialen Wesen wird" (Honneth 2003c, 16). Der Säugling erwartet im Zusammensein mit anderen Menschen „passende Stellungnahmen zu seinen Äußerungen, das heißt Gesten, Mimiken und Vokalisierungen, die eine befürwortende Zurkenntnisnahme ausdrücken. [...] Selbst wenn die Interaktion misslingt, fühlt er sich nur missverstanden, aber nicht ignoriert (was das Schlimmste ist)" (Dornes 2005, 8). Er macht die elementare Erfahrung, von der Bezugsperson als hilfsbedürftiges, liebenswertes, wertvolles Geschöpf unmittelbar wahrgenommen und anerkannt zu werden, die Erfahrung der unmittelbaren intersubjektiven Wertschätzung. Es liegt nicht ganz fern, den Sonderfall der frühkindlichen Sozialisation im Sinne einer Anthropologie der Intersubjektivität auf die soziale Welt insgesamt zu übertragen (vgl. Honneth 2003c). Menschen begegnen einander, wie selbstverständlich, mit bestimmten, immer schon vorausgesetzten Anerkennungserwartungen. Diesen Erwartungen intersubjektiver Anerkennung, der Möglichkeit der Rückversicherung im Anderen als Bedingung der Möglichkeit der Entwicklung einer positiven Selbstbeziehung, steht die Gefahr der moralischen Verletzung gegenüber: die Möglichkeit der Erfahrung von Missachtung, die die Identität der ganzen Person zum Einsturz bringen kann (Honneth 1990, 1045). Kennzeichen der Moderne ist es, dass die Identität nicht mehr gesellschaftlich definiert ist, sondern dass es dem Einzelnen aufgegeben ist, seine Identität zu ‚entdecken' (Taylor 1992, 17), und seine je individuelle Authentizität, Originalität, Selbsterfüllung und Selbstverwirklichung zu realisieren (vgl. Taylor 1994). Da es „keine innerliche, gleichsam monologische Erzeugung" der individuellen Identität gibt, müssen wir diese im Rahmen des „*dialogischen* Charakter[s] menschlicher Existenz" im Dialog mit den „signifikant Anderen" entwickeln (Taylor 1992, 21f.). Selbst schon die ‚Sprachen', d.h. die Ausdrucksmittel, mit denen wir den Dialog führen können (Sprache, Gestik, Kunst, Liebe etc.) erlernen wir im Austausch mit anderen. In dieser Grundvoraussetzung intersubjektiver Kommunikation liegt der enge Zusammenhang von Identität und Anerkennung: Nur wenn wir im intersubjektiven Dialog Anerkennung erfahren, können wir eine individuelle Identität ausbilden.

Es bietet sich nun an, bei Phänomenen *verweigerter* Anerkennung anzusetzen, für die wir die Ausdrücke Kränkung, Verletzung, Missachtung, Demütigung gebrauchen. Formen verweigerter Anerkennung können als *moralische* Verletzungen qualifiziert werden, insofern sie die intersubjektiven Bedingungen der Möglichkeit eines positiven Selbstbezugs eines Subjekts beschädigen, und auf diese Weise die Identität einer Person erschüttern. Im Anschluss an Axel Honneth (1990, 1044-1048; 2000, 183f.) lassen sich drei Typen derartiger moralischer Verletzungen unterscheiden: Als elementar können diejenigen moralischen Verletzungen gelten, die die Erwartung der Anerkennung der körperlichen Integrität missachten, und so der betroffenen

Person die Sicherheit rauben, über ihr physisches Wohlergehen verfügen zu können. Nicht schon der körperliche Schmerz selbst (der sich vom Schmerz aufgrund eines Unfalls nicht wesentlich unterscheidet), sondern die Demütigung durch die Zerstörung des Vertrauens in den Wert der eigenen Bedürftigkeit macht die moralische Verletzung aus, das „Gefühl, dem Willen eines anderen Subjektes schutzlos bis zum sinnlichen Entzug der Wirklichkeit ausgesetzt zu sein" (Honneth 1990, 1046) (Folter, Vergewaltigung, überhaupt physische Gewalt). Ein zweiter Typ moralischer Verletzungen sind Fälle der Missachtung der moralischen Zurechnungsfähigkeit von Personen. Die moralische Verletzung liegt hier in der Beeinträchtigung oder Zerstörung der Selbstachtung, die wir aus der Anerkennung des Werts unserer Urteilsbildung durch andere Personen gewinnen (Täuschung und Betrug, rechtliche Diskriminierung). Noch vielfältiger sind die Formen des dritten Typs moralischer Verletzungen, die in der Missachtung der Erwartung liegt, in einer bestimmten Gemeinschaft von sozialer Bedeutung zu sein. Durch soziale Demütigung und Respektlosigkeit wird Menschen signalisiert, dass ihren Fähigkeiten und Leistungen, ihrem individuellen Beitrag zur Gemeinschaft kein Wert beigemessen wird (Spott und herablassende Behandlung vor den Augen anderer, Ausschluss von Gemeinsamkeiten einer Gruppe, soziale Stigmatisierung). Von diesem Typ moralischer Verletzung fällt der Blick auf die Verweigerung gesellschaftlicher Partizipationsmöglichkeiten, von Benachteiligungen im privaten Bereich bis zu faktisch schlechteren Zugangschancen zum Bildungssystem und zum Arbeitsmarkt von Angehörigen bestimmter Milieus. Zweifellos gewinnt auch die Arbeitslosigkeit, und zwar insbesondere die Langzeitarbeitslosigkeit und die mit ihr verbundenen Phänomene der raschen Dequalifizierung und des sozialen Abstiegs, die die Betroffenen immer weiter wegführen vom Arbeitsmarkt und von der ‚gesellschaftlichen Normalität', *moralische Relevanz*. „A man who has lost his job has lost his passport to society. [...] What hurts most is the knowledge that his service is not wanted. His work is rejected, and that means that he himself is rejected, as a man and a citizen." (Marshall 1977, 234) Weiter differenzieren könnte man ökonomische Missachtung im Sinne relativer materieller Armut (Sen 1981) oder kulturelle Missachtung im Sinne der Diskriminierung einer bestimmten partikularen Lebensform (Fraser 1995; 2003, insbes. 27-35).

Im Gebrauch metaphorischer Anspielungen auf physisches Leiden und Sterben (psychischer Tod, sozialer Tod, Kränkung, Verletzung) bringen wir sprachlich zum Ausdruck, dass den Formen der Missachtung für die psychische Integrität der Menschen eine ähnliche Rolle zukommt, wie den organischen Erkrankungen für den Körper (von tatsächlichen wechselseitigen Einflüssen einmal ganz abgesehen): Durch die „Erfahrung von sozialer Erniedrigung und Demütigung sind menschliche Wesen in ihrer Identität ebenso gefährdet wie in ihrem physischen Leben durch das Erleiden von Krankheiten" (Honneth 1990, 1048). Eben weil es sich bei den verschiedenen Formen der Missachtung aus den genannten Gründen um *moralische Verletzungen* handelt, geht von den Betroffenen eine *moralische Autorität* aus, die die Ermöglichung einer positiven Selbstbeziehung auf dem Weg intersubjektiver Anerkennung fordert. Es liegt auf der Hand, dass gerade die Wohlfahrtsverbände dort herausgefordert sind, wo intersubjektive Anerkennung verweigert und personale Identität erschüttert wird. In dieser Hinsicht steht die Caritas in besonderer Weise unter der moralischen Autorität derer, deren Anerkennungserwartungen enttäuscht werden. Deshalb sind von hier aus Strategien der Anerkennung zu entwickeln. Dazu unterscheide ich drei Formen der Anerkennung, gewissermaßen als positive Komplementärformen der Formen der Missachtung.

## 1.3 Strategien der Anerkennung

In der ersten Form der Anerkennung wird eine Person als Individuum anerkannt, „dessen Bedürfnisse und Wünsche für eine andere Person von einzigartigem Wert sind" (Honneth 2000, 187). Es handelt sich um eine emotionale und emotionsgebundene (also konditionale) Zuwendung zum Anderen um dessen selbst willen, also um *Liebe* oder liebende Fürsorglichkeit. In einer zweiten Anerkennungsform wird eine Person als Rechtssubjekt anerkannt, das wie alle anderen Menschen moralische Zurechnungsfähigkeit besitzt. Die Ebene des *Rechts* spielt in der Annerkennungsethik wegen des kategorischen und universellen Verpflichtungscharakters der Anerkennungsweise des Respekts gegenüber der moralischen Autonomie eine entscheidende Rolle. Weil wir alle Menschen als moralische und deshalb Rechtssubjekte anerkennen müssen, dürfen wir uns aus moralischen Gründen nicht gegen diese Anerkennungsansprüche entscheiden und anderen Anerkennungsweisen den Vorrang geben. Dies verweist auf eine letztlich doch hohe Affinität zu Moraltheorien in der kantischen Tradition: Erstens kommt der Ebene des Rechts im Konfliktfall ein absoluter Vorrang zu; zweitens ist auch die Annerkennungsethik selbstverständlich auf rationale Prozeduren der Ausdifferenzierung und Etablierung moralischer Standards verwiesen. Da „Gesellschaften ... aus Sicht ihrer Mitglieder nur in dem Maße legitime Ordnungsgefüge" darstellen, „in dem sie dazu in der Lage sind, verläßliche Beziehungen der wechselseitigen Anerkennung auf unterschiedlichen Ebenen zu gewährleisten" (Honneth 2003b, 205), drängen intersubjektive Anerkennungsverhältnisse letztlich zu einer rechtlichen Sanktionierung. Selbst die Ehe als Inbegriff der affektiven Selbstbindung aus Liebe erhält Rechtsform. In der dritten Anerkennungsweise schließlich wird eine Person als Individuum anerkannt, deren Fähigkeiten von konstitutivem Wert für eine konkrete Gemeinschaft sind. Dieser Weise der Anerkennung, die den Charakter einer besonderen Wertschätzung besitzt und ein kognitives mit einem affektiven Moment verbindet, entspricht in der philosophischen Tradition kein Begriff; man könnte auf Kategorien wie *Solidarität*, *Loyalität* oder auch *Leistung* zurückgreifen (vgl. Honneth 2003b, 162-177[36]); sie setzt die Erfahrung ge-

---

[36] Die Umstellung vom Solidaritäts- auf den Leistungsbegriff erfolgt bei Honneth (2003b) auf der Grundlage einer differenzierten Argumentation, die näher zu erläutern hier nicht zielführend wäre. Honneth bewegt sich damit jedenfalls auf die Unterscheidung der drei institutionellen Komplexe in der *Rechtsphilosophie* zu, so dass folgende Parallelen auszumachen sind: Dem institutionellen Komplex der *Familie* bei Hegel entspricht die Anerkennungssphäre der *Liebe* bei Honneth; dem institutionellen Komplex der *bürgerlichen Gesellschaft* bei Hegel (= kapitalistische Wirtschaftsweise) entspricht die Anerkennungssphäre der *Leistung* bei Honneth; dem Anerkennungskomplex des *Staates* bei Hegel (= Wirklichkeit der konkreten Freiheit) entspricht die Anerkennungssphäre des *Rechts* bei Honneth.

teilter Lasten und Verantwortlichkeiten voraus, hat also konditionalen Charakter.
Für die Caritas als sozialen Dienstleister und Anwalt der Benachteiligten ergeben sich aus den Formen der Missachtung – *körperliche Misshandlung, rechtliche Diskriminierung, soziale Demütigung* – einerseits und aus den drei Anerkennungsmustern – *Liebe, Recht, Solidarität* – andererseits verschiedene Aktivitätsfelder, auf denen Anerkennungsstrategien angelegt werden können. Ich setze dabei die Situation in den westlichen Demokratien voraus, also die Trennung von Staat und Gesellschaft sowie einen Spielraum der selbstbestimmten individuellen Lebensgestaltung. In diesem gesellschaftlich-historischen Kontext nehmen die Wohlfahrtsverbände und ihre Einrichtungen eine intermediäre Stellung ein (vgl. die Ausführungen von Karl Gabriel in diesem Band). Von dieser intermediären Stellung aus können sie ihre Dienstleistungen in einem therapeutischen Sinn der unmittelbaren Hilfe oder der Beratung dort anbieten, wo Anerkennungserwartungen in den genannten Varianten enttäuscht wurden, sei es in der Familie, sei es, dass Personen ihr Recht verweigert wird, sei es eine soziale Diskriminierung. Der anwaltschaftliche Auftrag richtet sich dabei komplementär zur sozialen Dienstleistung auf die Herstellung jenes Ensembles formaler Voraussetzungen, das einen Bedingungsrahmen bildet, in dem die zur Ermöglichung einer positiven Selbstbeziehung *aller Einzelnen* notwendigen intersubjektiven Anerkennungsverhältnisse realisiert werden *können*. In dieser Hinsicht richtet sich die anwaltschaftliche Tätigkeit vornehmlich an die Politik und intendiert vornehmlich die Umsetzung von Forderungen in Gesetze oder ähnlich verbindliche Regelungen. Die sozialen Dienstleistungen und die Wahrnehmung des anwaltschaftlichen Auftrags legitimieren sich aus der Tatsache, dass sie im Dienst der Realisierung universeller Grundrechte, im Dienst der gesellschaftlichen Integration und im Dienst der konkreten Betroffenen *zugleich* stehen. Sie tragen einerseits dazu bei, Verhältnisse herbeizuführen, in denen den in gesellschaftlichen Interaktionen immer schon enthaltenen Anerkennungserwartungen entsprochen werden kann, und bieten andererseits einen kurativen Ausgleich dort an, wo derartige Anerkennungserwartungen nicht erfüllt werden.

## 2. ‚GUTE WOHLFAHRT'

Sozialethische Überlegungen zu Auftrag und Arbeit der Freien Wohlfahrtspflege sehen sich gegenwärtig zugleich einerseits durch den weithin konstatierten Umbruch des ‚europäischen Sozialmodells' und andererseits durch einen entsprechenden (!) Umbruch in der theoretisch-systematischen Theoriebildung herausgefordert. Auf beiden Ebenen treten das Paradigma der Gleichheit und die Idee der Verteilungsgerechtigkeit zunehmend in den Hintergrund bzw. treten alternative Konzeptionen in den Vordergrund, in der Politik (nahezu aller Parteien) vor allem jene der Beteiligungsgerechtigkeit (vgl. Scholz 2003; CDU/CSU 2005, 9), in der politischen Philosophie verschiedene ‚non-egalitaristische' Ansätze unterschiedlicher Provenienz (vgl. Krebs 2003). Nancy Fraser hat dafür die Unterscheidung von *redistribution* und *recognition* geprägt (Fraser 1995); als Idee der *redistribution* fasst sie dabei die egalitaristische Intention, durch mehr oder weniger elaborierte Umverteilungsmechanismen eine relative soziale Gleichheit zu schaffen; *recognition* steht demgegenüber für eine Konzentration politischer Maßnahmen auf die Anerkennung der Würde aller Einzelnen. Gewissermaßen tritt damit der Begriff der universellen Würde an die Stelle des Begriffs der sozialen Gleichheit. Wenn auch politische Maßnahmen zur allgemeinen Realisierung menschenwürdiger Lebensbedingungen de facto zu einer gewissen Gleichheit führen, so ist diese doch nicht intendiert, sondern sozusagen ein Nebenprodukt. Abgesehen davon, dass in der gegenwärtigen Sozialethik auf die notwendige Komplementarität beider Aspekte hingewiesen wird, insofern von dem für demokratische Gesellschaften konstitutiven normativen Grundsatz der allgemeinen Beteiligung bestimmte Anforderungen an eine gerechte, in einem gewissen Rahmen egalitäre Reichtumsverteilung erwachsen (Möhring-Hesse 2004), sind einige Punkte der Egalitarismuskritik für die Rekonstruktion eines Orientierungsrahmens für eine ‚gute Wohlfahrt' doch von großer Bedeutung.

### 2.1 Soziale Dienstleistung als Praxis sozialer Anerkennung

Im Kontext einer *Kritik der Inhumanität des Egalitarismus* wird darauf verwiesen, dass egalitaristische Gerechtigkeitskonzeptionen den

Anspruch auf Unterstützung nur jenen einräumten, die ohne eigene Schuld in eine defizitäre Situation geraten sind, fahrlässiges Verhalten dagegen bestraften (vgl. Anderson 1999; zur entsprechenden Unterscheidung von *bad brute luck = reinem Pech* und *bad option luck = kalkuliertem Pech,* vgl. Dworkin 1981, 293). Zugrunde liege dabei eine moralische Bewertung des Verhaltens und Fehlverhaltens von Personen: Jeder bekommt, was ihm zusteht. Ich möchte hier nicht der Frage nachgehen, ob und inwiefern diese Kritik berechtigt ist. Sicher spricht auch einiges dafür, in soziale Sicherungssysteme Funktionen der Selbstverantwortlichkeit subsidiär einzubauen. Die Freie Wohlfahrtspflege könnte aber – unter anderem – gerade dort einen besonderen Wirkungsbereich finden, wo die Logik ‚Jeder ist seines Glückes Schmied' versagt, auch dort, wo sie versagt, weil Menschen aufgrund ihrer persönlichen Struktur nicht bereit oder in der Lage sind, selbstverantwortlich zu handeln. Es steht außer Frage, dass es – wieder im Sinne des Subsidiaritätsprinzips – das Ziel der staatlichen Sozialpolitik wie der Freien Wohlfahrtspflege sein muss, Menschen in die Lage zu versetzen, ihr Leben selbstverantwortlich zu führen. Diese Maxime hat aber dort keinen Sinn, wo entweder nicht die Bereitschaft oder nicht die Fähigkeit zur selbstverantwortlichen Lebensführung besteht. ‚Gute Wohlfahrt', meine ich, geht hier über das sozialpolitische ‚Gerechtigkeit als Fairness'-Paradigma hinaus, und zwar nicht nur im Sinne der Tugend der Barmherzigkeit, sondern im strengen Sinn einer *unbedingten* Rechtspflicht zur Realisierung menschenwürdiger Lebensbedingungen für alle. Das bedeutet zugleich, dass ein entmündigendes bürokratisches Fremdurteil über Menschen in defizitären Situationen entfällt: Ob nun jemand aus diesem oder jenem Grund in Not geraten ist, ob er durch verantwortungsvolleres Verhalten die Situation hätte abwenden oder lindern können, ist relevant nur für die Entwicklung einer individuell angemessenen Strategie der Hilfe zur Selbsthilfe, nicht aber im Hinblick auf die Frage, ob überhaupt ein Anspruch auf bestimmte Unterstützungsleistungen besteht (vgl. Anderson 1999, 310).

Avishai Margalit stellt die *charity society* (‚Wohltätigkeitsgesellschaft') der *decent society* (‚Gesellschaft des Anstands') gegenüber und unterscheidet in diesem Zusammenhang Ungleichheit, die Demütigung, d.h. die Verletzung der menschlichen Würde, impliziert, und

Ungleichheit, für die das nicht gilt (1996, insbes. Kapitel 14). Während Elizabeth Anderson (1999) einen demütigenden Charakter auch den sozialstaatlich-egalitaristischen Unterstützungsleistungen zuschreibt, weil sie für die Betroffenen gewissermaßen eine offizielle Bescheinigung ihrer Minderwertigkeit bedeuteten, geht es Margalit (a.a.O.; pointierter 1997) um die konkrete Umgangs*weise* mit Hilfsbedürftigen. Als Beispiel dient ihm die Versorgung hungernder Menschen mit Nahrungsmitteln von einem, womöglich fahrenden, Lastwagen herab, die den Charakter einer Tierfütterung annehme (Margalit 1996, 280). Sowohl bei Anderson als auch bei Margalit enthält gerade die Hilfeleistung selbst ein Statement der Herabwürdigung und Demütigung. Nun ist die staatliche Sozialpolitik offenkundig auf bestimmte Kriterien zur Bereitstellung von Leistungen angewiesen, d.h. bestimmte Leistungen werden genau dann geleistet, wenn die Leistungsempfänger ein bestimmtes Defizit nachweisen. Das setzt tatsächlich voraus, dass das Defizit in einem gewissen Umfang öffentlich gemacht wird, wobei es nichts hilft, ein Defizit nicht als solches zu bezeichnen, denn nur der Ausgleich eines faktischen Nachteils legitimiert die unter Umständen kostenintensive Sozialleistung. Die Tendenz, derartige Leistungen in Frage zu stellen (Beihilfe für Sehbehinderte; kostenlose oder kostenreduzierte Nutzung öffentlicher Verkehrsmittel durch Behinderte), dürfte demnächst zunehmen. Schon das folgende triviale Beispiel zeigt die unumgängliche Logik der Hilfeleistung aufgrund von Defiziten: Einen so genannten Behindertenparkplatz darf ich nur in Anspruch nehmen, wenn ich mich bzw. mein Fahrzeug nach außen hin sichtbar als ‚behindert' kenntlich mache; die freiwillige Selbststigmatisierung ist sozusagen die Voraussetzung für den Erhalt der Leistung. Freie Wohlfahrtspflege scheint hier mehr Gestaltungsmöglichkeiten zu haben, weil sie im Rahmen ihrer sozialen Dienstleistungen einen intensiven Kontakt zu den Betroffenen pflegt und so weniger auf standardisierte Zuteilungsmechanismen angewiesen ist. ‚Gute Wohlfahrt' wäre in dieser Hinsicht Unterstützung ohne die ständige Betonung der Defizite derer, denen die Unterstützung zukommt. Jedenfalls müsste es gelingen, die ‚Andersartigkeit' Hilfsbedürftiger einerseits nicht zu unterschlagen, sondern positiv aufzunehmen, um andererseits die Stigmatisierung und den Ausschluss von Menschen aus der konstruierten gesellschaftlichen Normalität zu verhindern und sie mitsamt ihrer Andersartigkeit in eine Gesellschaft der Unterschiedlichen zu integrieren. Wieder mit einem trivialen Beispiel: Wenn man sich in der Öffentlichkeit normalerweise mit ‚Sie' anredet, ist es eben ein demütigender Akt sozialer Missachtung, wenn man Menschen ohne festen Wohnsitz, Bettler und schlecht deutsch sprechende Zuwanderer duzt. Ein Kriterium ‚guter Wohlfahrt' wäre also die Intention der Realisierung zumindest eines absoluten Minimums sozialer Anerkennung.

Michael Walzer kritisiert in seiner berühmten Sphärentheorie der Gerechtigkeit (1992) liberal-egalitaristische Verteilungsregeln als *unterkomplex* (vgl. Krebs 2002, 127-131). Für verschiedene zu verteilende Güter und Lasten (Nahrung, Kleidung, Bildungschancen, Transplantatorgane, Adoptivkinder, Lehrstühle, Nobelpreise, Steuern, Strafen) gebe es eine enorme Vielfalt aus guten Gründen als angemessen zu betrachtender Verteilungskriterien (Verdienst, Eignung, Freundschaft, Bedürfnis, Bedarf, Nutzenkalkül, demokratische Entscheidung). Bestimmte egalitaristische Philosophien (zu denken ist natürlich an jene von Rawls, Habermas, Ackerman, Dworkin etc.) beanspruchten demgegenüber, die Vielfalt der Güter auf eine kurze Liste von Grundgütern (oder gar auf ein singuläres Gut) zu verdichten, die dann nach einem ebenso singulären Verteilungsgrundsatz oder einem kompakten Set miteinander verknüpfter Verteilungskriterien zu verteilen seien (Walzer 1992, 26-64). Tatsächlich entspräche die Zuteilung von Spendernieren nach dem Prinzip der Realisierung des größtmöglichen Vorteils für den am wenigsten Begünstigten annähernd einer Nutzenminimierung, und die Verteilungen von Sozialleistungen (allein) nach dem Prinzip der Nutzenmaximierung würde zu abwegigen Ergebnissen führen. Ein Kennzeichen ‚guter Wohlfahrt' wäre es, im Hinblick auf den Bedarf und die Bedürfnisse der Menschen einerseits und auf die Zuteilung von sozialen Gütern und Dienstleistungen andererseits eine erheblich größere ‚Tiefenschärfe' zu gewinnen, als sie staatliche Sozialpolitik zu erlangen vermag. Freie Wohlfahrtspflege hat in dieser Hinsicht die Möglichkeit und die Aufgabe, je angemessene Wohlfahrtsprogramme für verschiedene Bereiche und im Idealfall für verschiedene Individuen zu entwerfen und, soweit möglich, zu realisieren. Jedenfalls könnte eine mit Nachdruck vertretene realistische Sicht auf unsere komplexe Gerechtigkeitskultur die Illusion zerstören, dass wir uns unseren Reichtum und unsere Erfolge, unsere Armut und unser Versagen einzig uns selbst zuzuschreiben haben (vgl. Miller 1999, 146).

Zum *Orientierungsrahmen ‚guter Wohlfahrt'* gehört nach dem bisher Gesagten die Wahrnehmung der Benachteiligten und Bedürftigen als moralische Autoritäten; die Anerkennung ihrer leiblichen Integrität und ihrer moralischen Zurechnungsfähigkeit; die Anerkennung ihres sozialen Wertes sowie die Vermeidung sozialer Demütigung und Missachtung als Grundlagen für die Entwicklung, Erhaltung und Stabilisierung eines Selbstwertgefühls und als Grundlage für die Vermeidung von Scham; die Intention, menschenwürdige Lebensbedingungen für alle zu realisieren; das Verständnis der Situationen, in denen konkrete Menschen leben, vor dem Hintergrund einer komplexen Gerechtigkeitskultur; stetige Rücksicht auf die Tiefenstruktur sozialer Benachteiligung.

Das *Ziel* dieser letztlich im *Begriff der Anerkennung des Anderen* kulminierenden Aspekte eines Orientierungsrahmens ‚guter Wohlfahrt' ist die Realisierung der Bedingungen der Möglichkeit einer positiven Selbstbeziehung der sozial Benachteiligten. *Ort* dieser Realisierung ist der Bereich der sozialen Dienstleistungen der Freien Wohlfahrtspflege einerseits und die staatliche Sozialpolitik im engeren Sinne andererseits. Auf Letztere nehmen die Freien Wohlfahrtsverbände im Rahmen ihres anwaltschaftlichen Auftrags Einfluss.

## 2.2 ‚Gute Wohlfahrt' im öffentlichen Diskurs

Es liegt auf der Hand, dass eine partikulare Moralität ‚guter Wohlfahrt', wie ich sie oben versucht habe zu skizzieren, auf bestimmten anthropologischen Annahmen, auf einer bestimmten Vorstellung vom Menschen beruht. In der katholischen Tradition spricht man vom Personprinzip oder vom Prinzip der Personalität. Man hat sich auch angewöhnt von einem ‚christlichen Menschenbild' zu reden, und spielt damit wohl auf die Gottebenbildlichkeit an, übersetzt dies aber häufig in heute besser zugängliche Terminologien, indem man etwa im Anschluss an Kant vom Subjekt als ‚Zweck an sich selbst' spricht. Inzwischen bezieht man sich auch wieder auf ‚unbeliebige Bedingungen des Menschseins' oder auf ‚anthropologisch tiefsitzende Bedürfnisse', auf die jener „Kernbestand an moralischen Selbstverständlichkeiten, den wir in allen Kulturen antreffen", zurückgeht (Habermas 1999, 310). Zu beachtlicher Popularität ist inzwischen Martha Nussbaums „aristotelischer Essentialismus" (1992) gelangt, der vom Wesen, von der Natur des Menschen her entfaltet wird. Im Anschluss an Aristoteles formuliert Nussbaum essentielle „Human Functional Capabilities" (1999, 41[37]). „Existentielle Zwecke" bestimmt dagegen Johannes Messner (1960, 39f.[38]) unter Rücksicht auf die Bedingtheit der menschlichen Existenz „durch die geschichtlichen Verhältnisse, die Umstände, die Situation"; in „fortwährendem und allseitigem Rückgriff auf die ... Erkenntnisse" der Human- und Sozialwissen-

---

[37] „Being able to live to the end of a human life of normal length [...]. Being able to have good health, [...] being able to have adequate shelter [...]; being able to be secure against violent assault, marital rape, and domestic violence [...]. Being able to use the senses; being able to imagine, to think, and to reason [...]; being able to have pleasureable experiences and to avoid nonbeneficial pain [...]; being able to love, to grieve, to experience longing, gratitude, and justified anger [...]. Being able to form a conception of the good and to engage in critical reflection about the planning of one's own life. [...] Being able to live for and in relation to others, to recognice and show concern for other human beings, to engage in various forms of social interaction; being able to imagine the situation of another and to have compassion for that situation; having the capability for both justice and friendship. [...] Having the social bases of self-respect and nonhumiliation; being able to be treated as a dignified being whose worth is equal to that of others [...]."

[38] „Wir können diese Zwecke so umschreiben: die Selbsterhaltung, einschließlich der körperlichen Unversehrtheit und der gesellschaftlichen Achtung (persönliche Ehre); die Selbstvervollkommnung des Menschen in physischer und geistiger Hinsicht, einschließlich seiner Fähigkeiten zur Verbesserung seiner Lebensbedingungen sowie der Vorsorge für seine wirtschaftliche Wohlfahrt durch Sicherung des notwendigen Eigentums oder Einkommens; die Ausweitung der Erfahrung, des Wissens und der Aufnahmefähigkeit für die Werte des Schönen; Fortpflanzung durch Paarung und die Erziehung der daraus entspringenden Kinder; die wohlwollende Anteilnahme an der geistigen und materiellen Wohlfahrt der Mitmenschen als gleichwertiger menschlicher Wesen; gesellschaftliche Verbindung zur Förderung des allgemeinen Nutzens [...]."

schaften beabsichtigt Messner „bei der Ergründung der Natur des Menschen soweit als möglich die Erfahrung selbst sprechen zu lassen" (ebd. 42f.; vgl. ebd. 120-125).

Ein ‚christliches Menschenbild' kann heute in verschiedenen Interpretationen gut begründet werden und besitzt auch über den weltanschaulich-kulturellen Rahmen des Christentums hinaus einige Plausibilität; anhand des capabilities-approach Nussbaums und des annerkennungstheoretischen Ansatzes Honneths wird umgekehrt deutlich, dass außerhalb des christlichen Kontextes entwickelte Konzeptionen hohe Attraktivität für die christlich-sozialethische Theoriebildung haben können. Aber gleich für welche konkrete Gestalt man sich entscheidet – die partikulare Moralität ‚guter Wohlfahrt' und das zu Grunde liegende Menschenbild müssen nun in die öffentlichen, politischen Diskurse eingespeist werden. Es ist auch die Aufgabe der Wohlfahrtsverbände, im Rahmen ihres anwaltschaftlichen Mandats die – in der von mir gewählten Diktion – Anerkennungserwartungen der Benachteiligten öffentlich zur Geltung zu bringen. Denn „jedes Interesse, das im Zweifelsfall in moralischer Hinsicht ‚zählen' soll, muß *aus der Sicht von Betroffenen* ... überzeugend interpretiert und begründet sowie in einen relevanten Anspruch übersetzt werden, bevor es in der Diskursöffentlichkeit als ein allgemeines Interesse Berücksichtigung finden kann" (Habermas 1999, 310). Unter den drei oben unterschiedenen Anerkennungsebenen Liebe, Recht und Solidarität ist es auf den ersten Blick vor allem die Ebene des *Rechts*, auf die sich der anwaltschaftliche Auftrag der Wohlfahrtsverbände bezieht. Mit einer besonderen Kompetenz hinsichtlich der Tiefenstruktur sozialer Benachteiligung ausgestattet, bringen sie unter Berufung auf wirtschaftliche, soziale und kulturelle Rechte in einem ständigen Prozess konkrete Anerkennungserwartungen benachteiligter Gruppen und Individuen zur Sprache und zur Geltung. Sie beziehen sich dabei zugleich auf jenen Bereich gesellschaftlicher Interaktion, in dem die Anerkennungsmuster Solidarität, Loyalität oder Leistung beheimatet sind, also auf den Bereich der Anerkennung des sozialen Wertes der Individuen. Die Sphären rechtlicher und sozialer Anerkennung korrelieren natürlich in hohem Maße miteinander. In der sozialstaatlich bzw. politisch wahrgenommenen Verantwortung spiegelt sich gewissermaßen die soziale Wertschätzung bestimmter Gruppen (z.B. der Asylbewerber), Fähigkeiten (z.B. Behinderter) und Tätigkeiten (z.B. der Familienarbeit); denn worauf die politischen Akteure „mit ihren Entscheidungen und Gründen wirklich antworten und geantwortet haben, wird man nur verstehen, wenn man ihr *implizites Gesellschaftsbild* kennt, wenn man weiß, welche Strukturen, Leistungen, Potentiale und Gefährdungen sie im Lichte ihrer Aufgabe, das System der Rechte zu verwirklichen, der zeitgenössischen Gesellschaft jeweils zuschreiben" (Habermas 1998, 469; vgl. ebd. 468-537). In dieser Hinsicht gewinnt der Begriff des ‚Sozialmodells' eine doppelte Bedeutung: den des ‚europäischen Sozialmodells' im Sinne einer elaborierten Sozialstaatlichkeit und den eines ‚impliziten Sozialmodells' im Sinne einer dominanten Hintergrundannahme über die zeitgenössische Gesellschaft (vgl. Wieacker 1974, 5). Der anwaltschaftliche Auftrag der Caritas müsste sich deshalb *sowohl* auf die Durchsetzung konkreter Rechte für Benachteiligte (also – im Sinne rechtlicher Anerkennung – auf die Sozialpolitik) beziehen *als auch* auf die Maßstäbe, mit denen der gesellschaftliche Wert von Individuen gemessen wird (also – im Sinne sozialer Anerkennung – auf das im Hintergrund politischer Entscheidungen stehende implizite Gesellschaftsbild).

2.3 ‚Gute Wohlfahrt' im sozialwirtschaftlichen Wettbewerb

Beide Aufgaben- bzw. Gegenstandsbereiche der Freien Wohlfahrtspflege – soziale Dienstleistung und anwaltliche Parteinahme für Benachteiligte – stehen gegenwärtig unter starkem Druck: Die wohlfahrtsstaatliche Verantwortung gilt als überbeansprucht und dysfunktional und soll deshalb reduziert werden; die Institutionen der Freien Wohlfahrtspflege gelten als ineffizient und sollen deshalb stärker nach Prinzipien des Marktes organisiert werden. Ich habe versucht, einen normativen Orientierungsrahmen ‚guter Wohlfahrt' zu skizzieren. Diese sozialethische Skizze beruht auf der anthropologischen Annahme, dass Menschen nur durch intersubjektive Anerkennungserfahrungen eine positive Selbstbeziehung gewinnen können, dass menschliche Integrität und personale Identität konstitutiv von der Erfahrung der Anerkennung durch andere Personen abhängt. Umgekehrt bedroht die Erfahrung von Verletzung, Missachtung und Demütigung die ‚ganze Existenz des Menschen': Menschliche Wesen sind „in jener spezifischen Weise verletzbar, die wir ‚moralisch' nennen" (Honneth 2003b, 184). Von Gedemütigten und Missachteten geht deshalb eine moralische Autorität aus, auf die ‚gute Wohlfahrt' reagiert, indem sie Strategien der Anerkennung in den verschiedenen dargestellten Hinsichten entwickelt und realisiert. Diese annerkennungsethischen Überlegungen sind auch gedacht als Präzisierung und als Beitrag zum besseren Verständnis dessen, was wir ‚christliches Menschenbild' nennen. Dieses ‚Menschenbild' muss nun einerseits als partikulare Sinnoption in den öffentlichen Diskursen verteidigt und anderseits in der konkreten sozialen Dienstleistung ‚praktiziert' werden. Auf dem Markt der sozialen Dienstleistungen, im Wettbewerb der Wohlfahrtsproduzenten gewinnt das ‚christliche Menschenbild' die Funktion einer ‚Zusatzqualität' (vgl. den Beitrag von Hans Braun in diesem Band). So entsteht eine merkwürdige Analogie von Diskurs und Wettbewerb: Im öffentlichen Diskurs geht es um gut begründete und plausible Argumente, im sozialwirtschaftlichen Wettbewerb um hochwertige Dienstleistungen und effiziente Wohlfahrtsproduktion. Wenn sich das ‚Sozialmodell' tatsächlich in seiner doppelten Bedeutung als Sozialstaatsmodell *und* als Gesellschaftsbild in einem tief greifenden Umbruch befindet, dürfte beides, Sozialstaatsdiskussion und Wettbewerb, für die Wohlfahrtsverbände eine nicht leicht zu bewältigende Herausforderung darstellen. Mit dem ‚christlichen Menschenbild' hat die Caritas aber in beiden Bereichen etwas auf die Waagschale zu legen.

## 3. LITERATUR

Anderson, Elizabeth (1999): What Is the Point of Equality?, in: Ethics 109 (1999) 287-337.
Aristoteles (1995a): Politik (Eugen Rolfes), Hamburg.
Benhabib, Seyla (1995): Im Schatten von Aristoteles und Hegel. Kommunikative Ethik und Kontroversen in der zeitgenössischen praktischen Philosophie, in: Dies.: Selbst im Kontext. Kommunikative Ethik im Spannungsfeld von Feminismus, Kommunitarismus und Postmoderne, Frankfurt, 33-75.
CDU/CSU – Junge Gruppe der Bundestagsfraktion (2005): Deutschland – generationengerecht!,

online unter: <http://www.cducsu.de/upload/jg031020.pdf> (keine Angabe des Erstellungsdatums/Abrufdatum 08.06.2005).
Dornes, Martin (2005): Die emotionalen Ursprünge des Denkens, in: Westend. Neue Zeitschrift für Sozialforschung 2 (2005) 3-48.
Dworkin, Ronald (1981): What Is Equality? Part II: Equality of Resources, in: Philosophy and Public Affairs 10 (1981) 283-345.
Fraser, Nancy (1995): From Redistribution to Recognition? Dilemmas of Justice in a ‚Post-Socialist' Age, in: New Left Review No. 212, 68-92.
Dies. (2003): Soziale Gerechtigkeit im Zeitalter der Identitätspolitik. Umverteilung, Anerkennung und Beteiligung, in: Dies./Honneth, Axel: Umverteilung oder Anerkennung. Eine politisch-philosophische Kontroverse, Frankfurt, 13-128.
Habermas, Jürgen (1998): Faktizität und Geltung. Beiträge zur Diskurstheorie des Rechts und des demokratischen Rechtsstaats, Frankfurt.
Ders. (1999): Richtigkeit versus Wahrheit. Zum Sinn der Sollgeltung moralischer Urteile und Normen, in: Ders.: Wahrheit und Rechtfertigung. Philosophische Aufsätze, Frankfurt, 271-318.
Hegel, Georg Wilhelm Friedrich (1967a): System der Sittlichkeit (Georg Lasson; Nachdruck), Hamburg.
Ders. (1967b): Jenaer Realphilosophie. Vorlesungsmanuskripte zur Philosophie der Natur und des Geistes von 1805-1806 (Johannes Hoffmeister), Hamburg.
Ders. (1969): Jenaer Realphilosophie, Hamburg.
Ders. (1986a): System der spekulativen Philosophie, Hamburg.
Ders. (1986b): Jenaer Schriften 1801-1807 (Karl Markus Michel/Eva Moldenhauer), Frankfurt.
Ders. (1986c): Grundlinien der Philosophie des Rechts oder Naturrecht und Staatswissenschaft im Grundrisse. Mit Hegels eigenhändigen Notizen und den mündlichen Zusätzen (Karl Markus Michel/Eva Moldenhauer), Frankfurt.
Hobbes, Thomas (1984): Leviathan oder Stoff, Form und Gewalt eines bürgerlichen und kirchlichen Staates (Iring Fetscher/Walter Euchner), Frankfurt.
Honneth, Axel (1990): Integrität und Mißachtung. Grundmotive einer Moral der Anerkennung, in: Merkur 44 (1990) 1043-1054.
Ders. (2000): Zwischen Aristoteles und Kant. Skizze einer Moral der Anerkennung, in: Ders.: Das Andere der Gerechtigkeit. Aufsätze zur praktischen Philosophie, Frankfurt, 171-192.
Ders. (2003a): Kampf um Anerkennung. Zur moralischen Grammatik sozialer Konflikte. Mit einem neuen Nachwort, Frankfurt.

Ders. (2003b): Umverteilung als Anerkennung. Eine Erwiderung auf Nancy Fraser, in: Fraser, Nancy/Honneth, Axel Umverteilung oder Anerkennung. Eine politisch-philosophische Kontroverse, Frankfurt, 129-224.

Ders. (2003c): Unsichtbarkeit. Über die moralische Epistemologie von ‚Anerkennung', in: Ders.: Unsichtbarkeit. Stationen einer Theorie der Intersubjektivität, Frankfurt, 10-27.

Krebs, Angelika (2000): Die neue Egalitarismuskritik im Überblick, in: Dies. (Hrsg.): Gleichheit oder Gerechtigkeit. Texte der neuen Egalitarismuskritik, Frankfurt, 7-37.

Dies. (2002): Arbeit und Liebe. Die philosophischen Grundlagen sozialer Gerechtigkeit, Frankfurt.

Dies. (2003): Gleichheit oder Gerechtigkeit. Die Kritik am Egalitarismus, in: Pauer-Studer, Herlinde/Nagl-Docekal, Herta (Hrsg.): Freiheit, Gleichheit und Autonomie, Wien/Berlin, 49-93.

Machiavelli, Niccolò (1978): Der Fürst (Rudolf Zorn), Stuttgart, 6. Auflage.

Margalit, Avishai (1996): The Decent Society, Cambridge/Mass.

Ders. (1997): Decent Equality and Freedom: A Postscript, in: Social Research 64, 1 (1997) 147-160.

Marshall, Thomas (1977): Class, Citizenship, and Social Development, Chicago.

Messner, Johannes (1960): Das Naturrecht. Handbuch der Gesellschaftsethik, Staatsethik und Wirtschaftsethik, Innsbruck/Wien/München, 4. Auflage.

Miller, David (1999): Principles of Social Justice, Cambridge/Mass.

Möhring-Hesse, Matthias (2004): Die demokratische Ordnung der Verteilung. Eine Theorie der sozialen Gerechtigkeit, Frankfurt.

Nussbaum, Martha C. (1992): Human Functioning and Social Justice, in: Political Theory 20 (1992) 202-246.

Dies. (1999c): Sex and Social Justice, Oxford/New York.

Dies./Sen, Amartya (1993): The Quality of Life, Oxford.

Scholz, Olaf (2003): Gerechtigkeit und Solidarische Mitte im 21. Jahrhundert. 13 Thesen für die Umgestaltung des Sozialstaats und die Zukunft sozialdemokratischer Politik, online unter: <http://www.spd.de/servlet/PB/show/1028093/Thesen-Gerechtigkeit-Olaf-Scholz-16-07.pdf> (2003/08.06.2005).

Sen, Amartya (1981): Poverty and Famines, Oxford.

Siep, Ludwig (1979): Anerkennung als Prinzip der praktischen Philosophie. Untersuchungen zu Hegels Jenaer Philosophie des Geistes, Freiburg.

Stern, Daniel (1979): Mutter und Kind. Die erste Beziehung, Stuttgart.

Ders. (1992): Die Lebenserfahrung des Säuglings, Stuttgart.

Taylor, Charles (1992): Multikulturalismus und die Politik der Anerkennung, Frankfurt.

Ders. (1994): Quellen des Selbst. Die Entstehung der neuzeitlichen Identität, Frankfurt.
Walzer, Michael (1992): Sphären der Gerechtigkeit. Ein Plädoyer für Pluralität und Gleichheit, Frankfurt.
Wieacker, Franz (1974): Industriegesellschaft und Privatrechtsordnung, Frankfurt.
Wildt, Andreas (1982): Autonomie und Anerkennung. Hegels Moralitätskritik im Lichte seiner Fichte-Rezeption, Stuttgart.

# Arenen und Konfliktfelder erneuerter Wohlfahrtspolitik der Caritas

# Die künftige Rolle von Markt und Wettbewerb in der Wohlfahrtspolitik verbandlicher Caritas[39]

Georg Cremer

1. DIE CARITAS STEHT IM WETTBEWERB...

Spätestens seit der Verabschiedung des Sozialgesetzbuches XI ist deutlich geworden, dass es überwiegender politischer Wille der Sozialpolitiker in Deutschland ist, auch bei der Erbringung sozialer Dienste stärker als bisher wettbewerbliche Elemente zu nutzen. Im Bereich der ambulanten Pflegedienste, aber zunehmend auch in der stationären Altenhilfe, ist den frei-gemeinnützigen Trägern eine breite privatgewerbliche Konkurrenz erwachsen. Im Krankenhausbereich werden die privat-gewerblichen Träger insbesondere durch die Übernahme bisher kommunaler Häuser zu einem bedeutenden Mitbewerber. Die Caritas hat diese Herausforderung selbstbewusst angenommen. Wenn man ehrlich ist, hat dieser Wettbewerb bei einem Teil der Erbringung sozialer Dienstleistungen auch für die Caritas selbst wichtige Anreize gesetzt, ihre Arbeit im Sinne der Hilfeberechtigten zu verbessern.
Im Bereich der Pflege hat die freie Wohlfahrtspflege den privatgewerblichen Mitbewerbern in einem doppelten Sinne den Boden bereitet: einerseits hat sie diese Dienste entwickelt (ökonomisch formuliert, waren sie die Träger der Produktinnovation), und zum zweiten hat sie für die Absicherung des Pflegerisikos im System der sozialen Sicherung gekämpft und damit überhaupt erst die sozialstaatlichen Voraussetzungen für einen expandierenden Pflegemarkt geschaffen. Aber dies ist kein Spezifikum des Angebots sozialer Dienste. Auch andere erfolgreiche Akteure schaffen durch Produktinnovationen und den Aufbau neuer Märkte die Voraussetzungen für den Markteintritt ihrer Konkurrenten. Die erfolgreiche Imitation ist ein völlig normaler Teil einer wettbewerblichen Ordnung.

---

[39] Die Textfassung des Vortrags greift auf zwei frühere Veröffentlichungen des Autors zurück: Cremer (2005a; 2005 b).

## 2. ... ABER ES FEHLT DER SOZIALPOLITIK EIN ORDNUNGSPOLITISCHES KONZEPT

Allerdings hat die Politik häufig ein durchaus instrumentelles, um nicht zu sagen opportunistisches Verhältnis zum Wettbewerb. Politiker betonen das Prinzip des Wettbewerbs, wenn sie davon Kosteneinsparungen erwarten. Sie schaffen aber gleichzeitig Regelungen, die aus wettbewerbsrechtlicher Sicht äußerst problematisch oder auch krass wettbewerbswidrig sind. So stehen die einzelnen Träger der Pflege im Wettbewerb untereinander, so wie dies im SGB XI ja auch vorgesehen ist. Aber sie verhandeln ihre Entgelte mit einer zum Kartell zusammengeschlossenen Seite der Leistungserbringer, die sich über die einzelnen Vertragselemente und die abgeschlossenen Preise austauschen können. Dies ist völlig konträr zu den Vorstellungen eines funktionierenden Wettbewerbs. Das instrumentelle Verhältnis vieler Sozialpolitiker zum Wettbewerb wird auch in der häufig geäußerten Klage über sogenannte „Doppelstrukturen" deutlich. Wettbewerb beruht darauf, dass es mehrere Anbieter gibt, weil nur dadurch das Wahlrecht der Nutzer gewährleistet werden kann.

Trotz des grundsätzlichen Bekenntnisses zum Wettbewerb fehlt der Politik bisher eine ausgearbeitete ordnungspolitische Position, wie die Sozialwirtschaft in der Zukunft gestaltet werden soll. Auch bei den Wohlfahrtsverbänden existiert sie allenfalls in Ansätzen. In der derzeit geführten Auseinandersetzung um die Gestaltung der Sozialwirtschaft sind in meiner Wahrnehmung die Wohlfahrtsverbände zu stark in der Situation der Defensive, obwohl sie gute Voraussetzungen haben, sich auf den Märkten sozialer Dienstleistungen selbstbewusst zu behaupten. In diese Position der Defensive sind sie deswegen geraten, weil aus den Verbänden der Wohlfahrtspflege zu Beginn der Debatte über eine stärker wettbewerblich gestalte Erbringung sozialer Dienstleistungen zu pauschal die Meinung vertreten wurde, Wettbewerb sei für den Bereich des „Sozialen" nicht geeignet.

## 3. Wenig überzeugende Pauschalargumente

Die Klärung dieser Frage ist Voraussetzung für eine ordnungspolitisch fundierte Position zum Verhältnis von Wohlfahrtsverbänden und Staat. Daher hierzu einige Bemerkungen. Die – heute nur noch selten offen vertretene, aber weiter latent wirkende - Behauptung, soziale Dienstleistungen könnten bzw. sollten nicht in einem wettbewerblichen Rahmen erbracht werden, ist in ihrer Allgemeinheit wenig überzeugend:

Auf soziale Dienstleistungen seien alle, unabhängig von ihrer Kaufkraft angewiesen. Das ist richtig. Daraus kann aber nicht zwingend geschlossen werden, soziale Dienste dürften nicht privat-gewerblich angeboten werden. Der Staat kann durch entsprechende Transfers sicherstellen, dass jeder Bedürftige Zugang zu sozialen Diensten hat, bei frei-gemeinnützigen oder privat-gewerblichen Anbietern.

Soziale Dienste seien überlebenswichtig, wir seien daher auf eine kontinuierliche und qualitativ gute Verfügbarkeit angewiesen. Das sind wir in der Tat. Aber das sind wir auch bei vielen anderen Waren und Dienstleistungen, bei der Wohnung, bei Heizöl oder Lebensmitteln, deren Bereitstellung durch privat-gewerbliche Anbieter völlig unstrittig ist.

Zudem ist ein wichtiger Teil sozialer Dienstleistungen, nämlich die ambulante medizinische Versorgung auch in der Vergangenheit durch privat-gewerbliche Anbieter erbracht worden. Ärzte sind privatgewerbliche Akteure, natürlich handeln sie unter einer spezifischen Berufsethik und haben einen gesetzlichen Versorgungsauftrag. Und es gab und gibt einen Wettbewerb zwischen den Wohlfahrtsverbänden und in ihnen auch einen innerverbandlichen Wettbewerb.

Soziale Dienstleistungen können also unstrittig über Märkte bereitgestellt werden, bei denen Anbieter im Wettbewerb stehen. Wir brauchen also eine differenziertere Betrachtung dazu, was das Besondere sozialer Dienstleistungen ist, um daraus ggf. Besonderheiten abzuleiten, die bei der politischen Gestaltung dieser Märkte zu berücksichtigen sind.

## 4. Besonderheiten sozialer Dienstleistungen

Bei sozialen Dienstleistungen ist das Ausschlussprinzip grundsätzlich anwendbar, das Voraussetzung für die Tätigkeit privat-gewerblicher Anbieter ist. Wer nicht zahlt, dem kann die Dienstleistung verweigert werden. Aber bei einem großen Teil sozialer Dienstleistungen ist die Anwendung des Ausschlussprinzips aus guten Gründen politisch nicht gewollt. Hieraus resultiert die staatliche Verpflichtung sicherzustellen, dass auch Bedürftige, die nicht die erforderliche kaufkräftige Nachfrage entfalten können, Zugang zu sozialen Dienstleistungen haben. Dazu bedarf es einer Solidargemeinschaft, ob diese nun über steuerfinanzierte Transfers oder im Rahmen von Sozialversicherungssystemen stattfindet, die Elemente der Umverteilung beinhalten. Abgeleitet hieraus resultiert das Interesse der Solidargemeinschaft, dass der Verzicht auf das Ausschlussprinzip nicht von Personen ausgebeutet wird, die in der Lage sind, für die Kosten der von ihnen in Anspruch genommenen sozialen Dienstleistungen selber aufzukommen. Dies wird gewährleistet etwa durch eine Versicherungspflicht für medizinische Leistungen oder einer Pflicht, für das Pflegerisiko vorzusorgen (Meyer 1999, S. 27ff.). Aus der politischen Entscheidung, dass das Ausschlussprinzip bei vielen sozialen Dienstleistungen keine Gültigkeit haben soll, resultiert die Notwendigkeit, Märkte sozialer Dienstleistungen politisch zu gestalten.

Es gibt bei einem Teil sozialer Dienstleistungen unvermeidbar Über- und Unterauslastungen, bei denen ein Ausgleich über Wartezeiten unerwünscht ist, etwa bei der Unfallchirurgie, wo Kapazitäten für den Eventualbedarf vorzuhalten sind und die entsprechenden Vorhaltekosten anfallen. Dafür ist in aller Regel eine staatliche Rahmensetzung nötig.

Soziale Dienstleistungen sind häufig Beziehungsarbeit, der Anbieter ist auf Information und Mitwirkung des Nachfragers angewiesen. Es ist daher häufig nicht möglich, Schlechtleistungen eindeutig dem Anbieter zuzuordnen, die Qualitätsüberprüfung einer Leistung wird dadurch schwieriger. Ob beispielsweise eine Drogentherapie gelingt, hängt von der Interaktion zwischen Therapeut und Abhängigem ab (Arnold 2003, S. 230).

Zentrales Element funktionierender Märkte ist der souveräne Konsument, der mit seinen Entscheidungen die Nachfrage lenkt. Wie steht es mit der Konsumentensouveränität bei sozialen Dienstleistungen, wie weit ist sie eingeschränkt? Ein Teil (keineswegs alle!) Hilfeberechtigte sind noch nicht, nicht mehr bzw. vorübergehend nicht in der Lage, für sich selbst zu entscheiden und Notwenigkeit und Qualität der an ihnen vollzogenen sozialen Dienstleistung zu beurteilen. Sie selbst können deswegen nicht durch Entzug der Nachfrage auf schlechte oder falsch dimensionierte Dienstleistungen reagieren. Sie benötigen hierfür einen Treuhänder und/oder besondere Vorkehrungen der Qualitätssicherung. (Breyer/Zweifel 1999, S. 157f.).

Auch der souveräne Nutzer sozialer Dienstleistungen, der seiner Sinne mächtig ist, stößt bei einem Teil sozialer Dienstleistungen an Grenzen in seinen Möglichkeiten, die Qualität zu beurteilen. Die Leistungen in einer stationären Pflegeeinrichtung sind Erfahrungsgüter, man kann die Qualität eines Anbieters letztlich erst beurteilen, wenn man die Entscheidung getroffen hat, sich seiner Dienstleistung auszusetzen. Medizinische oder therapeutische Leistungen sind Vertrauensgüter, auch nach Vollzug der Dienstleistung kann der Nutzer nicht oder nur eingeschränkt beurteilen, ob in seinem Falle die bestmögliche Dienstleistung erbracht wurde (Arnold, 2003, S. 231f.). Asymmetrische Informationsverteilungen sind bei vielen sozialen Dienstleistungen unvermeidbar, so hat der Arzt zwangsläufig ein höheres Wissen über Notwendigkeit und Wirkungsweise medizinischer Dienstleistungen, das auch missbraucht werden kann, wie das Phänomen der angebotsinduzierten Nachfrage zeigt (Schulenberg/Greiner, 2000, S. 110f.).

Zu einer letzten Besonderheit: Wie steht es um die Option der Nutzer, ihre Unzufriedenheit mit der Qualität einer Leistung dadurch zu sanktionieren, dass sie den Anbieter wechseln? Diese Option ist zentrales Element der Nachfragermacht. Sie besteht bei vielen Dienstleistungen, einen Essensdienst, beispielsweise, kann man ohne weiteres wechseln. Häufig sind aber die psychischen Kosten für den Anbieterwechsel hoch, etwa bei Menschen, die hochbetagt in ein Heim der stationären Pflege gezogen sind.

## 5. MÄRKTE SOZIALER DIENSTE MÜSSEN POLITISCH GESTALTET WERDEN

Welche Konsequenzen sind aus diesen Besonderheiten sozialer Dienstleistungen zu ziehen? Die Märkte soziale Dienstleistungen müssen – stärker als dies bei vielen anderen Märkten für Dienstleistungen gegeben ist - politisch gestaltet werden. Das Prinzip des Nichtausschlusses bedingt die Versicherungspflicht und die Übernahme der Kosten der Dienstleistungserbringung für diejenigen, die – aus welchen Gründen auch immer – nicht versichert sind. Es bedarf besonderer staatlicher Regelungen, um ein kontinuierliches Angebot auch dort sicherzustellen, wo es bei der betriebswirtschaftlichen Kalkulation individuell agierender Träger nicht lohnend wäre. Die Informationsasymmetrien sprechen für definierte, staatlich garantierte Qualifikationsvoraussetzungen für soziale Berufe. Verbraucherberatung wäre im Bereich sozialer Dienstleistungen dringend auszubauen. Die hohe Abhängigkeit der Nutzer von sozialen Diensten, ihr Charakter als Vertrauensgüter und die oft eingeschränkten Möglichkeiten zum Anbieterwechsel begründen die Notwendigkeit einer Rahmensetzung für die Qualitätskontrolle. Dass soziale Güter Vertrauensgüter sind, bietet für die Caritas besondere Chancen gegenüber den Nutzern sozialer Dienste, die auf ein christlich geprägtes Angebot Wert legen. Daher wird innerhalb der Caritas vermehrt darüber diskutiert, ob sie zukünftig auf die Entwicklung eines Markenbewusstseins setzen soll, das Wertgebundenheit und Professionalität der Hilfe verbindet.

Zur staatlichen Gesamtverantwortung muss auch das Recht gehören, sich von der Funktionstüchtigkeit der Qualitätssicherung bei den Trägern zu überzeugen und dann einzugreifen, wenn die trägerinternen Qualitätssicherungssysteme versagen. Qualitätssicherung wird zudem nicht nur durch Qualitätssicherungssysteme bei den Trägern und durch staatliche Aufsicht sichergestellt. Soweit in dem jeweiligen Segment sozialer Dienstleistungen ein funktionierender Wettbewerb besteht, können Hilfeberechtigte schlechte Qualität dadurch sanktionieren, dass sie zum Dienst eines anderen Trägers wechseln. Dies erzeugt einen starken Anreiz bei den Trägern zur Qualitätssicherung unabhängig von der Existenz staatlicher Kontrollsysteme.

Da Märkte sozialer Dienstleistungen aus den dargelegten Gründen zwingend politisch gestaltete Märkte sind, muss es die Caritas zu ihrer Aufgabe machen, an dieser politischen Gestaltung mitzuwirken. Nur so kann sie versuchen, den politischen Rahmen für eine wertgebundene Erbringung sozialer Dienstleistungen zu sichern. Dabei sollte sie sich bei ihren Forderungen zur politischen Gestaltung sozialer Märkten ordnungspolitisch ausrichten, d.h. von folgender Frage leiten lassen: Welche Regelungen sind am ehesten geeignet, ein vielfältiges Angebot sozialer Dienstleistungen zu garantieren und die Nutzer mit der Macht auszustatten, durch ihre Entscheidungen das Angebot im Sinne ihrer Bedürfnisse und Interessen zu lenken? Unter dieser Orientierung berühren sich die unternehmenspolitische Interessenvertretung für die Dienste und Einrichtungen, die auf einen geordneten Rahmen für ihr Handeln angewiesen sind, und die anwaltschaftliche Orientierung. Denn zur anwaltschaftlichen Orientierung sollte auch das Bemühen gehören, die Nutzer sozialer Dienste mit einer im Markt wirksamen Stellung auszustatten, für ihre Interessen selbst einzutreten.

## 6. DAS SOZIALRECHTLICHES DREIECKSVERHÄLTNIS STEHT UNTER DRUCK

Die bisher vorherrschende Form, Märkte sozialer Dienstleistungen politisch zu gestalten, ist das sozialrechtliche Dreiecksverhältnis. Dieses steht gegenwärtig unter Druck. Kommunale Kostenträger versuchen, soziale Dienstleistungen wie ambulant betreutes Wohnen oder sozialpädagogische Familienhilfe auszuschreiben, deren Inhalt, Umfang und Qualität bisher zwischen Kostenträgern und Leistungserbringern verhandelt und vereinbart wurden. Gliederungen der verbandlichen Caritas haben sich mit den möglichen rechtlichen Schritten gegen die Ausschreibung sozialer Dienstleistungen zur Wehr gesetzt. Erste Urteile haben die Rechtsposition der Caritas (Neumann/Nielandt/Philipp 2004) bestätigt; die Klärung des Rechtsstreits über den Instanzenweg wird einige Jahre dauern. Der Konflikt belastet mittlerweile auch das Verhältnis zwischen den Wohlfahrtsverbänden und den kommunalen Spitzenverbänden.

Im sozialrechtlichen Dreiecksverhältnis nimmt der Staat über seine ausführenden Agenturen, die Leistungsträger (= Kostenträger) seine Gesamtverantwortung für die Erbringung sozialer Dienstleistungen in einer besonderen Weise wahr. Mit der Erbringung der sozialen Dienstleistung sind drei Rechtsverhältnisse verbunden: 1. Der Kostenträger bewilligt dem Hilfebedürftigen die Leistung. 2. Die Leistung wird jedoch nicht vom Kostenträger, sondern von frei-gemeinnützigen oder privat-gewerblichen Leistungserbringern erbracht. Regelmäßig ist der Kostenträger zur Übernahme der Kosten nur verpflichtet, wenn zwischen ihm und dem Leistungserbringer vertragliche Vereinbarungen bestehen, in denen die Bedingungen für die Leistungsabwicklung im sozialrechtlichen Dreiecksverhältnis und die Höhe der Vergütung geregelt werden. 3. Der Hilfeberechtigte selbst hat die Wahl, bei welchem Leistungserbringer er die staatliche Leistungszusage einlöst, für welchen Anbieter er sich somit entscheidet. Er schließt mit diesem einen privat-rechtlichen Vertrag über die zu erbringende Leistung. Der Einrichtungsträger, der die Leistung erbringt, erfüllt damit seine eigene Verpflichtung aus dem privatrechtlichen Vertrag mit dem Hilfeempfänger und handelt nicht im Auftrag und nicht auf Weisung des öffentlichen Kostenträgers.

Das sozialrechtliche Dreiecksverhältnis ist für die freie Wohlfahrtspflege und damit auch für die verbandliche Caritas von zentraler Bedeutung. Es verbindet die staatliche Verantwortung für die Erbringung sozialer Dienstleistungen mit einem pluralen Trägerangebot und dem Wahlrecht der Nutzer. Die freien Träger sind hierbei nicht reine Auftragnehmer und damit keine Erfüllungsgehilfen des Sozialleistungsträgers, sondern sie sind Träger eigener Aufgaben. Die Hilfeberechtigten können unter den verschiedenen zugelassenen Anbietern wählen; wenn die Zahl der Anbieter nicht künstlich beschränkt wird, ist das Wahlrecht der Hilfeberechtigten gesichert. Gegen die Erbringung sozialer Dienstleistungen im Rahmen des sozialrechtlichen Dreiecksverhältnisses wird eingewandt, die Stellung des Hilfeberechtigten sei in diesem Modell vergleichsweise schwach.(Meyer 1999; 2003, S. 71ff.) Vergleichspunkt sind dann „normale" Märkte für Güter und Dienstleistungen, bei denen die Nachfrager in direkten Beziehungen zu den Anbietern stehen und über ihre kaufkräftige Nachfrage das Angebot steuern. Es ist durchaus lohnend, über Reformen bei der

Erbringung und Finanzierung sozialer Dienste und insbesondere darüber nachzudenken, wie die Stellung der Hilfeberechtigten gestärkt werden kann. Ein Teil der Kostenträger strebt aber an, das sozialrechtliche Dreiecksverhältnis durch die Ausschreibung sozialer Dienstleistungen zu ersetzen. Bei Politikern, insbesondere Kommunalpolitikern, in der Verwaltung und sogar bei Gerichten schwindet das Bewusstsein für diese Gestaltungsform der Leistungserbringung. Der Übergang zu Ausschreibungen wäre allerdings kein Schritt, der die Stellung der Hilfeberechtigten stärkt.

In der politischen Auseinandersetzung, die hierzu geführt wird, ist erkennbar, dass die Kostenträger versuchen, die Ausschreibung als das eigentliche wettbewerbliche Verfahren zur Vergabe sozialer Dienstleistungen hinzustellen. Wer also gegen die Ausschreibung sozialer Dienstleistungen ist, so die Argumentation, ist damit gleichzeitig gegen den Wettbewerb und will offensichtlich nur seine bisherige privilegierte Stellung bei der Leistungserbringung verteidigen. Pauschale Argumente gegen eine wettbewerbliche Erbringung sozialer Dienste haben diesen Versuch der Stigmatisierung der Wohlfahrtsverbände ebenso erleichtert wie die Tatsache, dass auch ihnen eine ordnungspolitische Orientierung in dieser Auseinandersetzung fehlt.

## 7. Ausschreibungen oder Konzessionierung – ein fundamentaler Unterschied

Wie aber sind Ausschreibungen sozialer Dienstleistungen unter einer ordnungspolitischen Maxime zu bewerten? Ausschreibungen der öffentlichen Hand sollen bei Beschaffungen und Aufträgen des Staates die öffentlichen Haushalte schonen und eine Vergabe nach den Richtlinien des europäischen Wettbewerbsrechts und damit gleiche Chancen für die Anbieter sichern. Sie sollen also den Wettbewerb auch bei der Nachfrage des Staates gewährleisten. Sie sind unverzichtbar in Situationen, bei denen ein auf freien Märkten gebildeter Preis nicht festgestellt werden kann. Ausschreibungen sind an genaue Voraussetzungen gebunden. Der Ausschreibende muss Umfang und Art der Leistungen im Detail vorgeben, da sonst die Preise der Bieter nicht sinnvoll verglichen werden können.

Will der Staat beispielsweise eine Brücke über einen Fluss bauen, so ist ein Ausschreibungsverfahren zwingend für eine kostengünstige Leistungserstellung. Ein faires und ordnungsgemäß durchgeführtes Ausschreibungsverfahren gibt allen qualifizierten Bauträgern eine Chance, den Auftrag zu erhalten, es zwingt sie zu einer möglichst günstigen Kostenkalkulation und es grenzt die Gefahr missbräuchlicher Absprachen zwischen staatlichen Amtsträgern und Auftragnehmern deutlich ein. Beim Bau der Brücke kann am Schluss nur ein Bauträger zum Zuge kommen, somit muss dieser in einem möglichst fairen Verfahren bestimmt werden.

Was ist nun genau der Unterschied zu sozialen Dienstleistungen? Vor allem dieser: es geht bei sozialen Dienstleistungen, zum Beispiel in Altenheimen oder Sozialstationen nicht darum, dass ein Träger alle Dienstleistungen erbringt. Vielmehr hat sich in Deutschland eine differenzierte soziale Dienstleistungslandschaft entwickelt und die Menschen sind es gewohnt auswählen zu können, von welchem Dienstleister sie sich pflegen oder beraten lassen. Die Hilfebedürftigen erhalten üblicherweise eine staatliche Transfer- oder Versicherungsleistung, im Idealfall sogar ein persönliches Budget. Bei welchem Dienstleister sie sich schließlich pflegen oder betreuen lassen, entscheiden sie selbst. Wir sprechen in Deutschland hier vom Wunsch- und Wahlrecht von Hilfebedürftigen, es ist ein Vorzug des Systems sozialer Dienstleistungen in Deutschland, den es zu erhalten gilt.

Mit einem Ausschreibungsmodell kann die Vielfalt der Anbieter, die notwendig sind, um das Wunsch- und Wahlrecht der Bürger erfüllen zu können, so nicht gewährleistet werden. Durch Ausschreibungen wird planwirtschaftlich ein Kontingent von Plätzen festgelegt und ausgeschrieben; die Hilfebedürftigen können nur in den Einrichtungen unterkommen, die im Rahmen dieses Kontingents einen Zuschlag erhalten haben. Ein Wettbewerb besteht unter den Anbietern nur beim Ausschreibungsprozess selbst. Ein Wettbewerb um Kunden ist in diesem Modell nicht vorgesehen.

Es gibt ein weniger dirigistisches Verfahren, das sowohl die Vielfalt der Träger, das Wunsch- und Wahlrecht der Hilfebedürftigen als auch den Wettbewerb um Kunden ernst nimmt. Der Staat kann Hilfeberechtigte durch einen Transfer von Kaufkraft in die Lage versetzen, selbst ihren Pflegeplatz nachzufragen (persönliches Budget). Oder er kann, wie dies in einem unverfälschten sozialrechtlichen Dreiecksverhältnis geregelt ist, bei anerkannten Anbietern eine Sachleistung sicherstellen. Um die Vielfalt der Anbieter und das Wunsch- und Wahlrecht des Hilfebedürftigen zu ermöglichen, lässt er Träger in einem Konzessionierungsverfahren zu, eine Dienstleistung zu erbringen, also zum Beispiel ein Altenheim zu betreiben. Natürlich hat der Staat ein Interesse, Qualitätsstandards zu sichern und, soweit er für die Kosten der Pflege aufkommt, auch daran, dass die anerkannten Anbieter Pflege zu kostengünstigen Preisen anbieten. Die Einhaltung von Qualitätsstandards kann der Staat als Bedingung für die Anerkennung eines Trägers, also zum Erhalt der Konzession, festsetzen. Kostengünstige Preise kann er erreichen, wenn es genügend Träger gibt, die ein Angebot bereithalten und daher Anbieter mit überhöhten Preisen ihre Belegung nicht sichern können. Oder der Staat kann, wenn er diesem marktkonformen Mechanismus allein nicht vertrauen will, gewisse Preisbandbreiten festsetzen. Mit dieser Rahmensetzung wird die Vielfalt der Träger und der Wettbewerb unter den Dienstleistern ermöglicht. Sie stehen dann in einem Wettbewerb um den Hilfesuchenden. Dieses Vorgehen unterscheidet sich aber fundamental von der Ausschreibung. Der Staat bestimmt nämlich nicht, bei welchen Trägern hilfeberechtigte Bürger ihre Dienste zu erhalten haben, sondern er schafft über die Konzessionierung die Rahmenbedingungen für die Arbeit vieler Träger. Die Wahl haben die Hilfeberechtigten. Die zugelassenen Anbieter tragen das Risiko, ob sich genügend Bürger für ihre Hilfeleistung entscheiden, um die wirtschaftliche Existenz der Einrichtung zu sichern.

## 8. BELEGUNGSGARANTIE – WEGFALL DER WAHLRECHTE

Ausschreibungen nach den Regeln des Vergaberechts sind dagegen in aller Regel mit einer Belegungsgarantie verbunden. Derjenige, der die Ausschreibung gewinnt, hat auch einen Anspruch, die ausgeschriebene Leistung erbringen zu können. Eine Belegungsgarantie bedeutet aber, dass der ausschreibende Kostenträger Hilfeberechtigte dem Anbieter zuweisen muss, der in der Ausschreibung den Zuschlag erhalten hat. Ausschreibungen durch öffentliche Instanzen sind somit sehr dirigistische Verfahren. Sie stehen somit im Widerspruch zum Wunsch- und Wahlrecht der Nutzer sozialer Dienstleistungen. Sie sind für bestimmte Bereiche sinnvoll oder gar unvermeidlich, bei denen eine Versorgung in der Fläche mit hohen Vorhaltekosten und bei sehr unterschiedlicher Nutzungsintensität gesichert werden muss. Bei dem Gros der sozialen Dienstleistungen - der stationären und ambulanten Pflege oder den Hilfen für Menschen mit Behinderung oder Jugendhilfeleistungen - würde das Verfahren der Ausschreibung mit Belegungsgarantie zu einem neuen Dirigismus führen, der die Entscheidungsrechte der Hilfeberechtigten aushebelt. Besonders gravierend wäre der Eingriff bei stationären Einrichtungen. Führt der Kostenträger über das Instrument der Ausschreibung eine Bedarfsplanung durch und beschränkt entsprechend das Angebot sozialer Dienste, so wird er wegen der Lebensdauer der aufzubringenden Investitionen eine erneute Ausschreibung der Leistung erst nach Ablauf von mindestens 25 oder 30 Jahren durchführen. Solange sind Hilfeberechtigte auf die Leistungen des Gewinners der Ausschreibung angewiesen, egal wie gut oder schlecht sich diese erweisen werden.

Zusammenfassend: Die Ausschreibung verlagert den Wettbewerb zwischen den Trägern sozialer Dienste vom Wettbewerb um die Nutzer ihrer Dienste auf einen Wettbewerb um den staatlichen Zuschlag im Ausschreibungsverfahren. Die ausschreibende Instanz allein würde entscheiden, welches Angebot mit welcher Qualität im Interesse der Nutzer erforderlich ist. Dies würde nicht mehr durch Wahlentscheidungen der Hilfeberechtigten geschehen. Diese hätten damit auch keine Möglichkeit, Qualitätskontrolle „mit den Füßen" wahrzunehmen, das heißt, den Anbieter zu wechseln, wenn sie mit seinen Leistungen unzufrieden sind. Sie wären auf das im Ausschreibungsverfahren festgelegte Angebot angewiesen. Die Verantwortung der Qualitätskontrolle läge allein beim Kostenträger, er könnte sich darauf berufen, die bei der Ausschreibung zugesicherten Standards seien nicht eingehalten worden, oder er könnte bei mangelhafter Qualität dem Leistungserbringer drohen, ihn bei künftigen Ausschreibungen nicht zu berücksichtigen. Abgesehen von der Frage, ob Kostenträger als Anwälte der Qualitätskontrolle in den von ihnen zu finanzierenden Diensten und Einrichtungen nicht häufig in Widerspruch geraten zu ihren Interessen an Ausgabenbegrenzung: Die Rückmeldung „mit den

Füßen", die die ihre eigenen Interessen vertretenden Hilfeberechtigten oder ihre Betreuungspersonen den Trägern sozialer Dienste und Einrichtungen geben können, ist unverzichtbarer Bestandteil einer angemessenen Qualitätskontrolle und ist im Hinblick auf die Nutzerzufriedenheit in aller Regel wirksamer als behördliche Kontrolle durch die Kostenträger. Aus ordnungspolitischer Perspektive ist daher das Ausschreibungsverfahren den Regelungen des sozialrechtlichen Dreiecksverhältnisses mit Konzessionierungsverfahren unterlegen.

## 9. Wie steht es mit der Kostenersparnis?

Die Ausschreibung gewinnt Anhänger unter den Kostenträgern, da sie sich hiervon Kostensenkungen versprechen. Wenn es so wäre, dass ausgeschriebene Leistungen bei gleicher Qualität deutlich günstiger zu erbringen wären als bei einem Angebot unter den Bedingungen des sozialrechtlichen Dreiecksverhältnisses, dann liefe allerdings etwas schief. Ob dies so wäre, ist derzeit nicht ausgemacht. Die Ergebnisse der Leistungserbringung unter den Bedingungen des sozialrechtlichen Dreiecksverhältnisses können insbesondere dann unbefriedigend sein, wenn das Angebot ungenügend ist und daher Nutzer erst über Wartelisten Zugang zu einer Dienstleistung erhalten. Dann läuft das Wunsch- und Wahlrecht ins Leere. Aber warum bleibt das Angebot ungenügend? Häufig begrenzen die Kostenträger das Angebot künstlich, bewusst durch das Instrument der staatlichen Bedarfsplanung bzw. faktisch über die Objektförderung. Diese Instrumente wirken als Zutrittsschranken für neue Anbieter, übrigens keineswegs nur für privat-gewerbliche Träger, sondern auch für Träger der freien Wohlfahrtspflege. Bei einer durch Bedarfsplanung vollzogenen künstlichen Verknappung des Angebots bestehen keine oder nur sehr eingeschränkte Wahlalternativen und können auch vergleichsweise teure Einrichtungen auf Belegung hoffen.

Unter diesen Bedingungen kann auch das Instrument des Mehrkostenvorbehalts nicht greifen, unter dem das Wahlrecht der Hilfebedürftigen legitimerweise steht. Mit dem Mehrkostenvorbehalt können Kostenträger dem Wunsch eines Hilfeberechtigten nach Finanzierung eines bestimmten Dienstes oder eines Platzes in einer Einrichtung widersprechen, wenn dieser Dienst oder die Einrichtung mit unverhältnismäßigen Mehrkosten verbunden ist gegenüber Alternativen, die den Hilfebedarf ebenfalls erfüllen. Der Mehrkostenvorbehalt nutzt den Kostenträgern also nur, wenn sie Alternativen nachweisen können. Die Begrenzung der Anbieter und die Verknappung des Angebots und damit der Mangel an Alternativen ist aber Folge der Politik der Kostenträger, die also selbst das Problem erzeugen, das ein Teil von ihnen mit der Abkehr vom sozialrechtlichen Dreiecksverhältnis lösen will.

Es ist keineswegs belegt, dass Ausschreibungen gegenüber den Regelungen des sozialrechtlichen Dreiecksverhältnisses bei gleicher Qualität der Dienstleistungen zu Kostensenkungen führen. Kosteneinsparungen wären dann zu erwarten, wenn über die Ausschreibungen die Menge der Leistungserbringung begrenzt würde. Bei medizinischen Dienstleistungen war der Effekt beobachtbar, dass mit dem Ausbau des Angebots auch die Nachfrage stieg. Mit der Zahl der niedergelassenen Ärzte stiegen früher auch die abgerechneten Leistungen, obwohl die Bevölkerung sicherlich nicht schlagartig kränker wurde. Dieses Phänomen bezeichnen die Gesundheitsökonomen als „angebotsinduzierte Nachfrage". In der gesetzlichen Krankenversicherung versucht man diesem Problem mit Budgetierungen zu begegnen. Aber bei vielen ambulanten und stationären sozialen Dienstleistungen spielt die „angebotsinduzierte Nachfrage" keine Rolle. Niemand geht in ein Pflegeheim, nur weil die Caritas freie Heimplätze hat. Zudem hat die Pflegeversicherung bzw. bei ergänzendem Hilfebedarf der Sozialhilfeträger auch bei der Dienstleistungserbringung im sozialrechtlichen Dreiecksverhältnis die Mengensteuerung in der Hand, da sie über Verwaltungsakt über die Gewährung der Hilfe entscheiden. Gleiches gilt für die Sozial- und Jugendhilfe (Brünner 2001, S. 109, 151). Ausschreibungen oder andere Instrumente der Bedarfsplanung sind also nicht nötig um zu verhindern, dass aus wirtschaftlichen Erwägungen der Leistungserbringer heraus unnötige Leistungen erbracht werden.

Kostensenkungen über Ausschreibungen wären dann möglich, wenn die ausschreibenden Kostenträger die Menge des Angebots so begrenzen würden, dass ein bisher gegebener rechtlicher Hilfeanspruch faktisch nicht erfüllt werden könnte, also trotz festgestellter Bedürftigkeit kein stationärer Altenpflegeplatz oder kein Therapieplatz zur Verfügung stünde. Dies wäre eine Rationierung der Hilfe über Wartelisten, wie sie auch in anderen hochdirigistischen Hilfesystemen vorkommt. Zu dieser Absicht bekennt sich derzeit jedoch keiner der Kostenträger, die die Ausschreibung favorisieren. Kostensenkungen über Ausschreibungen wären zudem dann zu erwarten, wenn mit der Umstellung der Regeln der Leistungserbringung die Qualitätsstandards abgesenkt würden. Nur darf man Kostensenkung durch Qualitätsabbau nicht als Effizienzgewinn eines wettbewerblichen Verfahrens verkaufen.

## 10. DIE RECHTE DER NUTZER STÄRKEN

Statt zur Ausschreibung mit ihren dirigistischen Entscheidungen einschließlich einer das Wahlrecht aushebelnden Belegungsgarantie überzugehen, gibt es eine ordnungspolitisch vorzuziehende Alternative, die zudem die Macht des Nutzers sozialer Dienstleistungen zu stärken in der Lage ist (zum folgenden Deutscher Caritasverband 2004).
Das Wunsch- und Wahlrecht, wie es das sozialrechtliche Dreiecksverhältnis im Grundsatz sichert, kann weiter ausgebaut werden, wenn die starren Vorgaben des Leistungserbringungsrechts gelockert werden und damit die Hilfeberechtigten mehr Möglichkeiten erhalten, ihr Hilfearrangement individuell zu gestalten. Mit dem Übergang von der Objektförderung zur Subjektförderung könnten die Hemmnisse für einen angemessenen Ausbau der Dienste und Einrichtungen überwunden werden. Bekanntermaßen bewirkt die Krise der öffentlichen Haushalte und die ungenügenden Mittel für Re-Investitionen im Rahmen der Objektförderung einen schleichenden Substanzverzehr bei den Trägern. Wartelisten statt Wahlfreiheit sind die Folge.
Durch den Übergang zu Geldleistungen bzw. durch Einführung persönlicher Budgets kann die Subjektstellung der Hilfeberechtigten gestärkt werden. Sie können dann - möglicherweise mit Unterstützung einer Betreuungsperson – stärker als bisher zwischen unterschiedlichen Versorgungsformen und Hilfearten wählen. Natürlich würden dadurch auch die Anreize, Preise und Leistungen zu vergleichen, gestärkt. Hilfebedürftige erhielten mehr Chancen, selbstbewusste Nutzer oder Kunden zu werden. Solange die Zuweisung von Leistungen zusammen mit einem großen Teil der dazu gehörenden Verfahren,

der Planungsverantwortung und teilweise auch der Durchführungsverantwortung in der Hand von Behörden liegen, bleibt die Wahlfreiheit und Selbstbestimmung der Hilfeberechtigten auch unter den Regelungen des sozialrechtlichen Dreiecksverhältnisses eingeschränkt, auch wenn sie deutlich größer ist als unter den Bedingungen der Ausschreibung.

Was ist zu erwarten, wenn sich das Persönliche Budget durchsetzt? Zunächst gewährt der Staat und seine ausführenden Agenturen, die Leistungsträger, nicht mehr Sozialleistungen, sondern überträgt Kaufkraft, wie wir es bei der Rente, dem Kindergeld, dem Wohnungsgeld usw. schon lange kennen. Das Wunsch- und Wahlrecht als Ausdruck der Selbstbestimmung wird ernst genommen. Damit gewinnen die Anspruchsberechtigten bzw. ihre rechtlichen Vertreter mehr Einfluss auf die Art und Weise, wie ihr Bedarf an sozialen Dienstleistungen gedeckt wird. Bei reinen Geldtransfers entfällt das sozialrechtliche Dreiecksverhältnis. Ein persönliches Budget, das unter Verwendungsauflagen gewährt wird, stärkt die Stellung des Nutzers im sozialrechtlichen Dreiecksverhältnis. Die Kontrolle durch die Nutzer selbst und ein verbesserter Verbraucherschutz könnten einen wesentlichen Teil der staatlichen Aufsicht ablösen.

So gesehen erfordert das Persönliche Budget einerseits eine grundsätzliche politische Auseinandersetzung über Ausformungen des Sozialstaats und andererseits konkrete Festsetzungen über Verfahren, Umfang und Qualität der Hilfe. Diese Auseinandersetzung, die im Gegensatz zu heute offen geführt werden muss, wird die Diskussion innerhalb der Wohlfahrtsverbände und das Verhältnis zwischen Wohlfahrtspflege und Staat auch künftig prägen. Die Wohlfahrtsverbände selbst müssen sich hierbei einer Debatte stellen, die differenziert nach den einzelnen Hilfefeldern zu führen ist.

Derzeit scheint es allerdings, dass ein Teil der Kostenträger entgegen aller Wettbewerbsrhetorik kein Vertrauen darin hat, dass ein Wettbewerb mit möglichst freiem Zugang für neue Anbieter und ohne Bedarfsplanung bei vielen sozialen Dienstleistungen in der Lage ist, ein ausreichendes Angebot zu guter Qualität und vernünftigen Preisen zu gewährleisten. Es ist weit eher zu befürchten, dass ein Teil der Kostenträger ihr Heil im alten Dirigismus der Bedarfsplanung sucht, der häufig verantwortlich dafür ist, dass die Ergebnisse des sozialrechtlichen Dreiecksverhältnisses für die Hilfeberechtigten schlechter sind als sie sein könnten. Zu befürchten ist, dass nun der neue Dirigismus der Ausschreibungen hinzukommt, bei denen es allein in der Entscheidungsgewalt der Kostenträger liegt, wie soziale Dienstleistungen gestaltet werden.

Nur eine Wohlfahrtspflege, die eine klare ordnungspolitische Perspektive einnimmt und sich an der Frage orientiert, wie die Rechte der Hilfeberechtigten gestärkt werden können, kann die Auseinandersetzung hierzu glaubwürdig führen. Die Sicherung des Rechts der Hilfeberechtigten oder ihrer Betreuungspersonen, selbst eine Wahl in ihrem Interesse treffen zu können, muss im Zentrum dieser Orientierung stehen. Nur durch ein Wahlrecht gewinnen diese Macht und Verantwortung für die Lenkung des Angebots sozialer Dienste und die Kontrolle der Qualität dieser Dienste. Eine behördliche Angebotssteuerung behindert die Pluralität der Träger und beschränkt oder verhindert den Zutritt neuer Anbieter. Die Macht der Hilfeberechtigten ist auch für die Dienste und Einrichtungen der verbandlichen Caritas nicht bequem. Für Träger, die sich als freie Träger verstehen, ist es aber angemessener, in ihrer künftigen Stellung bei der Erbringung sozialer Dienstleistungen von den Wahlentscheidungen von Millionen Hilfeberechtigten abhängig zu sein als von der Angebotssteuerung staatlicher Instanzen. Dem Wettbewerb um die Hilfeberechtigten selbst können sich die Träger der verbandlichen Caritas selbstbewusst stellen. Eine solche ordnungspolitische Orientierung wird auch dem Anliegen förderlich sein, dem Ansinnen eines Teils der Kostenträger entgegenzutreten, das sozialrechtliche Dreiecksverhältnis durch den Dirigismus der Ausschreibungen abzulösen und damit gleichzeitig bessere Alternativen zu behindern.

## 11. LITERATUR

Brünner, F. (2001): Vergütungsvereinbarungen für Pflegeeinrichtungen nach SGB XI, Baden-Baden: Nomos.

Cremer, G. (2005 a): Vergaberecht: Nutzer müssen auswählen können. In: Neue Caritas. 106. Jahrg. Heft 4/2005, S. 9 – 15.

Cremer, G. (2005 b): Wohlfahrtsverbände und Staat – Welche Spielregeln bestimmen die Zukunft der Sozialwirtschaft? In: Tagungsdokumentation zu ConSozial 2004.

Deutscher Caritasverband, Zentralratsausschuss „Sozialpolitik und Wohlfahrtspflege" (2004): Auf dem Weg zu einer kohärenten sozial- und wohlfahrtspolitischen Gesamtposition des Deutschen Caritasverbandes", S. 18ff.

Meyer, D. (1999): Wettbewerbliche Neuorientierung der Freien Wohlfahrtspflege. Berlin: Duncker & Humblot.

Meyer, D. (2003): Für mehr Wettbewerb im stationären Altenhilfesektor. Berlin: Duncker & Humblot.

Neumann, V. & Nielandt, D. & Philipp, P.(2004): Erbringung von Sozialleistungen nach Vergaberecht? Rechtsgutachten im Auftrag des Deutschen Caritasverbandes und des Diakonischen Werks der Evangelischen Kirche in Deutschland. April 2004.

# Die Rolle von Markt und Wettbewerb bei der Ausrichtung der verbandlichen Caritas

Hans Braun

## 1. Ein klärendes Wort

„Mehr Markt" fordern die einen, „mehr Wettbewerb" verlangen die anderen, wenn es um die Zukunft unserer Systeme der sozialen Hilfen geht. Sind wir uns aber immer im Klaren darüber, was wir mit Markt und Wettbewerb tatsächlich meinen und in welchem Verhältnis die beiden Begriffe stehen? Man kann sich des Eindrucks nicht erwehren, dass ein Teil der öffentlichen, aber auch der in Fachkreisen geführten Diskussion davon lebt, dass dies gerade nicht der Fall ist. Selbst auf die „Gefahr" hin, dass dadurch die Diskussion rationaler wird, was im politischen Raum oftmals bedeutet, dass die Teilnahme daran weniger attraktiv ist, sei folgendes festgestellt:

„Markt" bezeichnet das Aufeinandertreffen von Angebot und Nachfrage mit dem Ergebnis, dass sich ein Preis für ein bestimmtes Gut oder eine Dienstleistung bildet. Marktgeschehen basiert auf einem „Wettbewerb" der Anbieter. Wettbewerb ist aber keineswegs auf den Markt beschränkt. Das Prinzip ist viel allgemeiner. Wir haben Wettbewerb im Sport, in der Kunst, in der Wissenschaft und in vielen anderen Bereichen. Und wir hatten Wettbewerb auf dem Feld der sozialen Dienstleistungen, noch ehe über die Ausgestaltung dieses Bereichs nach Marktgesichtspunkten überhaupt diskutiert wurde.

## 2. Marktbeziehungen im Sozialbereich

Haben wir es im Sozialbereich aber überhaupt mit einem Markt zu tun – und wenn ja, wer sind die Marktpartner? Gewiss, es gibt Anbieter von Dienstleistungen: traditionell die frei-gemeinnützigen Träger, im letzten Jahrzehnt zunehmend auch gewerbliche Anbieter. Auch die Nachfrager stehen fest. Es sind die Menschen, deren Problemlagen die

Eigenkräfte übersteigen und die auf Hilfen angewiesen sind, die sie, aus welchen Gründen auch immer, in ihrem unmittelbaren sozialen Umfeld nicht mehr erhalten können. Anders als in anderen Beziehungen zwischen Anbietern und Nachfragern zahlen in Ländern mit einer sozialstaatlichen Orientierung die Nachfrager in der Regel aber nicht selbst oder nicht in vollem Umfang den Preis für die erhaltenen Leistungen. Aus diesem Grunde bildet sich der Preis der Leistungen auch nicht aus dem Aufeinandertreffen von Angebot und Nachfrage – zumindest nicht der Nachfrage der Klienten. Dies hängt mit dem „sozialstaatlichen Dreieck" zusammen: Anbieter, Nachfrager und Kostenträger oder, wie es in der angelsächsischen Terminologie heißt, „third party payer" (Braun 2003, S. 85).

Den größten Teil der von ihnen erbrachten Leistungen rechnen die Anbieter mit den Kostenträgern ab. Da diese ihre Ausgaben aus den Beiträgen der Versicherten oder aus dem allgemeinen Steueraufkommen finanzieren, müssten die Beitrags- und Steuerzahler eigentlich ein Interesse an möglichst geringen Ausgaben und damit niedrigen Abgaben haben. Das heißt, dass die Leistungen zu einem möglichst niedrigen Preis von den Leistungserbringern bezogen werden können. Tatsächlich ist der aus niedrigeren Beiträgen und Steuern resultierende Vorteil für die Menschen, welche auf soziale Dienstleistungen aktuell angewiesen sind, aber unbedeutend im Vergleich zu dem Vorteil, den sie in „guten" und damit oftmals eben auch teueren Leistungen sehen. Von daher steht der Preis von Dienstleistungen unter den Bedingungen des sozialstaatlichen Dreiecks für die Empfänger eben nicht im Vordergrund.

Die Kostenträger treten in gewisser Weise als Globalnachfrager von Leistungen auf. Deshalb kann in ihrem Verhältnis zu den Leistungserbringern tatsächlich von einer Marktbeziehung gesprochen werden. Dabei handelt es sich um eine Marktform, die von Ökonomen als Monopson bezeichnet wird: Einer großen Zahl von Anbietern steht ein einziger Nachfrager gegenüber. Dies gilt in der Regel auch dann, wenn es sich formal um mehrere Nachfrager handelt (Pflegekassen, Krankenkassen, Berufsgenossenschaften), da die Handlungsspielräume der einzelnen Träger weitgehend staatlich geregelt werden. Um eine Marktbeziehung zwischen Leistungserbringern und Klienten herzustellen, müssten letztere durch die Kostenträger mit „Kaufkraft" ausgestattet werden. Dann könnten sie, ihren individuellen Präferenzen folgend, sich die Dienstleistungen kaufen, die sie im Hinblick auf ihre Situation als sinnvoll ansehen. Dies entspräche dem reinen Marktmodell. Und tatsächlich wird mit diesem Modell – etwa in Gestalt des persönlichen Budgets in der Behindertenhilfe – auch experimentiert. Anzeichen für eine generelle Umsetzung des reinen Marktmodells gibt es aber nicht. Die Hindernisse sind denn auch nicht zu übersehen. Sie können nur von jenen geleugnet werden, für die Markt gleichsam eine metaphysische Größe darstellt, über deren Grenzen nachzudenken schon ein Sakrileg bedeutet.

Dabei ließe sich ein Hindernis, das häufig genannt wird, relativ einfach aus der Welt schaffen, dass nämlich die mit Kaufkraft ausgestatteten Klienten die ihnen zur Verfügung gestellten Mittel zweckentfremdet verwenden: durch die Ausstattung der Nachfrager nicht mit Geld, sondern mit Gutscheinen, die sie für die von ihnen gewünschten Leistungen bei den Anbietern ihrer Wahl einlösen können. Nun sind natürlich auch unter den Bedingungen des derzeitigen sozialstaatlichen Dreiecks die Klienten in bestimmter Weise frei in der Wahl der Leistungserbringer. Orientierungsgröße für die Nachfrage ist aber nicht der Preis, den sie gewöhnlich gar nicht kennen, sondern etwas, auf das noch näher einzugehen sein wird, nämlich die Qualität. Nicht im Problem der Kanalisierung der Mittelverwendung durch die Nachfrage liegt denn auch das Problem, sondern darin, dass die Menschen, die auf soziale Dienstleistungen angewiesen sind, nur mit erheblichen Einschränkungen „Kunden" im strengen Sinne sein können.

## 3. Weshalb „Klienten" keine wirklichen „Kunden" sind

Vielfach ist es heute im Sozialbereich ein Ausweis von „Modernität", von den Adressaten der erbrachten Leistungen als von „Kunden" zu sprechen. Dabei sind Ökonomen gewöhnlich zurückhaltender bei der Anwendung des Kundenbegriffs auf den Sozialbereich als die dortigen Akteure selbst (Braun 2000, S. 74f.). Bei näherem Zusehen handelt es sich bei der Rede vom Kunden nämlich häufig um eine unkritische Übernahme von Denkweisen aus dem Bereich der Sachgüter und der nicht-sozialen Dienstleistungen auf ein Handlungsfeld, in dem ganz

spezifische Bedingungen gelten. So sieht denn auch Joachim Merchel den analytischen Wert des Kundenbegriffs in seiner Anwendung auf die soziale Arbeit als unzureichend an. Seiner Auffassung nach handele es sich bei dem Begriff eher um „eine assoziativ wirkende Chiffre mit einer strategischen Bedeutung aufgrund eines Aufmerksamkeits- und Irritationswertes" (2001, S. 41).
Problematisch ist die Rede von Kunden zunächst einmal deshalb, weil den Adressaten sozialer Dienstleistungen im Allgemeinen eine Eigenschaft fehlt, die Ökonomen als „Kundensouveränität" bezeichnen. Diese Kundensouveränität ist bei sozialen Dienstleistungen aus fünf Gründen eingeschränkt.
1. Zunächst einmal haben wir es mit der Tatsache zu tun, dass Klienten unter Umständen die Einsicht dafür fehlt, dass in ihrem Fall eine bestimmte Maßnahme überhaupt erforderlich ist. So können bei Kindern oder dementiv veränderten alten Menschen schlicht die intellektuellen Voraussetzungen nicht vorhanden sein.
2. Überdies kann die Inanspruchnahme sozialer Dienstleistungen mit Lebensumständen verbunden sein, die den Adressaten nicht als erstrebenswert erscheinen. In diesem Zusammenhang ist an den Alkoholabhängigen zu denken, dessen Entziehungskur notwendigerweise mit Beschränkungen der persönlichen Freiheit verbunden ist. In diesen Fällen müssen von dritter Seite bestimmte Maßnahmen im Interesse der Adressaten eingeleitet werden.
3. Weiterhin ist der Klient deshalb nur mit großen Einschränkungen als Kunde und damit als echter Marktpartner zu betrachten, weil sich sein Informationsstand ganz erheblich von dem des Leistungserbringers unterscheidet. Ökonomen sprechen in diesem Zusammenhang von „Informationsasymmetrie". Aufgrund der Komplexität seiner Problemlage kann der Adressat oftmals gar nicht entscheiden, welche Art von Leistung bzw. welche Leistungskombination für ihn die richtige ist. Wie dies bei Dienstleistungen generell der Fall ist, können nämlich auch soziale Dienstleistungen nur im Nachhinein im Hinblick auf ihre Qualität beurteilt werden. Und dies bei Problemen, die für die Betroffenen oftmals von existenzieller Bedeutung sind! In diesem Zusammenhang sei Georg Cremer zitiert: „Natürlich treffen wir im Alltag viele andere Marktentscheidungen, ohne das Gut, das wir erwer-

ben, letztlich genau kennen zu können. Aber soziale Dienste haben für uns eine hohe Bedeutung: Eine schlechte Beratung in einer für uns existenziellen Frage oder gar eine verpfuschte Operation haben für uns nachteiligere Folgen als der Gang in ein Restaurant, dessen lausige Küche sich erst beim Essen erweist" (2002, S. 44).

4. Häufig sind es zudem nicht nur Informationsasymmetrien, welche die Souveränität der Klienten beschränken, sondern auch die Umstände der Inanspruchnahme sozialer Dienste. Dies ist gerade bei gesundheitsbezogenen Dienstleistungen der Fall. So erfolgt etwa die Nachfrage nach pflegerischer Versorgung eines alten Menschen, der einen Schlaganfall erlitten hat, allgemein unter Bedingungen, die von den Beteiligten als mehr oder weniger dramatisch erfahren werden. Die Betroffenen und ihre Angehörigen sind dann nur sehr eingeschränkt in der Lage, sich einen Überblick über das vorhandene Angebot an sozialen Dienstleistungen zu verschaffen, solche Angebote zu vergleichen und danach zu einer abgewogenen Entscheidung zu kommen. Extremer Handlungsdruck geht hier mit psychischen Belastungen einher. Unter diesen Umständen sind in der Regel eine rationale Suche und eine rationale Entscheidung schwierig, wenn nicht gar unmöglich.

5. Schließlich ist die „Kundensouveränität" der Klienten dadurch eingeschränkt, dass er nur schwer „abwandern" kann. Wer mit der Qualität des Essens unzufrieden ist, sucht sich ein anderes Restaurant, und wem der Haarschnitt, den er erhalten hat, nicht gefällt, der geht das nächste Mal zu einem anderen Friseur. Natürlich kann auch derjenige, der einen ambulanten Pflegedienst in Anspruch nimmt, den Leistungsbezug einstellen und einen anderen Dienst kommen lassen. Und auch derjenige, der ins Pflegeheim gegangen ist, kann theoretisch wieder ausziehen. Tatsächlich ist eine solche „Abwanderung" aber mit erheblichen psychischen und sozialen Kosten verbunden, welche häufig die Kräfte der Betroffenen übersteigen.

Nicht nur die Situation der Klienten ist es aber, welche der Anwendung des Kundenbegriffs auf soziale Dienstleistungen Grenzen setzt. Auch die Situation der Leistungserbringer unterscheidet sich von der Situation der Anbieter von Gütern und anderen Dienstleistungen. So sind die Hersteller von Sachgütern oder die Erbringer von Finanzdienstleistungen bzw. Transportdienstleistungen normalerweise bestrebt, ihre Kunden an sich zu binden. Der Kunde soll das Gut nicht nur einmal kaufen und die Dienstleistung nicht nur einmal in Anspruch nehmen, er soll wiederkommen. Er soll längerfristig Abnehmer von Leistungen des Unternehmens sein. Gerade in einer Zeit gesättigter Märkte, auf denen die Gewinnung neuer Kunden oder gar die Rückgewinnung abgewanderter Kunden wesentlich teurer ist als das Halten von Kunden, spielt Kundenbindung eine zentrale Rolle.

Nun ist realistischerweise davon auszugehen, dass es Fälle gibt, in denen auch die Anbieter sozialer Dienstleistungen, vielleicht auch nur unbewusst, darauf aus sind, Klienten an sich zu binden. Generell gilt freilich, dass die Bindung der Klienten nicht das Ziel sozialer Dienste ist und auch nicht sein darf. Im Grunde besteht für die Mitarbeiter sozialer Dienste der Sinn ihres Tuns vielfach ja gerade darin, die Adressaten der Leistungen – seien es Drogenabhängige oder Rehabilitanden nach einem Arbeitsunfall – nicht an den Leistungserbringer zu binden. Sieht man von dem Bereich der Pflege ab, der gewiss eines der wichtigsten Handlungsfelder sozialer Dienste darstellt, dann sollen Klienten ja gewöhnlich in die Lage versetzt werden, ein Leben zu führen, bei dem sie nicht mehr von professioneller Hilfe abhängig sind. Im Übrigen kann Kundenbindung oftmals schon deshalb kein ausdrückliches Ziel sein, weil ja von vornherein feststeht, dass die Adressaten des Tuns die Leistungen nur für eine bestimmte Zeitspanne überhaupt in Anspruch nehmen können. Dies ist offensichtlich bei Leistungen, die sich an bestimmte Altersgruppen wenden, zum Beispiel an Kinder.

Wirtschaftssysteme, die auf dem Prinzip der Zentralverwaltung basierten, sind Ende des 20. Jahrhunderts zumindest in Europa kläglich gescheitert. Die empirische Überlegenheit von Marktwirtschaften ist offensichtlich. Von daher ist es durchaus verständlich, wenn versucht wird, das Markt-Paradigma auch auf das Feld der sozialen Dienstleistungen anzuwenden. Indessen ist dies, wie ich zu zeigen versucht habe, nur mit Einschränkungen möglich. Zwar haben wir Anbieter und Nachfrager von Leistungen, doch zahlt der Nachfrager in der Regel nicht den vollen Preis für die Leistungen. Und der Preis bildet sich auch nicht im Aufeinandertreffen von Angebot der Leistungserbringer und Nachfrage der Klienten. Er bildet sich auf einem zweiten Markt, nämlich dem, auf dem sich Anbieter und Kostenträger gegenüber stehen. Deshalb ist ja für den Klienten auch der Preis keine Größe bei seiner Entscheidung über die Inanspruchnahme sozialer Dienstleistungen, sondern allenfalls die vermutete Qualität solcher Leistungen. Darüber hinaus ist der Klient aber auch kein wirklicher Kunde und der Leistungserbringer auch kein Anbieter in dem Sinne, dass er generell auf Kundenbindung bedacht ist bzw. bedacht sein darf.

### 4. Warum Wettbewerb auch im Sozialbereich wichtig ist

Folgt nun aus der Tatsache, dass das Markt-Paradigma nur sehr eingeschränkt auf den Bereich der sozialen Dienstleistungen angewendet werden kann, dass hier Wettbewerb nur eine untergeordnete Rolle spielt? Keineswegs! Wettbewerb zwischen den Erbringern sozialer Dienstleistungen kann zunächst einmal im professionellen Selbstverständnis der Mitarbeiterinnen und Mitarbeiter begründet sein: Sie wollen ganz einfach die unter den gegebenen Umständen bestmöglichen Leistungen erbringen. Wettbewerb dürfte natürlich immer auch begründet sein im Interesse von Institutionen an ihrem Erhalt. Um als Anbieter bestehen zu können, muss man bestrebt sein, sich durch die Qualität der Leistungen von anderen Anbietern abzusetzen, um für Klienten attraktiv zu sein. Wie immer Wettbewerb aber begründet ist, er ist eine wichtige Voraussetzung für Innovation. Dies kann bedeuten, ganz neue Leistungen anzubieten, mit denen auf Bedürfnisse der Klienten reagiert werden kann. In diesem Zusammenhang spricht man von Produktinnovation. Eine solche Produktinnovation ist unter den Bedingungen des sozialstaatlichen Dreiecks selbstverständlich nur in dem Maße umsetzbar, wie der Kostenträger zur Finanzierung bereit ist. Die andere Möglichkeit besteht darin, definierte Leistungen auf neuartige, dem Wohlbefinden der Klienten noch stärker entsprechende Weise zu erbringen. Hier handelt es sich dann um Prozessinnovation. Wettbewerb veranlasst die Leistungserbringer jedenfalls, kontinuierlich zu prüfen, wie die ihnen zur Verfügung stehenden Mittel so eingesetzt werden können, dass ein Höchstmaß an Qualität entsteht.

Hierbei ist allerdings zu berücksichtigen, dass das, was Qualität bei sozialen Dienstleistungen heißt, schwieriger zu bestimmen ist als bei anderen Dienstleistungen. Dies hängt einmal damit zusammen, worauf ja schon im Zusammenhang mit dem Kundenbegriff eingegangen wurde, dass der Klient oftmals nicht weiß oder sogar gar nicht wissen kann, was für ihn das Richtige ist. Die Antwort des Ökonomen auf die Frage, wer denn bestimme, was Qualität sei, dies sei natürlich der Kunde, diese Antwort greift bei sozialen Dienstleistungen zu kurz. Hier kommen wir ohne am professionellen Wissen der Leistungserbringer orientierte Qualitätsstandards nicht aus (Braun 2004, S. 38ff.).

Dazu kommt, dass die Qualität einer sozialen Dienstleistung nicht nur vom Leistungserbringer abhängt, sondern auch vom Leistungsempfänger. Dies hängt damit zusammen, dass bei sozialen Dienstleistungen die Mitwirkung des Klienten in der Regel eine Voraussetzung dafür ist, dass eine Leistung überhaupt zustande kommt. In der Dienstleistungsökonomie spricht man in diesem Zusammenhang davon, der Konsument sei Koproduzent. Der Drogenabhängige muss den im Therapieplan abgestimmten Maßnahmen folgen; das Paar, das in die Eheberatung kommt, muss seine Probleme darlegen; der Rehabilitand muss vereinbarte Übungen ausführen, wenn er ein bestimmtes Maß an Beweglichkeit wiedererlangen soll. Der Klient muss sich also in bestimmte Situationen integrieren und mit den Leistungserbringern kommunizieren – und natürlich mit ihnen zusammenarbeiten. Ist eine solche Fähigkeit oder auch die Bereitschaft nicht vorhanden, so kann auch bei vollem Einsatz der Leistungserbringer die Qualität sowohl objektiv als auch aus der Sicht des Klienten und seiner Angehörigen unzureichend sein. Im Wettbewerb zwischen den Leistungsanbietern geht es deshalb auch darum, wie die Klienten so in die Dienstleistungsproduktion einbezogen werden können, dass ein möglichst hohes Maß an Qualität entsteht. Schließlich stellt die Fähigkeit zur Motivation der Klienten und zu ihrer Integration in den Leistungsprozess auch einen wichtigen Aspekt professioneller Kompetenz dar. Maßnahmen zur entsprechenden Qualifizierung der Mitarbeiterinnen und Mitarbeiter sind deshalb auch eine entscheidende Investition in das Qualitätsprofil eines Dienstes.

Auch wenn also im Verhältnis von Leistungsanbieter und Klient der Wettbewerb über den Preis in unserem System nur eine geringe Rolle spielen kann (der Wettbewerb über den Preis vollzieht sich im Verhältnis von Leistungserbringern und Kostenträger), so gibt es doch vielfältige Anlässe zur Konkurrenz zwischen den Leistungserbringern. Wie immer die Motivation der Beteiligten auch gelagert sein mag, Wettbewerb fördert Produkt- und Prozessinnovationen, welche eine Voraussetzung dafür sind, der Dynamik der Bedürfnisse auf Seiten der Klienten zu entsprechen.

## 5. Chancen der verbandlichen Caritas

Wie steht nun die verbandliche Caritas in einem durch Wettbewerb zwischen den Leistungsanbietern gekennzeichneten Umfeld da – oder im modischen Management-Jargon: Wie ist die verbandliche Caritas heute aufgestellt? An dieser Stelle sei noch einmal Georg Cremer zitiert: „Jede rückwärtsgewandte Trauer darüber, dass die Vorrangstellung der freien Wohlfahrtspflege erodiert und privatgewerbliche Anbieter hinzukommen, nützt nichts. Sie könnte als mentales Hemmnis wirken, sich auf das einzustellen, was auf die Caritas und ihre Einrichtungen zukommt" (2002, S. 40). Auch ein Träger der freien Wohlfahrtspflege ist dem Gebot der Wirtschaftlichkeit unterworfen. Wirtschaftlich zu handeln, ist dabei nicht nur eine ärgerliche Tatsache, sondern ist angesichts der Knappheit der Ressourcen auch ethisch begründet.

Allerdings sollte sich die freie Wohlfahrtspflege und damit auch die verbandliche Caritas durch die modische Rede vom „Markt" und vom „Kunden" den Blick für die tatsächlichen Gegebenheiten nicht verstellen lassen. Wir haben im Bereich der sozialen Dienstleistungen, was das Verhältnis von Leistungserbringer und Klient anbelangt, nur in Teilaspekten einen Markt, und der Klient ist eben kein Kunde im ökonomischen Sinne. Dies mindert indessen nicht die Bedeutung des Wettbewerbs. Geht es dabei darum, durch die Qualität der erbrachten Leistungen den eigenen professionellen Ansprüchen zu genügen und Klienten zu überzeugen, so können kirchliche Träger noch mit einer „Zusatzqualität" operieren, nämlich mit der Orientierung am christlichen Menschenbild. Für Hans-Jürgen Marcus haben „die caritativen Unternehmen" sogar nur dann eine Zukunft, „wenn sie ihre christliche

Verortung als zentrale Herausforderung ihrer Zukunftssicherung – sozusagen im Sinne einer klaren Marktpositionierung – begreifen" (2004, S. 38). Nicht jeder Klient wird die Zusatzqualität der Orientierung am christlichen Menschenbild suchen. Und wo sie gesucht wird, muss dies nicht bedeuten, dass man sich auch mit der dahinter stehenden religiösen Orientierung oder gar mit der Kirche identifiziert. Die Erfahrung zeigt aber nun einmal, dass gerade im Bereich der sozialen Dienstleistungen eine Orientierung am christlichen Menschenbild eine Attraktivität besitzen kann, die über den Kreis derjenigen hinausgeht, die sich als in einem spezifischen Sinne religiös oder gar als kirchlich gebunden bezeichnen.

Indessen verfügt ein Träger wie die Caritas noch über eine weitere Zusatzqualität. Diese besteht darin, dass eine bestimmte Einrichtung oder ein bestimmter ambulanter Dienst zu einem Netzwerk von Einrichtungen gehört, die unter dem Dach des gleichen Trägers arbeiten. In diesem Zusammenhang verweisen Robert Batkiewicz und Niko Roth darauf, dass Einrichtungen und Dienste nicht zuletzt dann zukunftsfähig sind, „wenn sie untereinander kooperieren, Aufgaben konzentrieren und teilen und sinnvolle regionale Trägerstrukturen schaffen" (2002, S. 51). Gerade weil Träger wie die Caritas in einem bestimmten Gebiet unterschiedliche Einrichtungen unterhalten, denen gemeinsam ist, dass sie einem spezifischen Selbstverständnis verpflichtet sind, kann den Adressaten eine gewisse Gleichsinnigkeit des Handelns in Aussicht gestellt werden, das über die rein technische Abstimmung der Leistungen hinausgeht. Zu Recht wird in diesem Zusammenhang seit einiger Zeit von der Entwicklung einer „Marke Caritas" gesprochen. Damit eine solche Marke aber ihre Wirkung entfalten kann, müssen sich die Beteiligten tatsächlich auch als Teil eines „Unternehmens" sehen. Sie müssen dafür sorgen, dass die Konkurrenz zwischen den Einrichtungen in gleicher Trägerschaft nicht größer ist als die Konkurrenz zwischen unterschiedlichen Trägern. Und sie müssen sich auch Gedanken darüber machen, wie eine der nach wie vor bedeutsamen Ressourcen der Freien Wohlfahrtspflege, nämlich das Engagement der ehrenamtlichen Mitarbeiterinnen und Mitarbeiter, noch mehr als Teil des Leistungsprofils sichtbar gemacht werden kann (Wohlfarth 2001, S. 271ff./Braun 2002, S. 32ff.).

Die verbandliche Caritas ist heute Akteur in dem, was wir als „Zivilgesellschaft" bezeichnen. Gleichzeitig ist sie Partner des Sozialstaats und von ihrem Grundverständnis her eben auch Teil der Kirche. Als diakonischer Arm der Kirche hat sie auch die Aufgabe, sich zum Sprecher derjenigen zu machen, die sich nicht selbst ausreichend artikulieren können. Damit ist die anwaltschaftliche Funktion der Caritas angesprochen. Angesichts des nicht zu leugnenden Bedeutungsverlusts kirchlicher Bindungen ließe sich nun freilich das Argument formulieren, ein Wohlfahrtsverband wie die Caritas habe auch in ihrer anwaltschaftlichen Funktion nur noch eine eingeschränkte Existenzberechtigung. Darüber hinaus schwänden auch die personellen Voraussetzungen für die Vertretung ihrer spezifischen Positionen. Und tatsächlich kann die Caritas ja schon geraume Zeit nicht mehr alle Stellen in ihren Einrichtungen mit Mitarbeiterinnen und mit Mitarbeitern besetzen, die im strengen Sinne kirchlich gebunden sind. Allerdings bedeutet die Lockerung kirchlicher Bindungen, wie die Erfahrung zeigt, nicht, dass im gleichen Maße auch religiöse Orientierungen zurückgehen. Und vor allem bedeutet es nicht, dass das christliche Menschenbild in helfenden Beziehungen keine Orientierungsgröße mehr darstellt.

Das Gleiche gilt im Übrigen auch für die Klienten. Auch bei den kirchlich nicht oder kaum Gebundenen unter ihnen finden sich christlich geprägte Orientierungen. Unter diesen Umständen ist durchaus davon auszugehen, dass ein Anbieter gerade deshalb auf gute Resonanz stößt, weil er sich am christlichen Menschenbild orientiert. Überdies mögen sich Hilfesuchende von diesem Menschenbild angezogen fühlen, ohne überhaupt zu wissen, dass es sich um ein christliches handelt. Sie stellen vielleicht fest, dass ihrem Problem mit professionellem Wissen allein nicht beizukommen ist, weil es auch um existenzielle Fragen geht: Schwere Konflikte in persönlichen Beziehungen, extreme Abhängigkeit von der alltäglichen Unterstützung durch andere Menschen, Gewissheit des nahen Lebensendes. Dafür, dass auf existenzielle Fragen konkrete Antworten gefunden werden, bietet auch die Orientierung am christlichen Menschenbild keine Garantie. Wohl aber verpflichtet diese Orientierung zur Sensibilität für die existenziellen Nöte, die mit Problemlagen einhergehen. In dem Maße, in dem dieser Verpflichtung gefolgt wird, schärft die Caritas aber ihr Profil im Wettbewerb.

## 6. LITERATUR

Batkiewicz, Robert/Roth, Niko (2002): Zukunft und Identität der Caritas im Markt, in: Deutscher Caritasverband (Hrsg.), Caritas 2003. Jahrbuch des Deutschen Caritasverbandes, Freiburg, S. 47-54.

Braun, Hans (2000): Social and Medical Services in Europe: Established Practices and Changing Concepts, in: W. Lazewski/H. Pompey/H. Skorowski (Hrsg.), Caritas Christi urget nos, Warschau, S. 69-76.

Braun, Hans (2002): Strukturwandel des Ehrenamts, in: Alexander Saberschinsky (Hrsg.), Ehrenamt. Last oder Lust?, Trier, S. 13-41.

Braun, Hans (2003): „Und wer ist mein Nächster?" Solidarität als Praxis und als Programm, Tübingen.

Braun, Hans (2004): Wirtschaftlichkeit und Qualitätsorientierung in sozialen Diensten, in: Franz Peterander/Otto Speck (Hrsg.), Qualitätsmanagement in sozialen Einrichtungen. 2. völlig neu bearbeitete Auflage, München, Basel, S. 31-43.

Cremer, Georg (2002): Marke Caritas im Sozialmarkt, in: Deutscher Caritasverband (Hrsg.), Caritas 2003. Jahrbuch des Deutschen Caritasverbandes, Freiburg, S. 37-46.

Marcus, Hans-Jürgen (2004): Gesellschaft im Umbruch: Kirche muss Kurs halten, in: Deutscher Caritasverband (Hrsg.), Caritas 2005. Jahrbuch des Deutschen Caritasverbandes, Freiburg, S. 34-38.

Merchel, Joachim (2001): Sozialmanagement. Eine Einführung in Hintergründe, Anforderungen und Gestaltungsperspektiven des Managements in Einrichtungen der Sozialen Arbeit, Münster.

Nothelle-Wildfeuer, Ursula (1997): Zivilgesellschaft und soziale Gerechtigkeit, in: Die Neue Ordnung 51, S. 422-438.

Wohlfarth, Albert (2001): Freiwilliges ehrenamtliches Engagement – förderliche Strukturen und sozialethische Inspirationen für den Aufbau einer neuen Bürgerkultur, in: Alexandra Caster/Elke Groß (Hrsg.), Sozialpolitik im Spannungsfeld von Individuum und Gesellschaft. Festschrift für Hans Braun, Frankfurt, S. 267-276.

# Wie wirken sich Markt und Wettbewerb auf Selbst- und Fremdbild, auf Aufbau- und Ablaufstrukturen verbandlicher Caritas aus? Beobachtungen und Anmerkungen aus der Praxis

Hejo Manderscheid

Im klassischen Dreischritt von Sehen-Urteilen-Handeln will ich jeweils drei für die derzeitige Umbruchssituation typische Beobachtungen und Trends der verbandlichen Caritas beschreiben. Dabei gehe ich von der Annahme aus, dass das Selbstverständnis der Caritasverbände und die daraus resultierenden Strukturanpassungen weitgehend dem durch die Veränderungen der Rahmenbedingungen erforderlichen Funktionswandel entsprechen, also die Struktur der Funktion folgt (»Structure follows function«). Diese Prozesse vollziehen sich bei manchen Verbänden als offensiv geplante Organisations- bzw. Verbandsentwicklung, bei anderen eher als defensive Modernisierung, also eine durch die Rahmenbedingungen erzwungene Anpassung. Bei all diesen Prozessen wird zudem deutlich, dass die Einführung von Markt und Wettbewerb primär eine Maßnahme der Kostenträger ist, um die von ihnen zu zahlenden Preise zu senken. Somit ist es oftmals schwer zu unterscheiden, ob Anpassungsprozesse der caritativen Trägerorganisationen primär auf Markt und Wettbewerb reagieren, oder ob sie vor allem Reaktionen sind auf massive Kürzungen in der Refinanzierung.

## 1. SEHEN:
### WIE WIRKT DIE ÖKONOMISIERUNG IN DIE CARITASVERBÄNDE

#### 1.2 „Caritas-Logik" und „Kirchen-Logik"

Wir haben im Bistum Limburg die Anzahl der örtlichen Caritasverbände in den letzten 3 Jahren von 10 auf 8 reduziert, und dieser Prozess wird sich fortsetzen. Fusionen von kleinen Verbänden zu größeren, leistungsfähigeren Einheiten stehen auf der Agenda. Mit diesem neuen Zuschnitt der Caritasverbände entfällt zugleich die ursprüngliche Parallelität zwischen Caritas- und Kirchenstrukturen: Es gibt nicht mehr in jedem Kirchenbezirk des Bistums einen flächengleichen Bezirkscaritasverband. Diese Entwicklung verweist letztlich auf eine hinter diesen Veränderungen stehende divergente Logik: Die Caritasverbände orientieren sich zunehmend an betriebswirtschaftlichen, funktionalen Kriterien für den Zuschnitt ihrer Organisationseinheiten: Welche Anzahl und welche Art Dienste und Einrichtungen sind notwendig, um ein adäquates und leistungsfähiges Trägermanagement vorhalten zu können? Auch Mitarbeiterzahlen, Umsatzgrößen und Platzzahlen sind Kriterien, um leistungsfähige Unternehmensstrukturen zu refinanzieren. Demgegenüber basiert die »Kirchen-Logik« auf einer territorialen Aufgabenstellung, mit der die Präsenz der Kirche in der Fläche gesichert werden kann. In den Debatten um Fusionen von Ortscaritasverbänden werden deshalb wirtschaftliche und pastorale Kriterien gegeneinander abgewogen. Die Caritas sucht durch Fusionen Größenvorteile und Synergien zu erreichen, das Bistum will Gemeindenähe wahren. Die Frage ist, wie beide, für die Caritasidentität wichtigen Kriterien in der Balance gehalten werden können – insbesondere weil die knappen Ressourcen die Handlungsmöglichkeiten drastisch einschränken. (vgl. ausführlicher: Manderscheid 2003)

Die Kirchengemeinden spüren die Veränderungen infolge der »Caritas-Logik« und reagieren entsprechend. Als es beispielsweise darum ging, von einer Gemeinde die Zustimmung zur Übertragung des Erbpachtvertrages für ein Altenheim auf einen neu gebildeten, größeren, fusionierten Regionalcaritasverband zu erhalten, antwortete der Pfarrer als Vorsitzender des Kirchenverwaltungsrates:

*„Das Erbbaurecht wurde 1982 auf den Caritasverband übertragen, damit dieser auf dem Grundstück ein Altenheim errichte. 1982 wurde ein Altenheim noch weitgehend als karitative Einrichtung betrieben. Aus diesem Grund hatte sich der Verwaltungsrat seinerzeit auch entschlossen, das Erbbaurecht für nur DM 1,- pro Jahr dem Caritasverband zu übertragen. Inzwischen hat sich die Situation jedoch ganz grundlegend geändert. Jedes Altenheim wird nämlich inzwischen als reiner Wirtschaftsbetrieb geführt. Die Altenheimbewohner zahlen ganz enorme Beiträge für ihre*

*Unterbringung und Pflege. Soweit ihre eigenen Mittel hierzu nicht ausreichen, übernimmt die öffentliche Hand die notwendigen Kosten. Dadurch ist gewährleistet, dass kein Platz im Altenheim durch karitative Solidarität der hiesigen Gemeindemitglieder subventioniert werden muss. ... Da somit der Gedanke der 'caritas' im wörtlichen Sinn nicht mehr Grundlage für den Betrieb des Altenheims ist, ist die Geschäftsgrundlage für die 1982 vereinbarte faktische Befreiung von einem Erbbauzins entfallen."*
Auch in anderen Feldern der Kooperation zwischen verfasster Kirche und Caritasverband treffen vermehrt die unterschiedlichen Logiken konflikthaft aufeinander. So hat das Bistum Limburg beschlossen, die Entgelte der Mitarbeiter deutlich zu senken, um dadurch den Kirchensteuerhaushalt zu sanieren: Weihnachts- und Urlaubsgeld werden abgesenkt bzw. gestrichen, als Ausgleich wird die Wochenarbeitszeit verkürzt und eine Beschäftigungsgarantie ausgesprochen. Unter Bezug auf das Prinzip der Solidarität innerhalb der Kirche wird erwartet, dass die Caritas diese Maßnahme für ihre Mitarbeiter gleichermaßen realisiert, denn zur Bewältigung der ökonomischen Krise sollen im Bistum alle das Gleiche beitragen. Dies ergibt sich letztlich auch aus dem Gedanken der Dienstgemeinschaft. Dass solche Maßnahmen zur Senkung der Lohnkosten in den unterschiedlich refinanzierten Geschäftsfeldern der Caritas zum Teil zu katastrophalen Folgen für die Budgets der Träger führen würde, ist immer schwerer zu vermitteln. Zudem dokumentiert die Auseinandersetzung immer stärker das Auseinanderklaffen der »Caritas-« und der »Kirchen-Logik« aufgrund der Einbindung in ihre jeweils unterschiedlichen Umwelten: auf der einen Seite die steuerfinanzierte Kirche, auf der anderen Seite die über Preise zu refinanzierende Caritas.

## 1.2 Die Fachlichkeit der Mitarbeiter und die Kirchlichkeit des Unternehmens

An der Fachhochschule Solothurn wurden in einem Forschungsprojekt die Auswirkungen der Ökonomisierung auf Selbstverständnis und Kultur von sozialen Organisationen und öffentlichen Verwaltungen untersucht.(vgl. Sommerfeld / Haller 2003) Die Autoren kommen zu dem Ergebnis, dass das traditionell vorherrschende Muster des »Professionalismus« zunehmend abgelöst wird durch ein neues Muster des »Managerialismus«, und zwar sowohl im Führungsstil als auch im Mitarbeiterverhalten innerhalb der Organisationen. In der derzeitigen Umbruchphase haben wir es daher mit Organisationen zu tun, deren innere Dynamik maßgeblich von höchst unterschiedlichen kulturellen Mustern geprägt ist: Im traditionellen »Professionalismus« liegt die Qualitäts- und Ergebnisverantwortung für die fachliche Arbeit beim Mitarbeiter. Er ist auf Basis seiner Profession und seines Berufsethos' verantwortlich für die Diagnose, den Hilfeplan und die Evaluation der erbrachten Hilfemaßnahmen. Der Kostenträger muss die Maßnahme refinanzieren. Im »Managerialismus« sind diese Prozesse getrennt: Die Qualitäts- und Ergebnisverantwortung liegt auf der Managementebene, die die erbrachte Leistung gegenüber dem Kostenträger verantwortet und abrechnet. Der Kostenträger wiederum ist selbst zunehmend derjenige, der Probleme definiert, Maßnahmen festlegt und für das erzielte Ergebnis zahlt. Somit gibt es neben der beschriebenen divergenten Logik zwischen Kirche und Caritas auch gegenläufige kulturelle Muster in unseren Verbänden.

Auch für die Kirchlichkeitsdebatte innerhalb der Caritas hat dieser Paradigmenwechsel bedeutsame Folgen. Seit den 1970er Jahren liegt der Akzent dieser Debatte auf der Kirchlichkeit der Mitarbeiter. Und gegenwärtig wird in vielen Diskussionsbeiträgen genau auf Basis dieser Logik hinterfragt, ob in einer derart großen Caritas noch ausreichend kirchliche Mitarbeiter das Profil der Caritas als kirchliche Organisation garantieren können. Demgegenüber steht mittlerweile unter den gewandelten Kontextbedingungen noch viel stärker die Frage nach der Kirchlichkeit des Unternehmens im Blickpunkt: Die Kirchlichkeit eines Caritasverbandes ist nicht alleine die Aufsummierung der jeweiligen persönlichen Kirchlichkeit seiner Mitarbeiter. Vielmehr geht es darum, Antworten darauf zu finden, wie ein Verband in seinen Unternehmensentscheidungen und seinen daraus resultierenden Verhaltensweisen und Aktivitäten als kirchlich identifizierbar ist. Was also in den katholischen Krankenhäusern mit der Einrichtung von Ethik-Komitees begann, setzt sich in den Verbänden fort. Die Kirchlichkeitsdebatte verlagert sich zunehmend von den Mitarbeitern auf die Unternehmen – von der individuellen Kirchlichkeit der Mitarbeiter auf die Organisations-Ethik des Unternehmens. (vgl. Heller / Krobath 2003)

1.3 Die Einheit des Verbandes
und seine Partikularisierung durch den Markt

Markt und Wettbewerb führen zu einer wachsenden Partikularisierung der Caritasträger. Markt und Wettbewerb haben die ursprünglich einheitlichen Kosten- und Finanzierungsregelungen auf Landesebene abgelöst, die Träger müssen nun direkt mit den Kostenträgern auf der örtlichen Ebene Preise aushandeln. Es gibt nahezu keine landeseinheitlichen Finanzierungsverträge mehr. Mit dem Ausstieg aus einer landeseinheitlichen Rahmenvertrags- und Rahmenfinanzierungspraxis geht zugleich der Ausstieg aus einer landesweiten Bedarfsplanung einher. Somit stehen die Träger auf der lokalen Ebene jeweiligen örtlichen Bedarfen, Märkten und Kostenträgern gegenüber. Für ihre wirtschaftliche Existenz und ihre Angebotsgestaltung sind örtliche Bedingungen primär handlungsleitend. Der örtliche Caritasträger wird sich deshalb aus nachvollziehbaren Gründen stärker an diesen Gegebenheiten orientieren als an Rahmenzielen, Vorgaben oder Programmen der »Bistumscaritas«. Damit führen Markt und Wettbewerb – die mit einer Kommunalisierung der Sozialpolitik im Sektor der sozialen Dienstleistungen einhergehen – als zentrifugale Kräfte zu einer weitergehenden Partikularisierung caritativer Träger. (vgl. Nikles 2003) Die klassischen Strategien zur Markenpolitik der Caritas tragen nicht mehr. Die jeweiligen örtlichen Bedingungsstrukturen des Marktes verlangen entsprechende Entscheidungs- und Verhaltensmuster der örtlichen Verbände. Aus einer früher von der Bistumsebene geplanten Entwicklung der Caritas – im Sinne einer konstituierten Einheit – wird nun eine aus den örtlichen Bedingungen entstehende, vielfältige, ggf. auch widersprüchliche caritative Praxis. Und diese muss dann gewissermaßen im Nachhinein auf Bistums- und letztlich auch auf Bundesebene zu einer erkennbaren Identität koordiniert werden.

## 2. URTEILEN:
### NACHDENKEN ÜBER AUSWIRKUNGEN DER ÖKONOMISIERUNG AUF DAS VERSTÄNDNIS DER VERBANDLICHEN CARITAS ALS DIENSTLEISTER UND ANWALT

### 2.1. Ökonomisierung bedeutet vor allem eine neue Codierung zur Verständigung zwischen gesellschaftlichen Teilsystemen

Markt und Wettbewerb sind Ausgestaltungen der umfassend wahrzunehmenden Ökonomisierung, sie sind aber nicht mit ihr identisch. Ökonomisierung wird oftmals gleichgesetzt mit einer umfassenden betriebswirtschaftlichen Durchdringung aller Lebensbereiche und gesellschaftlicher Teilsysteme. Sozialwissenschaftlich bietet sich jedoch eine andere Deutung an: Die Ökonomie durchdringt nicht alle Systeme, sondern verbindet sie. Sie ist heute zum exklusiven Koppelungscode zwischen den ausdifferenzierten Teilsystemen unserer Gesellschaft geworden. (vgl. Halfar 2003)
Verlief die Verständigung zwischen Politik und Sozialarbeit früher über Sprache, so sind jetzt Zahlen und Kennziffern gefragt. Dies zeigt sich außerhalb des Sozialbereichs etwa auch an der aktuellen »Feinstaub-Debatte«: Diskursfähig wird das Thema Feinstaub über den Koppelungscode der Ökonomie, also über Kennziffern. Politiker diskutieren über Feinstaub, weil sie über Kennziffern die Gefährlichkeit des Feinstaubs erfassen und verstehen können – und nicht etwa, weil sie quasi über Nacht ausgewiesene Experten (Chemiker, Mediziner usw.) auf diesem Gebiet geworden sind. Ähnlich reden viele Politiker auch über Fallmanagement: Nicht etwa, weil sie plötzlich mehr als die ausgewiesenen Experten, die Sozialarbeiter, darüber wissen, sondern: Mithilfe von Benchmarks verstehen sie, dass mittels Fallmanagement bessere Erfolge in der Vermittlung von Arbeitslosen erzielt werden können. Ökonomisierung hat damit wesentlich die Funktion, eine Verständigung, eine Koppelung zwischen zwei Systemen zu gewährleisten, die jeweils ein hoch spezialisiertes »Fachchinesisch« sprechen, sich gegenseitig aber immer weniger verstehen. Der binäre Code der Ökonomie – quasi das Esperanto zwischen den Fremdsprachen – löst also den früheren sprachlichen Code der Philosophie oder der Rechtsrhetorik ab.

Sozialarbeiter sind häufig Menschen, die Mathematik nicht mögen, sagt Unternehmensberater Bernd Halfar, und dort beginnt das Problem. Waren früher beispielsweise lange und ausführlich fachlich begründete Konzeptpapiere für die erfolgreiche Beantragung von Fördermitteln Voraussetzung, so genügt hierfür heute oftmals ein kurzer halbseitiger Antrag: Dieser muss in Tabellen und Kennziffern aufzeigen, wie viel ein beantragtes Projekt kostet und wie es sich rechnet. Unser Sozialsystem muss somit lernen, in Zahlen zu sprechen. Qualität und Fachlichkeit müssen über Kennziffern kommuniziert werden. Der Sozialbereich als gesellschaftliches System wechselt damit nicht seine spezifische Fachlichkeit, sondern bindet seinen Koppelungscode an Politik und Recht. Ein weiteres Beispiel: Die Bildungspolitik ist zu neuer Aufmerksamkeit gekommen vor allem über die Pisa-Studie – eine Expertise, die Pädagogik in Kennziffern, Rankings, Benchmarks umgesetzt hat und die damit das Thema Bildung politisch überhaupt erst verhandelbar gemacht hat.

2.2. Chancen für die Caritas als Dienstleister ergeben sich, wenn man konsequent „Äpfel mit Birnen" vergleicht

Zu Recht kritisieren viele Träger, dass die Kostenträger – etwa die Pflegekassen – bei Pflegesatzverhandlungen mittels ihrer Benchmarks »Äpfel und Birnen« vergleichen und nur eines im Sinn haben: Die Preise mittels Durchschnittskalkulationen zu drücken. Aber: Excel-Tabellen der Kostenträger sind keine Benchmarks. Diese Daten lassen keine Rückschlüsse zu, wie ein extrem günstiger Kostensatz in die Praxis umgesetzt wird, und sie lassen nicht erkennen, welche Faktoren sich andernorts als preistreibend auswirken. Oftmals führt diese Wahrnehmung von Preisverhandlungen insgesamt zu einer sehr kritischen Einstellung zu Benchmarks. Diese reicht mitunter bis hin zur völligen Ablehnung, da es in der sozialen Arbeit um ganz spezifische, individuelle Konstellationen geht, die nicht vergleichbar sind. Und da – so das gängige Dogma – „Äpfel und Birnen" nicht miteinander verglichen werden können und dürfen. (vgl. Halfar 2003)
Die Chance für die Caritas als Dienstleister liegt nun aber genau darin, zwischen Excel-Tabelle und Benchmark zu unterscheiden und daran anschließend mittels Benchmark gezielt „Äpfel und Birnen" zu ver-

gleichen. Auch wenn Benchmarks zunächst nur Ex-post-Erklärungen liefern, also rückblickend erklären, wie die Entwicklung im Vergleich zu anderen verlaufen ist, gehören sie doch zu den so genannten werttreibenden Strategie-Instrumenten wie andere QM-Verfahren. Während das ISO-Verfahren die mit dem Vertragspartner vereinbarten Qualitätsstandards zum Gegenstand hat und das EFQM-Modell die ideale Organisation (theoretisches Optimum) zur Referenzgröße erhebt, orientiert sich das Benchmark an dem am Markt faktisch vorfindbaren Optimum, also an der Organisation mit den besten Strukturen, Prozessen und Ergebnissen. (vgl. Halfar 2003) Das Risiko liegt dabei in der gedankenlosen Imitation und einer gewissermaßen inneren Fixierung auf die Aktivitäten der Mitbewerber. Diese Engführung verstellt oftmals die Perspektiven auf die Einmaligkeit der eigenen Ressourcen und die Chancen ihrer gezielten Weiterentwicklung. Benchmark wird dann zu einem wirksamen, werttreibenden Strategie-Instrument, wenn die Ex-post-Erklärungen um die Ex-ante-Fähigkeiten ergänzt werden. (vgl. Nagel / Wimmer 2004, 169)
Interessant wird Benchmark zudem, wenn Prozesse mit denen in anderen Branchen verglichen werden. Zur Klärung und Optimierung von menschenwürdiger Pflege haben wir unsere Prozesse u.a. verglichen mit denen in der Gastronomie, in der Gefängnisseelsorge und bei der Polizei. Auch in diesen Branchen spielt die menschenwürdige Gestaltung der Prozesse eine entscheidende Rolle, und der branchenübergreifende Vergleich zeigt unzählige Lernmöglichkeiten auf. Benchmark bietet ergo mit solchen »Äpfel mit Birnen-Vergleichen« zahlreiche Chancen.

### 2.3. Für die Caritas als Anwalt sind bündnisgestützte Kampagnen erfolgreicher als programmatische Papiere

In 2003 hat der hessische Ministerpräsident Roland Koch dem Land die bislang größte Sparaktion diktiert. In dieser »Operation Sichere Zukunft« wurden rund 30 Mio € im Sozialetat gestrichen, wobei die Förderung von verschiedenen sozialen Beratungsdiensten teilweise völlig gestrichen wurde. Der Protest der Wohlfahrtsverbände hat nicht dazu geführt, dass eine einzige Kürzung zurückgenommen wurde. Allerdings: Seit 2005 werden die verbliebenen Landesmittel in einem

Budget zusammengefasst, das u.a. jährlich um 2% dynamisiert ist. Hierüber gibt es eine vertragliche Vereinbarung zwischen dem Land, den kommunalen Spitzenverbänden und der Liga der freien Wohlfahrtspflege in Hessen – ein bundesweit einmaliger Kontrakt, der den Wohlfahrtsverbänden einen exklusiven Status einräumt.

Um diesen nachhaltigen Erfolg zu erzielen, reichten die Darstellung von Notlagen, die Proteste von Einrichtungen sowie die alternativen Vorschläge zum Sparen alleine nicht aus. Letztlich war es die – auch für die Regierung Koch – überraschende, breite, bündnisgestützte Kampagne gegen diese Sparaktion. Und hier standen ebenfalls Zahlen im Mittelpunkt des öffentlichen und politischen Interesses: Die Fragen lauteten beispielsweise: Wie hoch sind die Kürzungen? Wie viele Angebote fallen weg? Wie viele Bürger sind betroffen?

Und: Eine Groß-Demonstration mit 45.000 Teilnehmern ist wirksamer als 10 Presseerklärungen der Liga der Freien Wohlfahrtspflege. Anwaltschaft braucht Kampagnenfähigkeit und eine auf Zahlen aufbauende Professionalisierung. Wir brauchen künftig für unsere Anwaltschaftsfunktion eine vergleichbare Professionalisierung, wie wir sie für unsere Trägerfunktion in den letzten Jahren mit betriebswirtschaftlichem Know-how aufgebaut haben. Kampagnenfähigkeit kann und muss gelernt und entwickelt werden. Auch Anwaltschaft muss binär codiert werden, damit wir uns in der Öffentlichkeit und in der Politik verständlich machen können. Armut kann und muss über Kennziffern vermittelt werden. Wir brauchen in unseren Verbänden etwas weniger Sozialethik und deutlich mehr Kompetenz zur Herausarbeitung von Sozialindikatoren und Wirksamkeitskennziffern sozialer Arbeit.

## 3. HANDELN:
### IMPLIKATIONEN FÜR DIE ORGANISATIONSENTWICKLUNG: INTEGRATION VON MARKT-ELEMENTEN ALS UNTERSTÜTZUNG DER WERTEBEZOGENEN PROFESSIONALISIERUNG VERBANDLICHER CARITAS

### 3.1. Systemische Prozesse der Verbandsentwicklung sind den traditionell mechanisch-orientierten Prozessen überlegen

Die aufgezeigten tiefgehenden Kontextveränderungen führen in den Caritasverbänden zu entsprechenden Anpassungs- bzw. Modernisierungsprozessen. Angesichts veränderter und neuer Herausforderungen für das erfolgreiche Überleben und eine erfolgreiche Profilierung als kirchlicher Wohlfahrtsverband kommt es darauf an, das strategische Handeln in der Verbandsführung neu in den Blick zu nehmen. Das bedeutet zuallererst, Abschied zu nehmen vom bislang vorherrschenden, präskriptiv ausgerichteten Management und den ihm zugrunde liegenden Prämissen der stabilen Umwelten, Planungssicherheit und Handlungsroutinen. Demgegenüber liegen den heutigen Führungsentscheidungen folgende Prämissen zugrunde: »Unsere Umwelt ist nicht vollends durchschaubar«, »die Zukunft bleibt ungewiss«, und »ein Verband ist ein komplexes soziales Gefüge«. (vgl. Nagel / Wimmer 2004, 17ff)

Damit gewinnt das Unternehmerische im Management wieder sehr viel stärker an Bedeutung. Es geht darum, Ungewissheit in Gewissheit zu verwandeln und selbst die Zukunft kreativ zu gestalten. Die Zeiten, in denen wir überall Planungssicherheit fordern konnten, sind genauso vorbei wie die Zeiten, in denen davon ausgegangen wurde, dass ein so komplexes Gefüge wie die Caritas zentralistisch steuerbar ist. Systemisch managen heißt anzuerkennen, dass Organisationen sich selbst erschaffen (autopoiesis) und selbst steuern. Das heißt demnach auch, Abschied zu nehmen vom »Bistums- und Bundessozialarbeiter«, und Abschied zu nehmen von der Vorstellung, dass ein Durchsteuern von oben nach unten möglich ist. Einfluss nehmen auf die Verbandsentwicklung bedeutet heute, die dezentrale Verantwortung zu ermöglichen, zuzulassen und zu fördern. Komplexe Systeme lassen sich – frei nach Luhmann – nicht steuern, sie können bestenfalls gestört werden,

oder ihre Entwicklung kann durch Kontextbeeinflussung angeregt werden. Dabei wird das alte »Reperaturdienst-Verhalten« – das die Fachberatung in unseren Verbänden quasi als Feuerwehr wahrnahm – dadurch ersetzt, dass die Problemlösungsfähigkeit der Organisationseinheiten sichergestellt wird. (vgl. Vester 2000, 36)
Hier sei ebenso auf eine besondere Problematik hingewiesen: Allem Anschein nach – wie auch Paul Zulehner in seiner Analyse der Bewältigungsstrategien der Bistümer im Umgang mit der wirtschaftlichen Krise konstatiert (Zulehner 2004, 18ff) – gehen die Bistümer einen eher gegensätzlichen Weg: Sie rezentralisieren und sanieren den Betrieb durch Rückbau, jedoch unter gleichzeitiger Beibehaltung all seiner Krisensymptome.

### 3.2. Die weitergehende funktionale Differenzierung der verbandlichen Caritas schärft ihre Professionalität und ihr Profil

Die Modernisierung und Professionalisierung der Caritas folgt dem Grundmuster der funktionalen Differenzierung: Komplexe Leistungen werden getrennt, um dann gleiche Arten von Leistungen zu bündeln und in eigene Organisationseinheiten mit der Übertragung von entsprechenden Kompetenzen zusammenzufassen. Dieses Prinzip gilt nicht erst seit Taylor. Schon Moses hat den Rat seines Schwiegervaters befolgt, sein Richteramt funktional zu differenzieren: „Es ist nicht richtig, wie du das machst. So richtest du dich selbst zugrunde und auch dein Volk. [...] Vertritt du das Volk vor Gott. [...] Gib dem Volk Vorsteher. [...] Alle wichtigen Fälle sollen sie vor dich bringen, die leichteren sollen sie selber entscheiden. Entlaste dich und lass auch andere Verantwortung tragen." (Ex. 18,17ff)
Derzeit vollziehen sich in der verbandlichen Caritas auf den verschiedenen Ebenen unterschiedliche Differenzierungsprozesse:
Hinsichtlich der Trägerfunktionen differenzieren sich Organisationsform und Management nach dem Typus der Dienstleistung: In Basisaktivitäten, Sozialdienste und Sozialunternehmen. Je nach Leistungsart differieren die Trägerform (e.V. oder gGmbH) sowie die strategischen und operativen Steuerungsprozesse.
Hinsichtlich der Funktionen des Caritasverbandes – als Dienstleister, Anwalt und Solidaritätsstifter – differenzieren sich die Aufgaben aus

des »Lobbying für Dienste und Einrichtungen«, des »Lobbying für Benachteiligte« sowie der »Engagementförderung«. Im DiCV Limburg haben wir unsere Aufbauorganisation nach diesen Kriterien aufgestellt. Bezüglich der unterschiedlichen Ebenen der verbandlichen Caritas hat der DCV mit seiner Satzungsreform eine Entwicklung eingeleitet, die verbindlicher als bisher festschreibt, welche Funktionen auf welcher Ebene exklusiv zu erbringen sind. Insofern steht die neue Satzung in der Linie des vor Jahren bereits begonnenen Funktionsbildprozesses.

Der weiterhin anhaltende Kostendruck – sowohl von öffentlicher wie von kirchlicher Seite – wird den Druck zu neuen Kooperationsformen bis hin zu Fusionen verstärken. Dies begünstigt insgesamt weitere funktionale Differenzierungen. Vom Bayerischen Landescaritasverband lässt sich beispielsweise lernen, dass spitzenverbandliche Leistungen der DiCV'e, die auf das Land ausgerichtet sind, unterschiedlich organisiert werden können gegenüber dachverbandlichen Aufgaben, die sich auf das Bistum beziehen. Der Landescaritasverband ist gewissermaßen die Bündelung oder Fusion der ausdifferenzierten, landesbezogenen Aufgabenstellungen der bayerischen Diözesancaritasverbände; in dieser Funktion agiert er als Spitzenverband auf Landesebene. Angesichts der kirchenrechtlichen Verfassung unserer Diözesancaritasverbände mit ihrer Verortung auf Bistumsebene werden solche Prozesse der Identifizierung von fusionsfähigen Funktionen eines DiCV künftig maßgeblich dafür sein, um Größen- und Verbundvorteile – und damit verbunden erhöhte Leistungsfähigkeit - zu erzielen.

### 3.3. Eine differenzierte Netzwerkökonomie wird den Verbände-Föderalismus ablösen

Die Föderalismusdebatte ist nicht nur Thema der Bundesrepublik und der Bundesländer, sie muss auch innerhalb der deutschen Caritas bei der Debatte um die Verbandsentwicklung diskutiert werden. Der Verbände-Föderalismus ist angesichts der durch Markt und Wettbewerb veränderten Rahmenbedingungen und der prekären Finanzlage der Kostenträger zu teuer, zu unflexibel und damit insgesamt nicht wettbewerbsfähig. Weder eine vollständige Dezentralisierung noch eine völlige Rezentralisierung sind dabei angebrachte Lösungen. Vielmehr wird es darum gehen, den Vernetzungsgedanken, den die Caritasverbände schon lange für ihre Angebote in der sozialen Arbeit verwirklicht haben, auch auf die Managementorganisation zu übertragen. (vgl. Becher 2000) Damit können in einer Netzwerkökonomie Stärken und Schwächen der föderalistischen Gliederung der Verbände ausgeglichen werden: durch Gemeindeorientierung und ortsnahe Trägerschaft von Einrichtungen, durch regionales Management und regionale Finanzierung in den »Unternehmen« sowie die strategische Ausrichtung und Politik in Diözesan-, Landes- und Bundes-Geschäftsbereichen.

Das Ergebnis einer weitergehenden funktionalen Differenzierung ist damit die Transformation des bestehenden Verbände-Föderalismus in eine Netzwerkökonomie. Wird diese Strategie verweigert, so wird der bestehende Föderalismus festgeschrieben. Die Konsequenz: Der Caritas werden wirksame Strategien für eine unter Markt und Wettbewerb gebotene, wertbezogene Profilierung ihrer Angebote weitgehend entzogen. Im föderalen System werden sich Solitäreinrichtungen im Wettbewerb an Vergleichseinrichtungen orientieren und sich an diese anpassen, ohne die spezifischen Potenziale und Besonderheiten innerhalb von Caritas und Kirche wirklich nutzen zu können, denn: Alle Energien fließen ausschließlich in die Bestandssicherung. In einer Netzwerkökonomie jedoch können die spezifischen Stärkepotenziale des Verbandes zur Geltung gebracht werden – und damit können die wertebezogene Modernisierung und Professionalisierung der verbandlichen Caritas gezielt weiterentwickelt und ausgebaut werden.

## 4. LITERATUR

Becher, Berthold: Vernetzung und strategisches Verbandsmanagement. Entwicklungstendenzen bei Verbänden der freien Wohlfahrtspflege, in: Dahme, Heinz-Jürgen / Wohlfahrt, Norbert (Hrsg.): Netzwerkökonomie im Wohlfahrtsstaat. Wettbewerb und Kooperation im Sozial- und Gesundheitssektor, Berlin 2000, 267 – 287.

Halfar, Bernd: Finanzierungsmanagement. In: Ulli Arnold / Bernd Maelicke (Hrsg.): Lehrbuch der Sozialwirtschaft, Baden-Baden 2003. 2., überarbeitete Auflage, S. 362-398.

Halfar, Bernd: Interpretationen und Erkenntnisgewinne durch Benchmarking. Vortrag auf der 10. sozialwirtschaftlichen Managementtagung am Institut für angewandtes Management in der Sozialwirtschaft, Fachhochschule Mainz 2003. www.reiss-partner.de

Heller, Andreas / Krobath, Thomas (Hrsg.): Organisationsethik. Organisationsentwicklung in Kirchen, Caritas und Diakonie, Freiburg 2003.

Manderscheid, Hejo: Die Kunst, soziale Organisationen zu führen: Aspekte systemischen Managements, in: Hildemann, Klaus D. (Hrsg.): Spannungsfeld Führung. Neue Konzepte in einem veränderten Sozialstaat, Leipzig 2002, 99-113.

Manderscheid, Hejo: Was bedeutet Werteorientierung für die modernisierte Freie Wohlfahrtspflege?, in: Landesinstitut Sozialforschungsstelle Dortmund (sfs): Freie Wohlfahrtspflege im Modernisierungsprozess: organisations- und personalpolitische Herausforderungen und Konsequenzen, Beiträge aus der Forschung, Band 135, Dortmund 2003, 76 – 88.

Nagel, Reinhart / Wimmer, Rudolf / osb international: Systemische Strategieentwicklung. Modelle und Instrumente für Berater und Entscheider, Stuttgart 2/2004.

Nikles, Bruno: Caritas zwischen Einheit und Pluralität. Anmerkungen zur Verbandsentwicklung, in: Stimmen der Zeit, 5/2003, 301 - 313.

Sommerfeld, Peter / Haller, Dieter: Professionelles Handeln und Management. Oder: Ist der Ritt auf dem Tiger möglich?, in: Neue Praxis 1/2003, 61 – 89.

Vester, Frederic: Die Kunst vernetzt zu denken. Ideen und Werkzeuge für einen neuen Umgang mit Komplexität, Stuttgart 5/2000.

Zulehner, Paul M.: Kirche umbauen – nicht totsparen, Ostfildern 2004.

# Theoretische und praktische Probleme der Ausgestaltung einer Grundsicherung

Alexander Spermann

## 1. EINFÜHRUNG

Der durch technologische Entwicklungen und zunehmende Mobilität der Produktionsfaktoren beschleunigte Strukturwandel von der Industrie- zur Dienstleistungsgesellschaft stellt die Grundsicherung, insb. in kontinentaleuropäischen Ländern mit hohem sozialen Sicherungsniveau, vor große Herausforderungen. Angesichts hoher (Langzeit-)Arbeitslosigkeit und Unterbeschäftigung werden institutionelle Regelungen schädlich, die in Zeiten der Vollbeschäftigung eingeführt wurden und Jahrzehnte lang weitgehend unproblematisch waren. Die Reform der Grundsicherung steht deshalb in allen wohlhabenden Industrieländern auf der Agenda. Bei diesem Reformvorhaben sind jedoch einige fundamentale ökonomische Zusammenhänge zu beachten, die in der sozialpolitischen Diskussion häufig zu kurz kommen. Insbesondere wird zu selten das komplexe Zusammenspiel von Steuer-, Abgaben- und Transfersystem betrachtet. Weiterhin vernachlässigen Reformvorschläge häufig die institutionellen und politökonomischen Aspekte. In diesem Beitrag wird vor dem Hintergrund der über fünfzigjährigen Diskussion zur negativen Einkommensteuer versucht, die wesentlichen Gestaltungsprobleme, aber auch Chancen bei einer Modernisierung der Grundsicherung in Zeiten der Globalisierung herauszuarbeiten.

In Kapitel 2 werden zunächst die theoretischen Grundprobleme der Ausgestaltung einer Grundsicherung diskutiert. Kapitel 3 diskutiert die beiden fundamentalen Varianten einer negativen Einkommensteuer (Bürgergeld nach Tobin versus Armutslückenkonzept nach Friedman). Kapitel 4 fasst die wichtigsten internationalen Erfahrungen mit zeitlich unbefristeten und zeitlich befristeten Einkommenszuschüssen (in-work benefits) zusammen. Kapitel 5 skizziert die Gestaltungselemente eines modernen Welfare-to-Work Grundsicherungssystems.

Kapitel 6 fasst die wichtigsten Ergebnisse zusammen und gibt einen Ausblick.

## 2. THEORETISCHE GRUNDPROBLEME DER AUSGESTALTUNG EINER GRUNDSICHERUNG

In einer Welt ohne Grundsicherung und ohne weitere preisverzerrende staatliche Eingriffe spiegeln die Preise die relativen Knappheiten wider und eine effiziente Ressourcenallokation ist zumindest theoretisch möglich (wohlfahrtstheoretische first best-Welt). Eine Welt ohne staatliche Transfers, Steuern und Abgaben führt jedoch nicht zu Wohlstand und Freiheit. Zumindest ist kein freiheitliches und ökonomisch wohlhabendes Land bekannt, das ohne staatliche Eingriffe in den Preismechanismus auskommt. So stellt sich bei der Ausgestaltung der Grundsicherung nicht die Frage des „ob", sondern des „wie".

Aus theoretischer Sicht bewegt sich die Gestaltung der Grundsicherung im Spannungsfeld zwischen Allokation und Distribution. Die aus allokativer Sicht erstbeste Welt ohne Preisverzerrung entspricht einer Welt ohne Umverteilung. Die aus einer naiven distributiven Sicht erstbeste Welt der Gleichverteilung der Einkommen zerstört sämtliche Leistungsanreize und ist dynamisch nicht überlebensfähig, wie die Wirtschaftsgeschichte gezeigt hat.

Wird ein System der Grundsicherung angestrebt, so sollten staatliche Eingriffe aus wohlfahrtsökonomischer Sicht die relativen Preise möglichst wenig verzerren, um Wohlfahrtsverluste zu minimieren. Anders formuliert: Die öffentliche Hand sollte die unsichtbare Hand des Marktes möglichst wenig stören. Aus allokativer Sicht müssen demnach möglichst breite Bemessungsgrundlagen gewählt werden, so dass geringe Grenzsteuersätze zur Finanzierung eines gegebenen Umverteilungsvolumens erhoben werden müssen. Weiterhin ist aus der wohlfahrtsökonomischen Literatur bekannt: In einem optimalen Steuer- und Transfersystem sollte jede zusätzlich gearbeitete Stunde zu einer Nettoeinkommenssteigerung führen.

Dieser für die Gestaltung eines Transfer-, aber auch Steuersystems zentrale ökonomische Zusammenhang bedarf ausführlicherer Erläuterung, da er in der öffentlichen und wissenschaftlichen Debatte häufig missverstanden und fehl interpretiert wird. Entscheidend für die Anreizwirkung ist der Grenzsteuersatz, d.h. die Belastung des zusätzlichen Einkommens. Aus ökonomischer Sicht unterliegen die von Transferempfängern erzielten Einkommen „Grenzsteuersätzen", auch wenn es sich eigentlich um Transferentzugsraten handelt. Grenzsteuersätze verändern die Preise und verursachen somit Verhaltensreaktionen der Individuen. Die Ergebnisse dieser Verhaltensreaktionen lassen sich dann in Realität beobachten. So erzielen z.B. Steuerzahler weniger Einkommen bei sehr hohen Grenzsteuersätzen, so dass der Fiskus auch weniger einnimmt. Im theoretischen Extremfall könnte es sein, dass bei einem hundertprozentigen Grenzsteuersatz kein (legales) Einkommen mehr erzielt wird, so dass die beobachtete Durchschnittsteuerlast Null ist. Es wäre in einem solchen Fall dementsprechend absurd zu behaupten, dass hohe Anreize für die Einkommenserzielung bestehen, weil die Steuerlast Null ist. Aber genau diese Argumentation findet sich z.B. in der Debatte zur steuerlichen Belastung von Unternehmen, aber auch im Rahmen der Grundsicherungsdiskussion wider. Eine Erklärung für die häufig verwirrende öffentliche und wissenschaftliche Diskussion liegt darin, dass die Diskutierenden Ursache und Wirkung verwechseln.

Zur Verdeutlichung der Probleme der Ausgestaltung der Grundsicherung soll folgender Schaubild-Typ dienen, bei dem das Bruttoeinkommen an der Abszisse und das Nettoeinkommen an der Ordinate abgetragen wird:

Schaubild 1: Arbeitslosenfalle in kontinentaleuropäischen Ländern

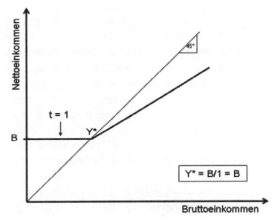

Die gestrichelte 45°-Linie beschreibt eine Welt ohne staatliche Transfers und Steuern – das erzielte Bruttoeinkommen entspricht dem Nettoeinkommen. Für die Konstruktion einer Grundsicherung stehen zwei staatlich festzulegende Politikparameter zur Verfügung - das Grundsicherungsniveau B (basic income) und der Grenzsteuersatz t (tax rate bzw. Transferentzugsrate) auf die Verdienste der Transferempfänger. Beide exogenen Politikparameter bestimmen den Schwellenwert Y* - dieses endogen bestimmte break-even Einkommen ist das Einkommen, bei dem weder Steuern noch Transfers gezahlt werden. Rechts von der 45°-Linie ist die Nettoeinkommenslinie nach Abzug von Steuern in vereinfachter Form dargestellt; von einer Darstellung des Abgabensystems wird im Folgenden abstrahiert.

Im Status quo in den meisten kontinentaleuropäischen Ländern wird ein hohes Grundsicherungsniveau B kombiniert mit einer weitgehenden Vollanrechnung der eigenen Verdienste der Hilfeempfänger (so genannte Armuts- bzw. Arbeitslosenfalle). Aus Vereinfachungsgründen wird eine Vollanrechnung (t=1) für die grafische Darstellung gewählt. Die Vollanrechnung wird damit begründet, dass für Transferempfänger Arbeitspflicht besteht. In Zeiten hoher Beschäftigung, auch für gering qualifizierte Haushaltsvorstände von Familien mit mehreren Kindern, war der potenzielle institutionelle Fehlanreiz der

Vollanrechnung weitgehend unschädlich, weil in der Regel ein Bruttoeinkommen oberhalb Y* erzielt werden konnte.
Wenn jedoch gering Qualifizierte in der Dienstleistungsgesellschaft auch bei großem zeitlichem Engagement lediglich ein Bruttoeinkommen im Bereich der Arbeitslosenfalle erzielen können, dann wird die Vollanrechnung entscheidungsrelevant. Wenn weiterhin die Arbeitspflicht durch die staatlichen Behörden nicht konsequent durch Prüfung der Arbeitsbereitschaft eingefordert wird, was z.B. wegen der damit verbundenen Transaktionskosten für Amtsmitarbeiter bürokratietheoretisch erklärbar ist, dann kann dieser institutionelle Fehlanreiz zu einer Verhaltensanpassung in Richtung Nicht-Arbeit führen. So lässt sich empirisch beobachten, dass nur wenige Personen im Bereich der Arbeitslosenfalle arbeiten.
Dass manche Personen trotz Vollanrechnung dennoch arbeiten, wird mitunter als Irrelevanz der Arbeitslosenfalle für Hilfeempfänger interpretiert. Dabei kann es neben dem Druck der Amtsmitarbeiter auf die Arbeitslosen oder nicht-pekuniärer Motive, wie z.B. wegen Aufrechterhaltung sozialer Kontakte, auch ökonomische Erklärungen für dieses Verhalten geben. So könnte eine legale Arbeitsaufnahme trotz Arbeitslosenfalle ökonomisch rational sein, wenn dadurch höhere zukünftige Einkommenssteigerungen von den Transferempfängern erwartet werden. Doch solche Weitsicht dürfte der Ausnahmefall sein. Ein weiteres Indiz für die Relevanz der Arbeitslosenfalle im Entscheidungskalkül von Hilfeempfängern ist die Bedeutung von Schwarzarbeit, die ökonomisch betrachtet eine Situation der Nullanrechnung widerspiegelt ($t = 0$). Jedoch existiert lediglich anekdotische Evidenz zur quantitativen Bedeutung von Schwarzarbeit bei Transferempfängern.
Die institutionellen Fehlanreize des bestehenden Grundsicherungssystems werden seit über 50 Jahren in der Literatur diskutiert, in Europa findet die politische Diskussion verstärkt seit den 80-er Jahren statt. Wer auf fehlende Anreize für Transferempfänger aufmerksam macht, beklagt einen institutionellen Fehlanreiz und behauptet nicht, dass die Transferempfänger nicht arbeiten wollen. Darauf hat auch schon die Erfinderin der negativen Einkommensteuer, Lady Rhys-Williams, hingewiesen. Sie schreibt bereits in den fünfziger Jahren des 20. Jahrhunderts, dass es keine Überraschung sei, dass „Menschen nach Jah-

ren erzwungener Untätigkeit nicht mehr auf dem Arbeitsmarkt vermittelbar sind" (Rhys-Williams 1953). In der Literatur werden zwei verschiedene Spielarten der negativen Einkommensteuer unterschieden, die in den letzten 50 Jahren unter den verschiedensten Namen in vielen Ländern diskutiert wurden. Im Folgenden werden diese zwei wesentlichen Grundvarianten der negativen Einkommensteuer in vereinfachter Weise dargestellt.

## 3. GRUNDVARIANTEN DER NEGATIVEN EINKOMMENSTEUER

Die Bürgergeldvariante nach Tobin (1965) kombiniert ein hohes Grundsicherungsniveau mit einem höheren Arbeitsanreiz (t = 50 %) mit der zwangsläufigen Konsequenz, dass ein relativ zum Status quo größerer Teil der Bevölkerung Transfereinkommen bezieht. Das Schwelleneinkommen Y* verdoppelt sich von B im Status quo auf 2B in der Bürgergeldvariante, wie in Schaubild 2 verdeutlicht.

Schaubild 2: Bürgergeld nach Tobin

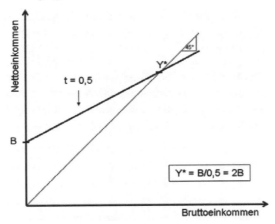

Das Bürgergeld (=Negativsteuer) wird im Schaubild durch den Abstand zwischen der fett gezeichneten Nettoeinkommenslinie und der 45°-Linie gemessen. Die Negativsteuer ist maximal in Höhe von B, wenn kein eigenes Einkommen erzielt wird, und nimmt mit steigendem Bruttoeinkommen ab, bis sie beim Schwellenwert Y* gleich Null ist. Höhere Bruttoeinkommen werden besteuert – der Abstand zwischen der 45°-Linie und der Nettoeinkommenslinie misst den (positiven) Steuerbetrag.

Bei Einführung dieser Bürgergeldvariante entstehen im Übergang sehr hohe fiskalische Lasten, die die finanzielle Dimension selbst sehr ehrgeiziger Steuerreformprojekte deutlich übersteigt. Das liegt daran, dass im Bruttoeinkommensbereich zwischen B und 2B (=Y*) Transfers an bisherige Steuerzahler finanziert werden müssen. Da dieser Bruttoeinkommensbereich in der Einkommensverteilung stark besetzt ist, entstehen hohe fiskalische Einführungskosten. Aus diesem Grund hat sich die Tobin-Bürgergeldvariante bisher in keinem Land durchgesetzt, obwohl Protagonisten hohe dynamische Verhaltensanpassungen versprechen (höhere Partizipation, mehr Arbeitsstunden), die zumindest theoretisch über höhere Beschäftigung und mehr Wachstum zu einer weitgehenden Selbstfinanzierung führen können (vgl. Mitschke 1985, 1995). Ob die dazu benötigten Beschäftigungseffekte jedoch ausreichen, darf bezweifelt werden, wie allgemeine Gleichgewichtsanalysen des ZEW zeigen (vgl. Boeters et al. 2003).

Sämtliche Modifikationen des Bürgergeldes, die das Grundsicherungsniveau B unangetastet lassen, stehen vor dem Problem, dass sich die Finanzierbarkeit zum Umstellungszeitpunkt nur durch Erhöhung des Grenzsteuersatzes verbessern lässt. Variiert man nur den Politikparameter t, so erhöht sich die Finanzierbarkeit jedoch stets auf Kosten der Arbeitsanreize. Dagegen setzt das Armutslückenkonzept nach Friedman (1962/1968) auf die zusätzliche Veränderung des zweiten Politikparameter B, wie in Schaubild 3 verdeutlicht wird.

Schaubild 3: Armutslückenkonzept nach Friedman

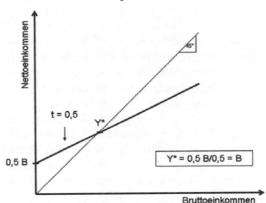

Durch die Variation der beiden Politikparameter B und t lässt sich die Negativsteuer zum Umstellungszeitpunkt so ausgestalten, dass sie fiskalisch finanzierbar bleibt – es entstehen im Gegensatz zum Bürgergeld keine zusätzlichen Transferempfänger. Die Absenkung von B auf die Hälfte (0,5 B) ist jedoch mit einer so genannten Armutslücke verbunden, weil der geringere Betrag zur Finanzierung des Existenzminimums nicht ausreicht. Zwar wird unterstellt, dass bei entsprechend intensiver Arbeitssuche jeder Grundsicherungsbezieher eine Stelle mit einem ausreichend hohem Bruttoeinkommen finden kann. Die Frage, ob sich erfolglose Arbeitssuchende mit der Hälfte des Existenzminimums begnügen sollen, ist jedoch entscheidend.

Friedman argumentierte zu diesem kritischen Punkt, dass er das niedrigere Existenzminimum 0,5 B auf Bundesebene vorschlage. Er plädiert dafür, dass a) die Bundesstaaten landesweite ergänzende negative Einkommensteuern einführen oder - vorzugsweise – b) private Wohlfahrtsorganisationen das Existenzminimum absichern sollten. Diese Antworten sind jedoch unbefriedigend. Der erste Weg ist zwar grundsätzlich gangbar, aber administrativ sehr aufwändig. Der zweite Weg ist unrealistisch, weil die Aufstockung der Einkommen durch Private nicht sichergestellt werden kann.

Varianten von Armutslückenkonzepten werden in der aktuellen Reformdiskussion immer wieder vorgeschlagen (vgl. Vaubel 1996, Sinn

2002, Sachverständigenrat 2003). Die Antwort auf die entscheidende Schwachstelle des Konzepts heißt in der aktuellen Diskussion häufig öffentliche Beschäftigung für alle, die auf dem privaten Arbeitsmarkt keine Stelle finden. Die Kosten der staatlichen Beschäftigung werden dabei als geringer angesehen als die fiskalischen Entlastungen durch zusätzliche Beschäftigung und Wachstum. Auch hier ist vor dem Hintergrund der weltweiten Erfahrungen mit aktiver Arbeitsmarktpolitik berechtigte Skepsis angebracht. Die Kosten der Arbeitsmarktprogramme sind häufig viel höher als zunächst kalkuliert, auch weil zweite Arbeitsmärkte aus politökonomischen Gründen (u.a. wegen gut organisierter Interessengruppen) eine hohe Überlebenswahrscheinlichkeit haben.

Zwischen 1968 und 1982 wurden in den USA vier Feldexperimente mit Kontrollgruppen zu Negativsteuervarianten durchgeführt. Dabei wurden insbesondere die Arbeitsangebotsreaktionen von Familien empirisch überprüft. Das zentrale Ergebnis: Das Arbeitsangebot ist als Reaktion auf die Einführung der negativen Einkommensteuer leicht zurückgegangen (vgl. Burtless 1986). Die Intuition für dieses Ergebnis ergibt sich aus dem Vergleich von Schaubild 1 mit Schaubild 2: Im Bruttoeinkommensbereich zwischen B und 2B werden bisherige Steuerzahler zu Transferempfängern – mit der Konsequenz, dass sie ihr Arbeitsangebot einschränken, weil sie das gleiche Nettoeinkommen mit geringerem Arbeitseinsatz erzielen können. Dieser Teileffekt überkompensiert die erhöhte Arbeitsaufnahme der vor der Einführung Arbeitslosen. Deshalb haben sich in der Praxis Anreizmodelle durchgesetzt, die zwar die Grundidee der Negativsteuer umsetzen, jedoch auf Zielgruppenbindung und/oder zeitliche Befristung zählen. Erfahrungen mit diesen praxiserprobten Einkommenszuschüssen (in-work benefits) werden im folgenden Kapitel dargestellt.

## 4. Internationale Erfahrungen mit Einkommenszuschüssen

Auf einer konzeptionellen Ebene ist es hilfreich, zwischen zeitlich befristeten Einkommenszuschüssen wie dem kanadischen Negativsteuermodell und zeitlich unbefristeten Einkommenszuschüssen wie dem amerikanischen Earned Income Tax Credit (EITC) oder dem britischen Working Family Tax Credit (WFTC) zu unterscheiden. Zeitlich befristete Einkommenszuschüsse sind zwar auf den ersten Blick anhand ihrer Tarifstruktur (Wahl von B und t) nicht von unbefristeten Negativsteuervarianten zu unterscheiden – sie bieten jedoch wegen der zeitlichen Befristung mehr Spielraum für die Wahl des Politikparameters t und wirken insbesondere über den Kanal der produktivitätsbedingten Lohnsteigerung (wage progression) sowie über hohe Anreize zur Humankapitalsteigerung. Dagegen können bei zeitlich unbefristeten Einkommenszuschüssen die Politikparameter nur begrenzt variiert werden (vgl. Kapitel 3), und sie dienen insbesondere der Sicherung eines Einkommens über dem Existenzminimum in einer Welt mit geringem Grundsicherungsniveau. In der englischsprachigen Literatur wird von „in-work benefits" gesprochen, die Arbeit lohnend machen (make work pay-Programme).

## 4.1 Zeitlich befristete Einkommenszuschüsse

Im Rahmen des kanadischen „Self-Sufficiency Project (SSP)" wurde ein zeitlich befristeter Einkommenszuschuss (earnings supplement = in-work benefit = Negativsteuer) für allein erziehende Sozialhilfeempfängerinnen in den neunziger Jahren getestet. Dieses Programm wurde als soziales Experiment mit zufallsgenerierten Kontrollgruppen über einen Zeitraum von 10 Jahren professionell evaluiert (vgl. Michalopoulos et al. 2005).

Das kanadische SSP-Projekt umfasste drei soziale Experimente mit Langzeitsozialhilfeempfängern in zwei unterschiedlichen Regionen Kanadas. Im ersten Feldexperiment wurde Langzeitsozialhilfeempfängern eine großzügige Einkommenssubvention angeboten für den Fall, dass sie eine Vollzeittätigkeit finden und nicht mehr auf Sozialhilfe angewiesen sind. Eine Person, die 50 Wochen jeweils 35 Stunden pro Woche zu einem Stundenlohn von CAN$ 6,00 arbeitete, erhielt einen jährlichen Zuschuss in Höhe von 10.050 CAN$. Zusammen mit dem erarbeiteten Jahreseinkommen von CAN$ 10.500 betrug das gesamte Bruttoeinkommen 20.550 CAN$. Die Einkommenssubvention konnte maximal drei Jahre gewährt werden. Die Stichprobe des Experiments umfasste 2.100 allein Erziehende, die zufällig entweder der Programmgruppe oder der Kontrollgruppe zugeordnet wurden.

Das zweite Feldexperiment diente der Abschätzung möglicher Mitnahmeeffekte durch Sozialhilfeempfänger. So bestand durch die Zielgruppenbildung zum einen ein Anreiz für Hilfeempfänger auf die Anspruchsberechtigung zu warten, zum anderen existierte der Anreiz von Nicht-Hilfeempfängern zu Hilfeempfängern zu werden, um die Einkommenssubvention zu erhalten. Dazu wurden 3.315 allein Erziehende zufällig einer Programm- oder Kontrollgruppe zugeordnet. Die Kontrollgruppe wurde vom Bezug der Einkommenssubvention explizit ausgeschlossen. Das dritte Feldexperiment diente der empirischen Überprüfung von „Stellenvermittlungsaktivitäten" als Ergänzung des Arbeitsanreizkonzepts („SSP-Plus"). Dazu wurden 892 Personen nach dem Zufallsprinzip entweder der Programmgruppe „SSP-Plus" oder der Kontrollgruppe „SSP" oder der Kontrollgruppe ohne Einkommenszuschuss zugeordnet.

Im ersten Feldexperiment zeigte sich, dass durch den Einkommenszuschuss die Zunahme der Vollzeitbeschäftigung von Hilfeempfängern in einem Maße zu beobachten waren, wie sie noch nie zuvor in einem sozialen Feldexperiment beobachtet werden konnte. Außerdem finanzierte sich das Programm durch zunehmende Steuereinnahmen selbst. Interessanterweise zeigte sich, dass die SSP-Zuschussempfänger in ihren Jobs einen Stundenlohn erhielten, der deutlich über dem gesetzlichen Mindestlohn in Kanada liegt. Im zweiten Feldexperiment stellte sich heraus, dass Mitnahmeeffekte von sehr geringer Bedeutung sind. Im dritten Feldexperiment konnte gezeigt werden, dass zusätzliche „Stellenvermittlungsaktivitäten" die Vermittlungswahrscheinlichkeit von Langzeitsozialhilfeempfängern nur geringfügig erhöhen.

Die wissenschaftliche Begleitforschung kam zu dem Schluss, dass ein sorgfältig ausgearbeitetes, zielgruppenorientiertes Arbeitsanreizkonzept wie SSP die Beschäftigung von allein Erziehenden Langzeitsozialhilfeempfängerinnen im Vergleich zur Kontrollgruppe erhöht. Ergänzende „Stellenvermittlungsaktivitäten" erhöhen die Beschäftigung, wenn auch nur geringfügig. Damit stellen Arbeitsanreizkonzepte nach den kanadischen Ergebnissen einen erfolgreichen Weg zur Verminderung von Langzeitsozialhilfebezug dar.

## 4.2 Zeitlich unbefristete Einkommenszuschüsse

In Grundsicherungssystemen mit niedrigem Grundsicherungsniveau wie in den USA und Großbritannien haben sich zeitlich unbefristete Einkommenszuschüsse zur Sicherung des Existenzminimums durchgesetzt. Im Folgenden wird lediglich auf das US-System eingegangen. In den USA werden seit 1975 zielgruppenorientierte Transfers an Familien in Form von Steuergutschriften („tax credits" = Negativsteuer) gewährt. Der so genannte „Earned Income Tax Credit" (EITC) wurde unter der Clinton-Administration in den neunziger Jahren erheblich ausgeweitet. Inzwischen ist dieses Programm das bedeutendste Mittel zur Armutsbekämpfung in den USA. Die Kernidee besteht darin, dass finanzielle Arbeitsanreize für erwerbstätige Geringverdiener durch eine Negativsteuer in Abhängigkeit vom erzielten Arbeitseinkommen geschaffen werden. Diese Variante einer Negativsteuer wirkt wie ein Einkommenszuschuss, mit der die Aufnahme eines Jobs belohnt wird. Nicht-Erwerbstätige erhalten dagegen keine Transfers über das EITC-Programm. Schaubild 4 verdeutlicht die Wirkungsweise des EITC. Die Besonderheit ist der negative Grenzsteuersatz $t_1$ im unteren Einkommensbereich bis $Y_1$ – in diesem Einkommensbereich ist der legale Verdienst sogar noch attraktiver als Schwarzarbeit, weil ein Dollar eigenes Einkommen noch aufgestockt wird, so dass dem Transferempfänger z.B. 1,20 $ (bei $t_1 = -0,2$) zur Verfügung stehen. In Bruttoeinkommensbereich zwischen $Y_1$ und $Y_2$ wird das selbst verdiente Einkommen nicht angerechnet ($t_2 = 0$) und zwischen $Y_2$ und dem Schwellenwert $Y^*$ wird das Einkommen zum Teil angerechnet ($t_3 < 1$).

Schaubild 4: Der „Earned Income Tax Credit" (EITC)

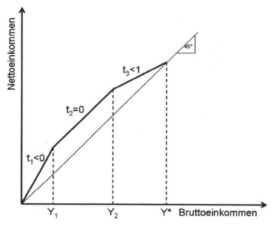

Der EITC kann als beschäftigungspolitisch erfolgreiches Instrument gelten, wie mehrere nicht-experimentelle mikroökonometrische Studien zeigen (vgl. Hotz/Scholz 2001). Der EITC erhöht deutlich die Arbeitsaufnahme (positiver Partizipationseffekt), was angesichts der hohen Attraktivität gegenüber Schwarzarbeit nicht verwundert. Dagegen geht der Arbeitseinsatz der bereits Erwerbstätigen und der Zweitverdiener in Stunden leicht zurück (negativer Stundeneffekt). Der gesamte Beschäftigungseffekt ist jedoch positiv.

Die Dynamik der fiskalischen Kosten der amerikanischen Variante einer Negativsteuer ist jedoch beachtlich. Da sich der EITC in den USA zum zentralen Armutsbekämpfungsprogramm wandelte, haben sich die realen Kosten trotz hervorragender konjunktureller Situation allein in den neunziger Jahren verdreifacht – von knapp 10 auf über 30 Milliarden $ (in 1999 $).

## 5. GESTALTUNGSELEMENTE VON WELFARE-TO-WORK GRUNDSICHERUNGSSYSTEMEN

Die Ausgestaltung moderner Grundsicherungssysteme, die – im Gegensatz zum dargestellten Status quo – Anreizwirkungen berücksichtigen wird unter dem Begriff „Welfare-to-Work" in der Literatur ausführlich diskutiert. Weiterhin wird unter dem Begriff „Workfare" die Einteilung der Transferempfänger in Arbeitsfähige und Arbeitsunfähige durch staatliche Behörden verstanden, um gezielt den Arbeitsfähigen öffentliche Stellen anbieten zu können. Das Schlagwort lautet, dass ein Anspruch auf einen staatlichen Job besteht, jedoch kein Anspruch auf Unterstützungszahlung („Workfare statt Welfare" bzw. „Arbeit statt Sozialhilfe"). Diese Einteilung auf der Basis beobachteter Charakteristika wird häufig im Gegensatz zur Negativsteueridee gesehen (vgl. Moffitt 2003). Aus Sicht des Autors ist Workfare jedoch kein Gegensatz zu einem Grundsicherungssystem im Sinne der negativen Einkommensteuer, sondern ein mögliches Instrument zur Ergänzung eines Armutslückenkonzepts. Auch in der Praxis wurden im letzten Jahrzehnt insbesondere in den USA und Großbritannien Workfare- und Negativsteuerelemente häufig kombiniert. Im Folgenden werden die wichtigsten Gestaltungselemente eines Welfare-to-Work Grundsicherungssystems dargestellt (vgl. Blundell 2002) und die Notwendigkeit des Zusammenspiels der Gestaltungselemente vor dem Hintergrund konstitutioneller, institutioneller und politökonomischer Realitäten betont.

### 5.1 Zeitliche Befristung

Die zeitliche Befristung ist ein wesentliches Gestaltungsmerkmal eines Grundsicherungssystem. In den USA wurde in den neunziger Jahren sogar ein „Lebenszeitlimit" von fünf Jahren auf Grundsicherungszahlungen eingeführt. Dieses Zeitlimit hat auch zur starken Reduzierung der Sozialhilfe-Fallzahlen in den USA beigetragen (vgl. Grogger 2002). In Europa wurde bisher noch nicht über diese Art von Zeitlimit diskutiert.

Eine zeitliche Befristung von Einkommenszuschüssen ist dagegen bereits ein in Europa diskutiertes Thema. Die Ausgestaltung von zeitlich befristeten Einkommenszuschüssen hängt von der Erwartung ab, in welchem Zeitraum bestimmte Haushaltstypen über produktivitätsbedingte Lohnsteigerungen und/oder erhöhte Arbeitszeiten oberhalb des Schwellenwertes Y* erzielen können. Aus den kanadischen Feldexperimenten hat man gelernt, dass diese Stundenlohnsteigerungen im Bereich gering qualifizierter Arbeit nur allmählich und in geringem Umfang zu erwarten sind.

Weiterhin muss jedes zeitlich befristete Einkommenszuschusssystem die Frage beantworten: Was passiert mit Personen, die innerhalb der Zeitbegrenzung kein Einkommen oberhalb des Grundsicherungsniveau erzielen können? Sollen diese Personen wieder in die Arbeitslosenfalle zurückfallen, oder lässt sich nicht auch eine zeitlich unbefristete anreizfreundliche Lösung anschließen?

Dagegen sind zeitlich unbefristete Einkommenszuschüsse für ein System mit hohem Grundsicherungsniveau aus fiskalischen Gründen problematisch. Nicht finanzierbar erscheint insbesondere die Übertragung des amerikanischen EITC-Systems in eine Welt mit hohem Grundsicherungsniveau – die Argumente gegen eine Bürgergeldvariante nach Tobin treffen hier in verstärktem Ausmaß zu. Aber auch die Kombination eines EITC-Systems mit einem Armutslückenkonzept könnte sehr teuer werden, wenn sich ein dauerhafter zweiter Arbeitsmarkt etabliert. Gegen zeitlich unbefristete Einkommenszuschüsse sprechen auch die – relativ zu einem System mit zeitlich befristeten Einkommenszuschüssen – geringeren Anreize zur Humankapitalbildung.

Ein Ausweg könnte in einer Kombination von zeitlich befristeten und zeitlich unbefristeten Einkommenszuschüssen bestehen, worauf in Kapitel 6 eingegangen wird.

## 5.2 Ausgestaltung des Einkommenszuschusses

Die Ausgestaltung des Zuschusses wird wesentlich (wenn auch nicht ausschließlich) von der Frage bestimmt: Soll der Zuschuss zeitlich befristet sein oder nicht? Die begrenzte Variationsmöglichkeit des zeitlich unbefristeten Einkommenszuschuss wurde bereits ausführlich diskutiert. Je höher der Arbeitsanreiz durch einen eventuell sogar – wie beim EITC – negativen Anrechnungssatz, desto mehr relativ gut

verdienende Einkommensbezieher müssen bezuschusst werden. Als Instrument der Einkommensumverteilung in einem System mit *niedrigem* Grundsicherungsniveau hat sich ein anreizfreundliches, zeitlich unbefristetes Einkommenszuschuss-System wie der EITC gut bewährt.
In einem System mit einem relativ *hohen* Grundsicherungsniveau, ist eine anreizfreundliche Ausgestaltung eines zeitlich unbefristeten Einkommenszuschusses nur sehr begrenzt möglich. Dagegen eröffnen zeitliche befristete Einkommenszuschusse wie in Kanada die Möglichkeit, für einen begrenzten Zeitraum einen besonders hohen Arbeitsanreiz zu geben. Durch eine zeitlich degressive Gestaltung (z.B. Nullanrechnung für ein halbes Jahr, danach Abschmelzung des Einkommenszuschusses) lassen sich die Leistungsanreize sogar noch verstärken.

5.3 Bedürftigkeitsprüfung und Arbeitsstunden-Minimum

Die Bedürftigkeitsprüfung im Rahmen der negativen Einkommensteuer bezieht sich ausschließlich auf das individuelle Einkommen. In bestehenden Grundsicherungssystemen wird jedoch zum einen auch das Vermögen, zum anderen auch das Einkommen und/oder Vermögen der anderen Haushaltsmitglieder in die Bedürftigkeitsprüfung mit einbezogen. Dementsprechend sind Rückwirkungen auf die eigene Vermögensbildung der Transferempfänger und die Arbeitsangebots- und Sparentscheidung von Haushaltsmitgliedern zu berücksichtigen. Wird eine sehr weitgehende Bedürftigkeitsprüfung durchgeführt, so könnte ein Grundsicherungssystem zwar kurzfristig fiskalisch günstiger sein, jedoch langfristig durch die Verhaltensanpassungen (weniger Sparen, geringerer Arbeitseinsatz der Partner) viel teurer werden.
Das Arbeitsstundenminimum (z.B. 30 Stunden je Woche) hat zwar den Vorteil kostengünstig zu sein, weil nicht jede Arbeitsaufnahme bezuschusst wird. Ein zu hoch angesetztes Minimum hat jedoch den Nachteil, dass insbesondere Familien mit mehreren Kindern mit begrenztem Zeitbudget für Erwerbsarbeit nicht von den Arbeitsanreizen profitieren können. Einen Ausweg können haushaltstypenspezifische Arbeitsstundenminima bieten.

## 5.4 Zusammenspiel der Gestaltungselemente

Zur Beurteilung der statischen und dynamischen Wirkungen von Grundsicherungssystemen ist stets die Gesamtschau auf Steuer-, Abgaben- und Transfersystem nötig. In den Schaubildern der letzten Kapitel wurde die Komplexität dieser Systeme stark vereinfacht. Auch wurde von föderalen und bestehenden administrativen Strukturen abstrahiert. In der Realität führen diese institutionellen Strukturen zu praktischen Problemen bei der Umstellung auf ein modernes Grundsicherungssystem. So existiert z.B. in Kanada neben den beschriebenen Einkommenszuschüssen weiterhin das Income Assistance-System, in den USA werden neben dem Bundes-EITC auch auf Länderebene Einkommenszuschüsse gewährt, in Großbritannien werden neben den Einkommenszuschüssen noch weitere Zuschüsse (z.B. für Wohnen) gezahlt, die ebenfalls das verfügbare Einkommen beeinflussen. Da in allen drei Ländern die verschiedenen Teilsysteme lange Zeit zu sehr isoliert betrachtet wurden, ergaben sich z.T. unerwünscht hohe Grenzsteuersätze (Transferentzugsraten) für Transferempfänger – erst in den letzten Jahren hat sich die Abstimmung zwischen den Teilsystemen verbessert.

Das Nebeneinander verschiedener Systeme ist z.T. konstitutionell bedingt, die Vielfalt der Zuschussarten und die Beteiligung verschiedener Bürokratien lässt sich politökonomisch gut erklären. Ein Beispiel soll potenzielle praktische Probleme illustrieren: In Deutschland wird die „Grundsicherung für Arbeitssuchende" (Arbeitslosengeld II) seit 2005 über die Arbeitsgemeinschaften zwischen Arbeitsagenturen und Kommunen administrativ abgewickelt. Der politische Prozess hat jedoch auch so genannte Optionskommunen generiert, die die Grundsicherung in Eigenregie umsetzen. Ein zeitlich unbefristeter Einkommenszuschuss würde – folgt man der Konzeption in den USA - über die Finanzämter ausgezahlt. Die monatliche Auszahlung der Grundsicherung für Arbeitssuchende steht der jährlichen Auszahlung des Einkommenszuschusses über die Finanzämter gegenüber – daraus könnten sich Vorauszahlungsregelungen ergeben, die wiederum die Bürokratie aufblähen.

## 6. ZUSAMMENFASSUNG UND AUSBLICK

Bei der Gestaltung der Grundsicherung in einer globalisierten Welt mit mobilen Produktionsfaktoren sind innovative Lösungen nötig, um Massen- und Langzeitarbeitslosigkeit insbesondere von gering Qualifizierten in der Dienstleistungsgesellschaft zu vermeiden. In jüngerer Zeit wird erneut über die Einführung einer negativen Einkommensteuer als Lösungsansatz diskutiert. Die negative Einkommensteuer beseitigt den in Zeiten der Vollbeschäftigung eingeführten institutionellen Fehlanreiz „Arbeitslosenfalle" (=Vollanrechnung der eigenen Verdienste der Transferempfänger auf den Hilfeanspruch). Mit der Ergänzung des Markteinkommens durch eine negative Einkommensteuer soll sich für mehr Menschen gering entlohnte Erwerbsarbeit auch finanziell lohnen, so dass ein Leben über dem Existenzminimum bei geringen Löhnen auch aus eigener Kraft ermöglicht werden kann.

In Kapitel 2 wurde der institutionelle Fehlanreiz Arbeitslosenfalle dargestellt und die Bedeutung von Grenzsteuersätzen (Transferentzugsraten) für Verhaltensreaktionen der Transferempfänger herausgearbeitet. Es zeigte sich, dass Anreize eine wesentliche Rolle im Entscheidungskalkül der Transferempfänger spielen („Incentives matter"). Die Status quo Grundsicherung in vielen kontinentaleuropäischen Ländern bietet derzeit vor allem Anreize zur Untätigkeit.

In Kapitel 3 werden deshalb Alternativen zum Status quo diskutiert – das Bürgergeld nach Tobin und das Armutslückenkonzept nach Friedman. Die Bürgergeldvariante wird als nicht finanzierbar verworfen, weil bisherige Steuerzahler in stark besetzten Bereichen der Einkommensverteilung zu Transferempfängern würden. Dagegen ist das Armutslückenkonzept zwar grundsätzlich zum Umstellungszeitpunkt fiskalisch finanzierbar zu gestalten. Jedoch besteht die große Gefahr, dass ein staatlich finanzierter zweiter Arbeitsmarkt in großem Umfang zusätzlich finanziert werden muss, wenn bei einem unflexiblen Arbeitsmarkt nicht ausreichend private Stellen entstehen.

In Kapitel 4 werden internationale Erfahrungen mit Einkommenszuschüssen dargestellt. Dabei werden die Vor- und Nachteile von zeitlich befristeten und zeitlich unbefristeten Einkommenszuschüssen diskutiert. Die kanadischen Erfahrungen machen deutlich, dass sich zeitlich befristete Einkommenszuschüsse sogar selbst finanzieren können. Zeitlich unbefristete Einkommenszuschüsse haben sich in einem Grundsicherungssystem mit *geringem* Grundsicherungsniveau beschäftigungspolitisch bewährt, wie das amerikanische Beispiel zeigt.

In Kapitel 5 werden die wichtigsten Gestaltungselemente eines Welfare-to-Work Grundsicherungssystems dargestellt. Dabei wird deutlich, dass die zeitliche Befristung mehr Spielraum für eine anreizfreundliche Ausgestaltung des Einkommenszuschusses gewährt. Der Umfang der Bedürftigkeitsprüfung und die Bestimmung von Arbeitsstundenminima müssen sorgfältig unter Berücksichtigung dynamischer Anpassungsreaktionen der Transferempfänger und ihrer Familien festgelegt werden. Auch ist bei Reformvorschlägen stets das häufig komplexe Zusammenspiel der Gestaltungselemente zu betrachten. Weiterhin sind institutionelle Regelungen und politökonomische Prozesse mit in das Gestaltungskonzept einzubeziehen.

Die theoretischen und empirischen Untersuchungsergebnisse zu verschiedenen Varianten von Grundsicherungssystemen haben gezeigt, dass der Weg zu einer Modernisierung des Grundsicherungssystems in Ländern mit *hohem* Grundsicherungsniveau eine besondere Herausforderung darstellt. Inzwischen besteht in der wissenschaftlichen und politischen Diskussion in Europa weitgehend Einigkeit, dass Anreize auch für Transferempfänger (und nicht nur für Steuerzahler) eine große Rolle spielen („Incentives matter").

Ein möglicher Lösungsweg für kontinentaleuropäische Länder mit – politisch gewolltem – hohem Grundsicherungsniveau könnte eine intelligent austarierte Kombination aus zunächst zeitlich befristeten, haushaltsspezifischen Einkommenszuschüssen mit anschließendem zeitlich unbefristeten Armutslückenkonzept sein. Ein solches Grundsicherungssystem müsste in eine staatlich eingeforderte Arbeitspflicht der Transferempfänger eingebettet sein, um dauerhaft finanzierbar zu bleiben. Dieser Lösungsweg hätte mehrere Vorteile. Zum einen wird auf produktivitätsbedingte Lohnsteigerungen und Humankapitalbildung innerhalb des Zeitlimits gesetzt. Zum anderen wird der Umfang eines staatlich finanzierten zweiten Arbeitsmarkts im Gegensatz zum sofort eingeführten Armutslücken-Grundsicherungssystem wesentlich geringer, weil im Rahmen des Zeitlimits umfangreiche Übergänge in private Beschäftigung zu erwarten sind. Zum dritten wird der Tatsache

Rechnung getragen, dass es eine erhebliche Anzahl von gering Qualifizierten geben wird, die nach Ablauf des Zeitlimits immer noch nicht genügend verdienen, um keine Grundsicherung mehr zu benötigen. Auch für diese Gruppe bestehen weiterhin Arbeitsanreize im Rahmen des zeitlich unbefristeten Armutslückenkonzepts, das sich den zeitlich befristeten Einkommenszuschüssen anschließt.

## 7. LITERATUR

Blundell, R. (2002): Welfare-to-Work: Which Policies Work and Why?, Proceedings of the British Academy, 117, S. 477-524.

Friedman, M. (1962): Capitalism and Freedom, Chicago.

Friedman, M. (1968): The Case for the Negative Income Tax, in: Melvin, L. (Hrsg.): Republican Papers, S. 202-220.

Boeters, S., R. Schnabel und N. Gürtzgen (2003): Reforming Social Welfare in Germany – An Applied General Equilibrium Analysis, ZEW Discussion Paper, No.03-70, Mannheim.

Burtless, G. (1986): The Work Response to a Guaranteed Income: A Survey of Experimental Evidence, in: Munell, A.H. (Hrsg.): Lesson from the Income Maintenance Experiments, Federal Reserve Bank of Boston and the Brooking Institution, S. 22-52.

Grogger, Jeffrey (2002): The Behavioral Effects of Welfare Time Limits, American Economic Review, P.P., Vol. 92, No. 2, 385-389.

Hotz, V.J. und J.K. Scholz (2001): The Earned Income Tax Credit, NBER Working Paper, Nr. 8078, Cambridge.

Michalopoulos, C., P.K. Robins und D. Card (2005): When financial work incentives pay for themselves: evidence from a randomized social experiment for welfare recipients, Journal of Public Economics, 89, S. 5-29.

Mitschke, J.(1985): Steuer- und Transferordnung aus einem Guß, Entwurf einer Neugestaltung der direkten Steuern und Sozialtransfers in der Bundesrepublik Deutschland, Schriften zur Organisationspolitik, Bd. 2, hrsg. v. Frankfurter Institut für wirtschaftspolitische Forschung, Baden-Baden.

Mitschke, J.(1995): Steuer- und Sozialpolitik für mehr reguläre Beschäftigung, Wirtschaftsdienst, 75, S. 75-84.

Moffitt, R.A. (2003): The Negative Income Tax and the Evolution of U.S. Welfare Policy, Journal of Economic Perspectives, 17, S. 119-140.

Rhys-Williams, Lady J. E. (1953): Taxations and Incentives, London.

Sachverständigenrat zur Begutachtung der gesamtwirtschaftlichen Entwicklung (2003): Jahresgutachten 2003/04: Staatsfinanzen konsolidieren - Steuersystem reformieren, Wiesbaden.

Sinn, H.-W. et al. (2002): Aktivierende Sozialhilfe, Ein Weg zu mehr Beschäftigung und Wachstum, ifo-Schnelldienst, Nr. 9, München.

Spermann, A. (2001): Negative Einkommensteuer, Lohnsubventionen und Langzeitarbeitslosigkeit, Finanzwissenschaftliche Schriften, Bd. 104, Frankfurt am Main.

Tobin, J. (1965): On Improving the Economic Status of the Negro, Daedalus, Journal of the American Academy of Art and Sciences, 94, S. 878-898.

Vaubel, R. (1996): Aktuelle Möglichkeiten der Einkommenssicherung über eine negative Einkommensteuer, in: Siebert, H. (Hrsg.): Sozialpolitik auf dem Prüfstand, Leitlinien für Reformen, S. 169-195.

# Welfare statt Workfare
# Ein europäischer Traum?
# Zukunft für gute Wohlfahrt in Europa

Sabine Schumacher

Die Freie Wohlfahrtspflege in Deutschland wandelt sich. Der Rückgang staatlicher Finanzierungen sozialer Arbeit macht Reformprozesse nötig. Neue Organisationsformen entwickeln sich, alternative Geldquellen müssen gefunden werden. Mehr und mehr wird unterschieden zwischen marktfähigen Diensten und Diensten, die auf Zuschüsse angewiesen sind. Gemäß ihrem Leitbild stellt gute Wohlfahrt dabei Bekämpfung von Armut und Arbeitslosigkeit in den Mittelpunkt der Reformen. Ein Blick nach Europa kann dabei eine Orientierung geben.

## 1. DIE EUROPÄISCHE BESCHÄFTIGUNGSSTRATEGIE (EBS)

Der neue Titel Beschäftigung wurde mit dem Vertrag von Amsterdam in den Vertrag zur Gründung der Europäischen Gemeinschaft eingefügt. Die Koordinierung der Beschäftigungspolitik der Mitgliedstaaten ist damit zu einer Priorität der Gemeinschaft geworden.
Auf der Grundlage der neuen Vertragsbestimmungen hat der Europäische Rat von Luxemburg im November 1997 die Europäische Beschäftigungsstrategie (EBS) - auch „Luxemburg-Prozess" genannt - auf den Weg gebracht.
Die EBS basiert auf einem jährlichen Programm zur Planung, Begleitung, Überprüfung und Anpassung der Politiken der Mitgliedstaaten. Ziel ist es, die nationalen Maßnahmen zur Bekämpfung der Arbeitslosigkeit zu koordinieren. Dabei stützt sich die EBS auf vier Instrumente:
- beschäftigungspolitische Leitlinien: gemeinsame Prioritäten für die Beschäftigungspolitik der Mitgliedstaaten, erarbeitet von der Kommission;

- nationale Aktionspläne für Beschäftigung (NAP): konkrete Umsetzung der gemeinsamen Orientierungen auf nationaler Ebene;
- gemeinsamer Beschäftigungsbericht: Synthese der nationalen Aktionspläne und Grundlage für die Ausarbeitung der Leitlinien für das folgende Jahr;
- Empfehlungen zur Beschäftigungspolitik: länderspezifische Empfehlungen, verabschiedet vom Rat mit qualifizierter Mehrheit.

Fünf Jahre nach ihrem Start wurde die Europäische Beschäftigungsstrategie im Jahr 2002 einer Überprüfung unterzogen. Ziel war es, eine erste Bewertung der Wirksamkeit des neuen Ansatzes vorzunehmen.

Auf der Grundlage der Ergebnisse dieser Analysen hat die Kommission im Januar 2003 eine Mitteilung vorgelegt, in der sie eine überarbeitete EBS vorstellte. Die neue Strategie soll in stärkerem Maße den Bedürfnissen einer alternden Bevölkerung, der Notwendigkeit einer Integration der Frauen in den Arbeitsmarkt, der Erweiterung und dem beschleunigten wirtschaftlichen Wandel Rechung tragen. Die Hauptzielsetzungen lauten Vollbeschäftigung, Arbeitsplatzqualität und Arbeitsproduktivität, Zusammenhalt und integrativer Arbeitsmarkt. Um die Implementierung der überarbeiteten EBS zu erleichtern, hat die Kommission im April 2003 eine europäische Taskforce „Beschäftigung" eingesetzt, deren Empfehlungen den Mitgliedstaaten den Weg zur Realisierung der anvisierten Ziele weisen.

Ein Beschäftigungsausschuss mit beratender Funktion, eingesetzt nach Inkrafttreten des Vertrags von Amsterdam, unterstützt die Arbeiten der Union im Bereich der Koordinierung der nationalen Beschäftigungs- und Arbeitsmarktpolitiken.

Mit Blick auf die Realisierung des bis 2010 zu erreichenden Ziels der Vollbeschäftigung, das sich die Union auf der Tagung des Europäischen Rates in Lissabon gesetzt hat, wurden in der im Januar 2003 veröffentlichten neuen Mitteilung zur Zukunft der Europäischen Beschäftigungsstrategie mehrere Prioritäten festgelegt:
- Aktive und präventive Maßnahmen für Arbeitslose und Nichterwerbspersonen
  - Neuanfang bei jedem Arbeitslosen binnen 6 bzw. 12 Monaten
  - 25% aller Langzeitarbeitslosen in aktiven Maßnahmen bis 2010
- Schaffung von Arbeitsplätzen und Unternehmergeist

- Bewältigung des Wandels und Förderung der Anpassungsfähigkeit in der Arbeitswelt
- Förderung des Aufbaus von Humankapital und des lebensbegleitenden Lernens
  - mindestens 85% der 22jährigen mit Sekundarstufe II
  - Teilnahme von mindestens 12.5% der 25-64jährigen an lebensbegleitendem Lernen
- Erhöhung des Arbeitskräfteangebotes und Förderung des aktiven Alterns
  - Erhöhung des effektiven Austrittsalters aus dem Erwerbsleben um 5 Jahre bis 2010
- Gleichstellung der Geschlechter
  - erheblicher Abbau der geschlechtsspezifischen Beschäftigungs- und Lohnunterschiede
  - Kinderbetreuungseinrichtungen für 90% der Kinder zwischen 3 und Schuleintrittsalter
  - Kinderbetreuungseinrichtungen für mindestens 33% der Kinder unter drei Jahren
- Förderung der Integration und Bekämpfung der Diskriminierung benachteiligter Menschen
  - Senkung der durchschnittlichen Schulabbrecherquote auf 10% bis 2010
- Arbeit lohnend machen und entsprechende Anreize schaffen
- Überführung von nicht angemeldeter Erwerbstätigkeit in reguläre Beschäftigung
- Überwindung regionaler Disparitäten in der Beschäftigung

## 2. Deutsche Arbeitsmarktreform 2005: Ist Workfare zwingend notwendig?

Wenngleich die beschäftigungspolitischen Leitlinien auf europäischer Ebene auch bestimmend sind für nationale Arbeitsmarktpolitiken, ist doch die konkrete Umsetzung den Mitgliedstaaten überlassen und kann sehr unterschiedlich aussehen. Die Arbeitsmarktreform in Deutschland, wie wir sie aktuell erleben, zeigt Parallelen zur Arbeitsmarktreform in Großbritannien wie sie dort seit 1998 umgesetzt wird.

Die Reform der Arbeitsämter und deren stärkere Kundenorientierung, die Priorisierung von Arbeit als Integrationsvorrang und die Reduzierung bzw. Abschaffung von Leistungen wie Arbeitslosengeld findet dort seine Vorbilder. Großbritannien wiederum hat sich dabei an den USA orientiert, wo unter Präsident Clinton die Armutspolitik 1996 von Unterstützung (welfare) auf Förderung von Arbeit (workfare) umschwenkte. Das, obwohl die "promotion of welfare" zu den Zielen der amerikanischen Verfassung gehört. Die Umorientierung ist ein Ergebnis der öffentlichen Einstellung zur Armutsfrage in den Vereinigten Staaten, die von der mangelnden Arbeitswilligkeit der "able bodied poor" ausgeht. Diese Entwicklung hat sich bis 1998 auf das UK übertragen. 2005 ist sie im Zuge der Arbeitsmarktreform bei uns angekommen, obgleich das Sozialstaatsprinzip bei uns verfassungsrechtlich umumstößlich ist.

Die Förderung von Arbeit (workfare) schützt jedoch nicht vor Armut. Zahlen aus den USA und UK belegen, dass ein Drittel der arbeitenden Bevölkerung unterhalb der Existenzsicherung lebt. Die sogenannten Working Poor. Daher birgt die Abkehr von Welfare die Gefahr in sich, den Einzelnen seinem individuellen Schicksal zu überlassen. Und das gesellschaftliche Vorurteil der Selbstverschuldung von Arbeitslosigkeit zu unterstützen.

Die Philosophie der europäischen Beschäftigungsstrategie und die Arbeitsmarktpolitiken anderer europäischer Länder unterstützt den Workfare – Ansatz nicht zwingend. Gerade der Aspekt des sozialen Zusammenhalts und der Gedanke des integrativen Arbeitsmarktes geht davon aus, dem Wohle der Menschen durch adäquate Arbeitsbedingungen nutzen zu können. Nicht Arbeitszwang steht im Vordergrund sondern motivierende Ansätze. Nicht Fordern sondern Fördern.

In seinem Buch „Der europäische Traum" zieht Jeremy Rifkin einen Vergleich zwischen den Sozialsystemen USA und Europa und kommt zu dem Schluss, dass die Lebensqualität in Europa eindeutig größer ist als in den USA. Er plädiert dafür, dass Europa seine Welfarestandards behält und weiterentwickelt.

Folgt man Jeremy Rifkin, ist Europa dabei, die Konventionen der Moderne zu überdenken. Lebensqualität rückt an die Stelle bloßer Wohlstandsvermehrung, Gemeinschaftsbeziehungen, kulturelle Vielfalt, nachhaltige Entwicklung und globale Zusammenarbeit an die von individueller Autonomie, Assimilation, unbegrenztem materiellem Wachstum und einseitige Machtausübung. Im modernen Europa – säkular und multikulturell – formiert sich ein europäischer Traum, den Rifkin als ersten transnationalen Traum des globalen Zeitalters wertet und den er als geeignet erachtet, mit den Realitäten einer globalisierten Welt umzugehen.

„In Europa kommen heute die richtigen Elemente für einen radikal neuen Traum zusammen, einen Traum, der für die gesamte Welt attraktiver ist als der unzeitgemäße amerikanische Traum. Die Unterschiede zwischen europäischen und amerikanischen Werten sind fundamental. So definieren Europäer Freiheit und Sicherheit völlig anders als Amerikaner, die Freiheit mit Autonomie, mit individueller Unabhängigkeit und Mobilität assoziieren und dies mit Geld zu erreichen versuchen. Für Europäer ist Freiheit nicht Autonomie, sondern Einbettung, menschlicher Beziehungsreichtum. Das ist mit der europäischen Bevölkerungsdichte, aber auch mit paternalistischen und kommunalistischen Traditionen zu erklären, Traditionen, die wir in Amerika nicht haben. Unser Traum stützt sich auf uneingeschränktes Wirtschaftswachstum, materiellen Reichtum und individuellen Fortschritt, der europäische Traum aber auf Lebensqualität, nachhaltige Entwicklung und eine nährende Gemeinschaft.

Er (der europäische Traum) zielt ab auf Inklusivität oder dem Versprechen, niemanden zurückzulassen; auf Lebensqualität, denn Leben ist mehr als die Gehaltsabrechnung; auf kulturelle Vielfalt, nachhaltige Entwicklung, Menschenrechte und Zusammenarbeit der Völker, um global den Frieden zu sichern." (Jeremy Rifkin)

Fazit:

Welfare ist gut (wenn es um das Bestreben der Erhöhung von Lebensqualität geht); workfare ist kein probates Mittel gegen Armut.

### 3. CHANCEN STATT VORURTEILE: DER AUFTRAG DER CARITAS BEI DER INTEGRATION VON ARBEITSLOSEN

Im Mai 2000 wurde vom Zentralrat des Deutschen Caritasverbandes beschlossen, die Zentralratsposition „Menschen ohne Arbeit – Herausforderung für die Caritas der Kirche" aus dem Jahre 1995 im Sinne einer aktuellen arbeitsmarktpolitischen Position des Deutschen Caritasverbandes fortzuschreiben. Dabei sollte einerseits die Entwicklung der Erwerbsgesellschaft und deren Auswirkungen für benachteiligte Bevölkerungsgruppen in den Blick genommen und anderseits die eigenen Positionen einer Arbeitsmarktpolitik für Benachteiligte präzisiert werden.

Beabsichtigt wird mit dieser Fortschreibung insbesondere
- eine verstärkte Auseinandersetzung mit dem Stellenwert von Arbeit und der Zukunft der Erwerbsgesellschaft innerhalb der Caritas einzuleiten;
- die anwaltschaftliche Rolle der verbandlichen Caritas für Arbeitslose und von Arbeitslosigkeit bedrohte Menschen zu stärken;
- eine arbeitsmarktpolitische Positionierung vorzunehmen, die sich aus der Perspektive benachteiligter Menschen in die gesellschaftliche und politische Debatte zur Verringerung von Arbeitslosigkeit einbringen will;
- die Erarbeitung von Perspektiven für das weitere Engagement des Deutschen Caritasverbandes im Bereich von Arbeitsmarktpolitik und Arbeitsförderung

Arbeitslosigkeit ist für den Deutschen Caritasverband und seine Gliederungen und Mitgliedsorganisationen eine zentrale Herausforderung. Sie betrifft sie in dreifacher Weise: Als Arbeitgeber tragen sie arbeitsmarktpolitische Verantwortung für die Beschäftigungsentwicklung in ihren Diensten und Einrichtungen. Sie sind aber auch arbeitsmarktpolitische Akteure, indem sie Anwaltschaft übernehmen für Benachteiligte und die gerechte Ausgestaltung gesellschaftlicher Strukturen. Schließlich sind sie mit den – auf der jeweiligen Ebene angeschlossenen - Trägern von Qualifizierungs- und Beschäftigungseinrichtungen für arbeitslose Menschen in erheblichem Umfang auch Anbieter von arbeitsmarktpolitischen Dienstleistungen. Die Bedeutung dieser zuletzt genannten Funktion zeigt sich auch in der im Januar 2001 gegründeten Katholischen Bundesarbeitsgemeinschaft Integration durch Arbeit (IDA) im Deutschen Caritasverband. Damit besteht innerhalb der verbandlichen Caritas eine bundesweite Fachorganisation, die der Koordination, Interessenvertretung und Entwicklung der Hilfeeinrichtungen für Arbeitslose dient und gleichzeitig zu einer

Stärkung der anwaltschaftlichen Rolle des Deutschen Caritasverbandes im Bereich der Arbeitsmarktpolitik beiträgt.
In der katholischen Soziallehre gibt es wie in der europäischen Verfassung ein Recht auf Arbeit. Papst Johannes Paul II. 1981 fordert in der päpstlichen Sozialenzyklika ein Recht auf Arbeit, aber keine Pflicht zur Arbeit. Der Kuchen Arbeit ist klein und wird zunehmend kleiner. Andere Versorgungssysteme als Arbeit müssen zukünftig greifen. (Erwerbsarbeits-) teilung, Bürgerengagement, Familienarbeit müssen neue Werte erlangen in unserer Gesellschaft. Welfare im Sinne von Erhöhung der Lebensqualität muss neu definiert werden.
Kernaufgabe der Caritas ist die Bekämpfung von Armut, gesellschaftspolitisch genauso wie die Linderung der Not des Einzelnen. Die Armutsuntersuchung des DCV wies nach: Arbeitslosigkeit ist das Armutsrisiko Nr. 1. Daher muss Caritas sich für ein menschenwürdiges Dasein einsetzen. Solange Existenzsicherung an Erwerbsarbeit gekoppelt ist, muss Caritas Modelle schaffen, die auch geringqualifizierten Langzeitarbeitslosen einen Zugang zum Arbeitsmarkt ermöglicht.
Arbeitsmarktpolitik und Arbeitsförderung unterstützen den Aufbau und den Erhalt von Beschäftigung. Sie haben folglich eine Ausgleichsfunktion, gleichen Strukturdiskrepanzen aus und verbessern dabei insbesondere die Arbeitsmarktchancen von benachteiligten Personengruppen. Beschäftigungspolitik vollzieht sich in einer Gesamtstrategie unterschiedlicher Politiken, allen voran der Wirtschafts-, Steuer- und Tarifpolitik. Wirksamer Abbau der Arbeitslosigkeit setzt gesamtwirtschaftliche Beschäftigungspolitik voraus und so lange eine solche Politik aussteht, läuft Arbeitsmarktpolitik immer Gefahr, in eine Lückenbüßerrolle zu geraten, der sie auch bei optimalen Voraussetzungen nicht gerecht werden kann. Dies gilt auch und gerade für die Arbeitsförderung von benachteiligten Menschen.

## 4. WELFARE STATT WORKFARE ABER ANDERS: DER INTEGRIERTE ARBEITSMARKT ALS QUALITÄTSMERKMAL EUROPÄISCHER SOZIALPOLITIK

Das mutige Ziel „Vollbeschäftigung" der europäischen Beschäftigungsstrategie und der Ruf der Lissabon Strategie nach mehr sozialem Zusammenhalt in Europa stimmen mit den Positionen verbandlicher Caritas überein, existenzsichernde Arbeit für alle anzubieten . Dennoch bleibt die Frage, wie kann es gelingen. Bei rund 34 Millionen Arbeitslosen in einem Europa der 25 scheint das Ziel utopisch. Wie soll der Kuchen Arbeit größer werden bei gleichzeitigem Bestreben, armutsfeste Löhne zu zahlen? Vollbeschäftigung impliziert Arbeit für alle. Wie können Menschen, die die volle Leistungsfähigkeit nicht erreichen, am Arbeitsmarkt beteiligt werden?

Der in der europäischen Beschäftigungsstrategie genannte Begriff "integrierter Arbeitsmarkt" könnte hier für ein zukunftsweisendes Modell stehen. Gleichwohl der Begriff noch nicht abschließend definiert ist. Er kommt dem nah, was in der arbeitsmarktpolitischen Diskussion in Deutschland „zweiter Arbeitsmarkt" oder „öffentlich subventionierter Arbeitsmarkt" heißt. Beide treffen aber den Kern der Sache nur unzureichend: Der Begriff „zweiter Arbeitsmarkt" ist degradierend, während der Begriff „öffentlich subventionierter Arbeitsmarkt" lediglich den monetären Aspekt beinhaltet.

Der Begriff „integrierter Arbeitsmarkt" scheint besser für das zu stehen, was Philosophie und Anliegen einer sozialpolitisch orientierten Arbeitsmarktpolitik ist. Es geht darum, die Menschen, die von Arbeitslosigkeit betroffen sind, mit hinein zu nehmen in die Gesellschaft. Sie nicht irgendwo am Rande in extra dafür angelegten Betrieben zu beschäftigen, sondern ihnen subventionierte, ihre Leistungsminderung ausgleichende Arbeitsplätze in Unternehmen anzubieten.

Die politische Entscheidung für einen solchen integrierten Arbeitsmarkt ist die Voraussetzung für die Realisierung des europäischen Traums von Vollbeschäftigung. Die Entscheidung dafür ist gleichzeitig die Entscheidung für mehr sozialen Frieden, sozialen Zusammenhalt und eine Gesellschaft, die sich am Wohle der Menschen orientiert.

## 5. Literatur:

Arbeitsmarktpolitik für Benachteiligte – Für eine aktivierende und zielgruppenspezifische Arbeitsmarktpolitik; DCV, Juni 2002

Employment in Europe 2004; European Communities, 2004

Europäische Verfassung (Artikel 75; Recht auf Arbeit)

Franz Xaver Kaufmann: Varianten des Wohlfahrtsstaates – Der deutsche Sozialstaat im internationalen Vergleich; Frankfurt am Main 2003

Hauser, Richard / Hübinger, Werner: Arme unter uns; Hrsg.: Deutscher Caritasverband, Lambertus Verlag, Freiburg 1993

Jeremy Rifkins: Der Europäische Traum - Die Vision einer leisen Supermacht. Campus Verlag, Frankfurt am Main 2004

Johannes Paul II.: Laborem Exercens. Über die menschliche Arbeit. Zum neunzigsten Jahrestag der Enzyklika »Rerum Novarum«, 14. September 1981

# Die Autorinnen und Autoren

Prof. Dr. Karl Bopp

P. Karl Bopp ist Professor für Pastoraltheologie an der Philosophisch-Theologischen Hochschule - Theologische Fakultät - der SDB in Benediktbeuern; seit 1998 Mitglied des Zentralratsausschusses „Theologie und Ethik" des Deutschen Caritasverbandes

Prof. Dr. Hans Braun

Hans Braun ist Professor für Soziologie im Studien- und Forschungsschwerpunkt „Services Administration & Management" und geschäftsführender Direktor des Zentrums für Arbeit und Soziales (ZENTRAS) an der Universität Trier. Seit dessen Gründung Mitglied des Rates des Diözesancaritasverbandes Trier, insbesondere Mitwirkung im Haushalts- und Finanzausschuss; Vorsitzender der Zukunftskommission des DiCV Trier.

Prof. Dr. Georg Cremer

Georg Cremer ist Generalsekretär des Deutschen Caritasverbandes und außerplanmäßiger Professor für Volkswirtschaftslehre an der Albert-Ludwigs-Universität Freiburg.

Prof. DDr. Karl Gabriel

Karl Gabriel ist Professor für Christliche Sozialwissenschaften an der Katholisch-Theologischen Fakultät der Westfälischen Wilhelms-Universität Münster, Direktor des Instituts für Christliche Sozialwissenschaften.

Dr. Hermann-Josef Große-Kracht

Hermann-Josef Große-Kracht ist wissenschaftlicher Assistent am Institut für Christliche Sozialwissenschaften der Westfälischen Wilhelms-Universität Münster.

Dr. Hejo Manderscheid

Hejo Manderscheid ist Direktor des Diözesancaritasverbandes Limburg.

Prof. Dr. Ilona Ostner

Ilona Ostner ist Professorin für Sozialpolitik am Institut für Soziologie, Abteilung „Politische Soziologie und Sozialpolitik, insb. vergleichende" der Georg-August-Universität Göttingen.

Dr. Klaus Ritter

Klaus Ritter ist Dozent an der Fortbildungs-Akademie des Deutschen Caritasverbandes e.V. Freiburg

Sabine Schumacher

Sabine Schumacher ist Leiterin der Abteilung „Europa und Arbeitsmarktpolitik" beim Diözesan-Caritasverband für das Erzbistum Köln. Vorsitz der Arbeitsgemeinschaft „Integration durch Arbeit (IDA)" im Deutschen Caritasverband auf Bundesebene.

PD. Dr. Alexander Spermann

Alexander Spermann ist Leiter des Forschungsbereichs „Arbeitsmärkte, Personalmanagement und Soziale Sicherung" am Zentrum für Europäische Wirtschaftsforschung (ZEW) Mannheim.

Dr. Christian Spieß

Christian Spieß ist Assistent am Institut für Christliche Sozialwissenschaften an der Katholisch-Theologischen Fakultät der Westfälischen Wilhelms-Universität Münster.

Stephanie Wahl

Stephanie Wahl ist Geschäftsführerin des Instituts für Wirtschaft und Gesellschaft Bonn.

Prof. Dr. Norbert Wohlfahrt

Norbert Wohlfahrt ist Professor für Sozialmanagement, Verwaltung und Organisation an der Evangelischen Fachhochschule Rheinland-Westfalen-Lippe und Vorstandsvorsitzender des Instituts Forschung und Entwicklung der sozialen Arbeit (FESA e.V.).